高清海

先生逝世十周年纪念文集

贺　来主编

中国社会科学出版社

图书在版编目（CIP）数据

高清海先生逝世十周年纪念文集/贺来主编．—北京：中国社会科学出版社，2015.7
ISBN 978－7－5161－6529－4

Ⅰ.①高…　Ⅱ.①贺…　Ⅲ.①高清海（1930～2004）—纪念文集　Ⅳ.①K825.1－53

中国版本图书馆 CIP 数据核字(2015)第 159976 号

出 版 人	赵剑英
责任编辑	王　曦
责任校对	周晓东
责任印制	戴　宽
出　　版	中国社会科学出版社
社　　址	北京鼓楼西大街甲 158 号
邮　　编	100720
网　　址	http：//www.csspw.cn
发 行 部	010－84083685
门 市 部	010－84029450
经　　销	新华书店及其他书店
印　　装	北京君升印刷有限公司
版　　次	2015 年 7 月第 1 版
印　　次	2015 年 7 月第 1 次印刷
开　　本	710×1000　1/16
印　　张	20
插　　页	2
字　　数	339 千字
定　　价	76.00 元

凡购买中国社会科学出版社图书，如有质量问题请与本社发行部联系调换
电话：010－84083683

序　言

高清海先生是当代中国著名的哲学家和教育家，在20世纪八九十年代，他以自由独立的思想人格、巨大的理论勇气、敏锐的理论洞察力和深刻的学术思考，有力地变革了长期以来束缚着人们头脑的传统哲学观念，为当代中国哲学的思想解放做出了重要贡献，影响了整整一代青年学子。高清海先生晚年通过对马克思哲学的创造性解读与对时代精神的深入反思，形成了他系统的“类哲学”思想体系，为理解当代人类社会和中华民族的未来发展贡献了一个当代中国哲学家独创性的哲学理念。要理解当代中国哲学的发展历程，高清海先生是不可绕过的人物。他的哲学遗产，已成为当代中国哲学弥足珍贵的重要财富。2014年10月13日，吉林大学哲学社会学院和哲学基础理论研究中心举办“高清海先生逝世十周年学术研讨会”，来自国内以及韩国和英国的50多名学者与会，研讨高清海先生的哲学思想。本书即是以会议论文为基础编辑而成的。在此，向所有作者表达衷心的感谢。在研讨会上，张奎良、李德顺、孟宪忠等十多位学者虽未成文，但均贡献了重要思考并作了精彩发言，在此一并致谢！

高清海先生虽然离开我们十年，但时间的流逝并没有磨损他的哲学探索的光辉和力量。相反，在喧嚣和躁动的现实社会中，人们越加感受到它的珍贵和重要。本文集的编辑和出版，仅是一个标记——它告诉人们：先生仍在不断地召唤我们上路，以一种真正哲学的方式去思、去活。

贺　来

2015年1月31日

目　录

一　高清海哲学独特的精神品格

大气、正气和勇气

——高清海先生的为人与为学 …………………………… 孙正聿(3)

高清海哲学的“先进性” ………………………………………… 高文新(9)

突破教条、回到根本、畅所欲言的马克思主义哲学

——以高清海与孙正聿先生学术思想为例 … 刘怀玉　王　巍(20)

“思想自我”的追寻

——恩师高清海先生始于《马克思主义哲学基础》的哲学思想创新 ………………………………………… 胡海波(34)

在人们心满意足的地方引起不安

——高清海先生示范的哲学精神及其特殊意义 ……… 贺　来(40)

高清海先生的哲学精神 ……………………………………… 崔秋锁(55)

追思恩师高清海教授 ………………………………………… 张云阁(70)

二　高清海哲学与当代中国思想

中国马克思主义哲学自我革新的探路人

——纪念高清海先生逝世十周年 …………………… 何　萍(75)

教会学生如何“研究”

——高清海先生培养研究生的经验 ……………………… 孙利天(96)

追随“思”，为了“人”的觉悟和中国哲学的觉醒

——未完成的“高清海哲学” …………………………… 田海平(102)

高清海与当代中国思想的启蒙 ………………………… 邹诗鹏(110)

在批判旧世界中发现新世界
——马克思哲学方法论研究 …………………… 王国坛　赵　华(121)
情境性概念与悟觉思维
——中国哲学思维特质略论 ……………………………… 张艳辉(139)

三　高清海哲学与人的哲学反省

人与世界的否定性统一
——高清海对人与世界关系的理解 …………………… 孙正聿(153)
高清海“人的哲学”的延展逻辑 ……………………………… 邹广文(163)
高清海哲学思想当代拓展的理论指向 …………………… 叔贵峰(174)
本体的奥秘在于人
——高清海教授的本体观 ……………………………… 白　刚(180)
现实的人的发现与马克思的哲学变革 …………………… 王晓红(191)
人本质的革命
——论实践观点与类哲学的内在一致性 ……………… 董健铭(202)

四　高清海哲学与“类哲学”的理论探索

“类哲学”：价值世界的理论奠基
——对高清海先生晚年哲学思考的再理解 …………… 王南湜(215)
“类哲学”与“人类命运共同体” ………………………… 张曙光(241)
A Cosmopolitan Vision from China：Gao Qinghai's Concept of *Leidecunzai*（类的存在）as Cosmopolitan Actor … Sang－Jin Han（252）
Another Cosmopolitanism：A Critical Reconstruction of Neo－Confucian Conception of *Tianxiaweigong*（天下为公）in the Age of Global Risks ……… Sang－Jin Han Young－Do Park（269）
类哲学的生命隐喻
——纪念《“人”的哲学悟觉》出版十周年 ………… 马天俊(287)
论类哲学的超越性 ………………………………………… 张　伟(296)
高清海类哲学理论研究内在精神理路 …………………… 焦明甲(307)

一　高清海哲学独特的精神品格

大气、正气和勇气
——高清海先生的为人与为学

孙正聿*

在纪念高清海先生逝世十周年之际，我想用“大气、正气和勇气”概括先生的为人与为学，并以此激励我们在“爱智”的哲学之路上继续前行。

一　大气：为人为学其道一也

无论是为人还是为学，中国人最崇尚的是“先立乎其大者”。

高清海先生的为人，如同他伟岸的身躯，是直立的、挺拔的。他不屑于向权贵折腰，也不向弱者示强，而是爱憎分明，卓尔不群。先生所说的就是他所想的和他所做的；他尊重自己的前辈、朋友和学生，他同样尊重他自己。和先生在一起，总会感到人应当像人那样直立地生活，而决不能像动物那样爬行。这是他为人的大气。

为人的风骨与为学的风格是一致的。高先生的为学，亦如他伟岸的身躯，“指点江山”，“激扬文字”，高屋建瓴，势如破竹。对高先生来说，学问之“大者”，并不只是选题之“宏大”，而且主要是立意之“高远”。关于哲学，高先生提出“人是哲学的奥秘”，把哲学定义为“理论形态的人类自我意识”，把马克思主义哲学解释为“实践观点的思维方式”，把我们的哲学使命确立为“找回失去的‘哲学自我’”，进而为中华民族的未来创造中华民族的“思想自我”。这又是他为学的大气。

为了这个宏伟的目标，他苦苦求索古代先贤对哲学的理解，写出了

---

* 吉林大学哲学基础理论研究中心教授。

“史论结合”的《哲学的憧憬》；他独立钻研人类的文明史和哲学的思想史，写出了独树一帜的《哲学与主体自我意识》；他深入思考马克思恩格斯的哲学思想，系统地阐述了《马克思主义哲学基础》；他深切地体悟人的历史、现实与未来，竭力达成《“人”的哲学悟觉》。高先生这些选题重大、立意高远的著述，高先生在这些著述中提出的见解独到、振聋发聩的哲学思想，不仅引领了20世纪80年代以来的我国哲学研究，而且为新世纪的哲学研究提供了不可或缺的思想资源。

尤为令人感动的是，在与病魔抗争的日子里，高先生写出了他一生中最为珍贵的论文《中华民族的未来发展需要有自己的哲学理论》。先生提出：“中华民族是有着古老哲学传统的民族”，“学习西方先进的哲学理论，最终目的还是为了创建适于我们自己的当代中国哲学”。“中华民族的生命历程、生存命运和生存境遇具有我们的特殊性，我们的苦难和希望、伤痛和追求、挫折和梦想只有我们自己体会得最深”。“一个社会和民族要站起来”，“首先要在思想上站立起来”。“创建当代中国哲学理论，乃是中国人反思自己的生命历程、理解自己的生存境域、寻找自己未来发展道路的内在要求和迫切需要”。这是先生求索终生的思想箴言，也是先生临终的思想嘱托。为中华民族的未来而创造属于我们自己的哲学，这应当是我们从先生那里继承下来的最根本的“大气”。

二　正气：“面向事情本身”的“笨想”

做学问有各种“路径”，有各种“方法”，有各种“门道”，高清海先生只概括为两个字：“笨想”。

笨想，就是不投机取巧。对于哲学研究，高清海先生最认同的是他的老师刘丹岩教授所说的“抓住根子”，最强调的是“打牢基础”。他曾经语重心长地对自己的研究生说，他的某些同辈学者之所以没有形成自己的独立的哲学思想，主要原因在于没有机会系统地、认真地研究哲学史，没有形成恩格斯所说的“建立在通晓思维的历史和成就的基础上的理论思维”。为此，他还多次半开玩笑地说，他很“庆幸”自己在60年代被迫改行讲授西方哲学史，从而能够以“史论结合”的方式研究哲学，真正做到“以论带史、论从史出”。他要求自己的学生一定要认真地读书、认真地想问题，还为学生系统地讲授西方哲学史和亚里士多德的《形而上学》、马克思的《1844年经济学哲学手稿》、恩格斯的《路德维希·费尔巴哈和德国古典哲学的终结》、列宁的《哲学笔记》等著作，以及“认识论专题研究”、“辩证法专题研究”等课程。在吉林大学的图书馆和马列主义教研部的资料室里，记载着高清海先生曾经借阅的图书，既包括当时已出版的全部的马列著作，还包括当时已面世的中外哲学家的著作。而在高先生的遗物中，最为珍贵的就是他年积月累的哲学笔记。“问渠哪得清如许？为有源头活水来”。不投机取巧，不耍小聪明，老老实实地读书，认认真真地研究，这是高先生治学的根基。

笨想，就是不回避问题。作为辩证法大家，黑格尔为何搞唯心主义？作为唯物论者，费尔巴哈为何不懂辩证法？人们不懈地追求真理，究竟是在追求着什么、要去追求什么？哲学家们都想“为天地立心，为生民立命”，为何马克思以前的哲学只是“解释世界”而不是“改变世界”？哲学和科学都研究“世界”，为什么它们是把握世界的“不同方式”？20世纪80年代中期，当学界普遍地以“实践范畴”、“实践转向”或“实践唯物主义”重新阐释马克思主义哲学时，高先生独树一帜地提出，要以“实践观点的思维方式”去理解马克思主义的哲学革命。他明确地提出：“对于马克思主义的实践观点，我们决不能把它看作仅仅是用来回答认识的基础、来源和真理的标准等认识论问题的一个原理，而必须把它看作马克思主义用以理解和说明全部世界观问题、区别于以往一切哲学观点的新的思维方式。只有认识到这一点，才能把握马克思主义哲学全部内容的实质。”正因为高先生所思考的问题总是“较真”、“较劲”、“和自己过不去”的问题，所以先生总是能从问题的“根子”上提出问题和回答问题。

笨想，就是不囿于己见。每当论及学界状况时，先生总是对学生们说，我们有自己的特点，人家有自己的优势，善于发现人家的长处，才会有所进步。先生不仅认真研读和思考自己前辈和同辈学者的著述，而且真心实意地吸纳学生的研究心得。高先生指导研究生，从来不只是“讲”，还有“听”——听学生讲相关的知识和他们的看法。20世纪80年代，我们几位“老学生”最为兴奋的事，就是每周到先生家中讨论哲学。我还清晰地记得，孙利天讲中国传统哲学，孟宪忠讲社会发展理论，秦光涛讲现代西方哲学，邴正讲当代文化哲学，而我则主要是讲现代科学哲学。高先生认真地倾听、不时地记录，间或提问，几个学生更是不以自己的

“滔滔不绝”为“越位”，相互追问，相互诘难，抓住“软肋”，发现“硬伤”，“互相切磋”，“教学相长”。

笨想，就是不人云亦云。列宁说，概念、范畴并不是认识的“工具”，而是人类认识的“阶梯”和“支撑点”。在人类文明史上，概念、范畴的内涵不是僵死凝固的，而是“与时俱进”的。然而，人们却往往把概念、范畴当作僵化的“定义”去把握和使用。高先生的“笨想”，从根本上说，就是对哲学基本观念的坚韧不拔的追问。特别是在对本体论思维方式的批判反思中，高先生深刻地揭示了这种思维方式的实质：一是把事物的现象与本质割裂开来；二是把认识的主观与客观对立起来；三是把真理的相对与绝对分割开来，试图为人类提供绝对之真、至上之善和最高之美。对于这种思维方式和哲学理念，高先生从“人是哲学的奥秘”的解释原则出发，作出了自己独到的论证：“本体论作为对象的解释原则完全是属于人的，它表现的是人从人的观点以理解和把握对象世界的一种方式”，“人是一种从不满足于既有存在，总是追求未来理想存在的一种存在。这通常被称作人的‘形而上学’本性。本体论就是以探寻对象之外和之上的本真存在这种方式，来表述人的形而上学追求的”。在这种批判反思中，高先生不仅深刻地揭示了本体论思维方式的实质，而且富有启发性地肯定了哲学的“形而上学追求”。正是在对包括“本体”在内的“世界”、“实践”、“矛盾”、“反映”、“规律”、“真理”等哲学范畴的批判性反思中，高先生突破了通常的“狭隘视界”，赋予这些基本范畴以新的思想内涵，为发展哲学提供了富有建设性的新的“阶梯”和“支撑点”。这是高清海哲学思想的“真实意义”。

笨想，就是不故步自封。1996年出版的《高清海哲学文存》第5卷，收录了先生在80年代主编的《马克思主义哲学基础》的选辑。在该卷的前言中，先生坦诚地指出：“现在读起来，这部著作的许多思想内容或许已经不很新鲜”，“我国理论界的认识和我们自己的思想，都已有了很大的提高和进展”。他还特别地指出，《马克思主义哲学基础》以“客体”、“主体”、“主体与客体的统一”这种逻辑框架和叙述方式来阐述马克思主义哲学，还没有真正体现马克思主义哲学的实践观点的思维方式。因此，在20世纪80年代后期，先生明确地以“人与世界的否定性统一”来阐释“实践”，又以这种“实践观点”来阐释马克思主义哲学的“思维方式”，进而对马克思主义哲学作出新的系统论证。正是在这种自我反省和自我批判中，高先生不断地升华了自己的哲学思想。这种符合哲学本性的自我批判精神，应当是先生留给我们的弥足珍贵的“精神财富”。

三 勇气：思想解放与人的解放

思想解放，理论创新，这对高清海先生来说，决不是挂在嘴上的名词或追赶时髦的口号，而是他的学术生命的生动写照。

不“唯上”，不“唯书”，敢于追问，勇于创新，这是高先生学术研究的“基点”。在为《哲学通论》所写的序言中，先生针砭时弊地指出：“长期以来我们已经习惯了这种照本宣科的研究方式，写作方式，眼睛只看着别人，看着古人、看着洋人，却忘记了还有个‘自我’、自我的头脑”，“连马克思的本来属于解放人们头脑的哲学，我们也采取了这种‘灌输’的方式去束缚人们，我们怎能培养出哲学家来?”先生以自己的理论勇气和强烈的社会担当意识，在历史、理论与现实的聚焦点上，不断地实现理论创新，并鼓励和引导自己的学生以哲学的方式面向现实，努力探索重大现实问题中所蕴含的重大理论问题，又以新的理论成果去回答重大的现实问题，切实地使哲学成为“思想中所把握到的时代”。

在学术研究中，高先生的“思想解放”，集中地体现在“哲学总体观念的变革”。早在20世纪50年代，他就以《论辩证唯物主义与历史唯物主义的关系》一文重新理解马克思主义哲学，并因此被扣上“分家论”的帽子。自1980年起，高先生用6年时间主编完成了被学界称为“在众多教科书中独树一帜，自成一家之言”，“令人耳目一新”的《马克思主义哲学基础》上下册，“开创中国哲学体系改革的先河”。先生认为，“变革和创新，是哲学理论的常态，也是它固有的本质”，“哲学这种理论的一个突出特点，就是要以自身理论和观念的不断变革，才能反映历史和时代的变化，推动历史和时代的前进，从而发挥它特有的批判的和导引的理论功能”，“实践发展了，历史前进了，时代变化了，作为思想前导或理论升华的哲学便要改变自己的内容和形态，经历哲学观念的变革”。正是基于这种理念，高先生写出了关于哲学观念变革的系列“断想”，系统地提出了他对“世界观”、“本体观”、“实践观”、“矛盾观”、“真理观”、“价值观”、“人学观”的重新理解和阐释，并把哲学的“思想解放”与现实的“人的解放”熔铸在他的理论创新之中。

“人”的问题是高先生在20世纪90年代思考的主题。恩格斯提出，马克思和他所创建的哲学是“关于现实的人及其历史发展的科学”。高先生由此提出，“现实的人及其历史发展”，就是不断地在实践活动中实现“人与世界的否定性的统一”，也就是实现马克思所说的“合规律性”与“合目的性”的统一。因此，我们应当以“实践观点的思维方式”去看待人与世界的关系，并以这种思维方式去阐述和发展马克思主义哲学。高先生提出，按照马克思关于人的历史“三形态”理论，中国今日的落后就不只是表现在经济、社会、技术等方面，最根本的落后是在“人”的发展方面。由此，高先生高瞻远瞩地提出：“我国社会主义发展的现阶段，解放生产力首先就是解放个人，就要用实现每个人的全面发展的‘未来导引现实’”。高先生的这一思想，从哲学的高度阐发了“以人为本”的发展观。

志存高远的大气、真诚求索的正气、敢于创新的勇气，这是高清海先生的为人为学之道，也应是所有学人的繁荣学术之道。高先生的墓碑矗立于苍松翠柏之中，高先生的思想将存留于人类文明的历史长河之中。

高清海哲学的“先进性”

高文新[*]

高清海先生辞世十年了，我们愈发思念他，这不单是因为我们是他的学生，而且因为他的哲学思想先进，他是当代中国最有创造性的马克思主义哲学家。十年了，我越来越感受到先生逝世带来的巨大的理论真空，感受到中国马克思主义哲学研究失去了引导前进的旗帜，或退缩到书斋中成为经院式的学术，或从已经达到的认识成果后退到苏式本体论教科书的水平。20 世纪 80—90 年代高清海先生引领的积极投身中国改革大潮的马克思主义哲学解放和创新不见了，马克思主义哲学研究退化为与广大人民的生活实践无关的名利方式。面对全国数千所大学共用一本所谓重点工程编写的苏式本体论教材的现状，一位学者无奈地说：“高老师 20 多年白忙活了。”这正是我们这些高老师的后人们的责任：高老师没有白忙活，他为中国当代马克思主义哲学研究留下了巨大的宝贵财富，他创造的马克思实践思维方式哲学的先进理论，终将会成为中国的主流思想。苏式本体论僵化理论葬送了苏联及东欧的社会主义事业，实事求是哲学体系和马克思实践思维方式哲学必将推动中国特色社会主义事业向前发展。本文力求阐明高清海哲学的先进性，从人类哲学思维发展的趋势和马克思的哲学革命说明先进性的含义，从高清海先生的理论创新过程说明他对马克思哲学的创造性阐释和对当代西方哲学的超越，最终论证中国特色社会主义事业和中国现代文化建设需要高清海哲学。

在实践哲学方面，实事求是哲学成就了中国的百年复兴与辉煌；在马克思哲学研究方面，高清海先生提出的马克思实践思维方式哲学是当代马克思研究的最高成果。两者的理论统一是中国哲学发展的方向。

---

* 吉林大学马克思主义学院教授。

一 人类思维方式演进与马克思哲学革命

我国和原东欧社会主义国家在马克思主义理论研究方面一个重大失误，就是把马克思的哲学革命和理论内容同人类主要是西方的哲学发展割裂开来，否认西方哲学作为发达社会哲学的先进性，使马克思哲学成为孤立的理论。这根源于社会主义国家为了证明自身的合理性，与此同时，西方国家极力否认社会主义的合理性，陷入另一种片面。双方的片面性恰好说明二者之间的同一性。实际上，马克思哲学是人类哲学思维方式进步的一个代表，同西方哲学的发展是一致的。马克思哲学同西方现当代哲学不是截然对立的，社会主义同资本主义不是绝对相异的。只有这样认识问题，才能真正理解马克思哲学的先进性，才能从全人类发展的角度推进社会主义事业。

一种哲学是否先进，从其理论本身无法说明，每一种理论都宣称自己超越了前人并罗列一系列创新，但先进与否归根结底要依赖其社会作用。这同实践是检验真理的标准这一观点是一致的。在中国文化背景下，中国哲学作为一种人治政治哲学，群雄争霸、逐鹿中原时，法家就是先进的；政权稳固、安定发展时，儒家就是先进的。但是，到19世纪中叶，当这种农业文明背景下的传统哲学面对工业化文明和列强冲击时，则统统失去了先进性。这是中国文化和历史多次证明了的。

哲学的先进性即思维方式的先进性，不是一种随意的赞美之词，而是同人类历史发展相一致的思维能力和思维方式的进步。人类历史是不断发展的，思维方式也是不断发展的，思维的内容越来越宽阔，在实践中越来越有效，越来越有力地推动生产和技术的发展。19世纪中叶，当机器制造业发展达到鼎盛时期，人类在科学、哲学、文学艺术等许多方面都孕育并发生着深刻变革。这种变革不是原有体系的内容丰富与增加，而是要冲破原有的思想模式，创立新的思想体系。社会学的创始人孔德关于人类精神发展三个阶段的学说精辟而深刻地说明了这种变革。孔德站在人类文明史的高度，指出人类精神经历了三个阶段，即神学阶段、形而上学阶段和科学阶段。

所谓神学阶段是哲学产生之前的人类精神状况，人类用原始宗教神话来理解世界。准确地说，应该叫作宗教神话阶段，但孔德时代宗教学未产生，没有区别神学宗教与自然宗教，而且神话理论在施特劳斯之前也未发展起来，所以，孔德称前哲学文化为神学文明。相对于之前的野蛮时代，人类用宗教神话解释世界、积累知识是一种巨大的进步，是人类文明的开端。

公元前7—6世纪，在地中海和黄河流域相继产生了哲学理论，人类精神进入了形而上学阶段。哲学理论相对于宗教神话，又是一种巨大的根本性的进步。哲学排除了宗教神话中的情感等非理性因素，用理性去思考问题；哲学去除了宗教神话中的想象和神秘因素，用经验的自然的原因解释世界。哲学的理性和客观的态度，使其成为科学的摇篮，不断有不同的学科从这个知识总汇中孕育、生长并分离出去。同时，哲学解释和理解世界的功能又使其不断地抽象化，成为形上学。在哲学两千多年的历史中，产生了数百甚至上千种有影响有记载的理论，所有理论都回答同一个问题：世界是什么？按照高清海哲学的观点，人是哲学的秘密，人是从自身去回答世界是什么的。有的哲学从人的实践的现实条件方面思考问题，创造了唯物主义哲学；有的哲学从人的实践的精神目的方面思考问题，创造了唯心主义哲学。西方唯物主义提出了原子和物质，中国唯物主义提出了五行和气。西方唯心主义提出了理念、实体和绝对，中国唯心主义提出了道、本体和理。这些纷繁复杂的派别有一个共同点，就是都把世界归结为一个抽象的终极实在，这抽象的实在作为本体，是世界的本原。正是在这个含义上，孔德把所有哲学统称为本体论、形上学。

在过去两千多年的时间里，这种本体论、形上学成为各民族文化的核心内容，成为各民族的世界观，是人类对世界的理解和知识。尽管各民族的本体论、形上学，都建立了宏大的体系，而且号称能够解释一切，穷尽人类的一切要求，但是，由于科学发展的局限，其对世界的解释往往充斥着想象和虚构。对人类有正面作用的不是其知识性，而是这种哲学中所包含的规律性、命运、正义、人伦、动变、发展等观念。从社会学观点看，这种哲学为人类社会提供了文化认同、行为约束、劝善教化、追求完善等作用，是社会稳定和发展的必要结构。

19世纪中叶，传承两千多年的传统本体论、形上学的哲学面临根本变革，不可能再以原有模式维持下去，人类精神要求超越这种哲学。首先，这种理论在原有模式内已经发展到无以复加的地步，很难再为其提供有价值的内容。黑格尔哲学解释了一切，恩格斯称其为“奥林匹斯山上的宙斯”。黑格尔以后没有出现有影响的本体论哲学。其次，科学的发展特别是天体演化、生物进化、人体生理、心理学、考古学、文化人类学等学科的发展，已经可以对自古以来的宇宙之谜作出令人信服的说明，科学已经可以描绘出自然界的总图景，哲学的解释越来越显得荒诞和牵强，人类已经不再需要哲学来说明世界是什么，这一任务已经由科学担当起来。最后，哲学自身的发展要求拒斥形上学，抛开这种无意义的独断，康德哲学吸收近代哲学理论成果，发挥理性精神和主体意识，主张那种脱离人的经验的与人的主观活动无关的物自体是不可认识的。人关于物自体的理念只是人的信仰，是不可证明的形上学。科学只是关于人的经验现象的，不是对物自体的认识。科学的客观必然性是指对一切主体的普遍有效性。康德的理论否定了形上学的真理性基础，开启了拒斥形上学的现代（后现代）哲学。所有这一切，指向一个结果，人类精神面临着变革。两千多年的本体论、形上学即将终结，人类精神要进入一个更加丰富多彩的新阶段。

康德否定形上学的真理性，孔德主张超越形上学而进入科学实证阶段，马克思则用实践思维方式取代了这种“解释世界”的本体论哲学。“解释世界”这一评语恰当地说明了传统本体论哲学的基本性质，同康德、孔德的思想一致。康德认为形上学的理念是人类理性要求达到绝对知识的一种冲动，人类理性不满足于科学的经验有限知识，而要达到绝对的无限知识，达到物自体理念而解释一切。形上学理念因其能解释一切而失去真理性。孔德认为对社会的研究不能凭借“解释世界”的形上学原理，而要做具体的实证研究，从量化事实中得出结论。

马克思说的“解释世界”的“哲学家们”，当然指的是他之前的一切哲学，这是要超越一切传统哲学。对这句话不能仅从字面理解，传统哲学家们只想解释世界而不想改变世界吗？显然不是，哲学家们都想改造世界。传统哲学家们都像柏拉图和老子一样，要建构一个关于世界的终极原理或形上学，用这个终极理论解释世界，从而得出人应该如何行动的结论来。正如近几年某重点工程编写的《马克思主义哲学》教科书，目的是给人们提供一个“日用日新、永不枯竭”的解释体系。这同传统本体论哲学在思维方式上是一致的。马克思提出“问题在于改造世界”，就是要摒弃那种以终极原理解释世界而决定行动的思维方式，以发挥能动性的实践去改造世界。

孔德指出，人类超越形上学阶段而达到科学阶段，人类活动不再从终极解释原理出发，而是从实证的具体条件出发，这具有科学而不是教条主义的精神，这种精神是西方19世纪中叶以后哲学和马克思哲学的共同精神，是为现代人类提供先进思维方式的哲学精神。

多年来，人们更多地论证马克思哲学同西方现代哲学的区别，对于两者的相同性较少研究，而这种相同性恰恰是更重要的，这有利于引导社会主义事业同全人类的社会发展结合起来，促进人类的进步，马克思哲学和西方哲学作为19世纪中叶超越本体论的先进理论，主要在以下几个方面具有相同性。首先，双方都继承近代洛克开端的人本主义传统，尤其是德国古典哲学的人本化传统，使哲学成为以人为对象的理论，哲学成为人反思自身的意识，哲学真正地成为主体意识，成为主体能动性的自觉意识。西方哲学全面地研究人，从近代把人看作理性的人，发展为把人看作具有情感和欲望的多向度的人，肯定人的非理性的合理性。人不仅具有知识，更具有文化。马克思把康德的思维能动性改造为全面的实践能动性，人不仅是理性的主体，更是改造对象的实践的主体。马克思从人的实践出发，发现了唯物史观，揭示了劳动和资本异化，指出了人类没有解放。其次，双方都不再构造宏大的绝对真理体系，哲学不再是关于客体的对象意识，不再以超验的形上本体为思考目标。西方哲学坚决拒斥形上学，反对宏大叙事，关注生活世界。人们可能举出恩格斯在《反杜林论》中论及本体论体系，苏式本体论教科书体系受其影响。应该看到，恩格斯是在按照杜林的体系逐章逐节地批判杜林，不得不跟着杜林的结构进行分析，那不是恩格斯的哲学思想。恩格斯在《费尔巴哈与德国古典哲学的终结》一书中提出哲学还剩下什么的问题，那才是恩格斯思考哲学变革的发展趋势，才是恩格斯的真实思想。最后，双方都提倡重实效的实证精神。西方哲学最典型的表现是从注重经验出发，从康德出发，提出了工具（实用）主义，在真理论上表现出极大的灵活性，使人们的思想和实践摆脱教条主义的束缚。马克思是肯定功利主义的合理性的，特别是为工人阶级的利益，马克思否定一切先入为主的教条，相信马克思会同意邓小平“黑猫黄猫”之论。

人们对19世纪中叶与马克思哲学变革同时发生的人类思维方式进步会有不同的认识和理解，但有一点可以肯定，那种哲学产生以来两千多年的传统本体论哲学，或者说前康德本体论哲学，是落后的教条式的思维模式。

二 创建实践思维方式哲学，引领中国现代哲学转向

中国马克思主义哲学研究最重要的课题，或者说最急迫的课题，当属克服传统本体论思维方式，冲破苏式本体论教科书的教条主义束缚，实现中国哲学的现代转向，在思维方式上达到当代人类的先进水平。高清海哲学是20世纪后20年完成这一课题的代表和旗帜，高清海在20多年的时间里引领了中国马克思主义哲学研究，20世纪八九十年代，高海清是中国马克思哲学研究最有创见最有影响的哲学家，正直的人们都承认这一点。

冲破苏式本体论教科书，并不是用中国语言重新表述，也不是带上什么中国特色，更不能满足于抽调全国知名人士不计成本地进行编写，这样冲不破它的束缚，而是要从根本上抛弃本体论思维模式，从那种前康德式的传统思维方式中解放出来。

早在20世纪50年代后期，高清海即对“马克思主义哲学是辩证唯物主义和历史唯物主义”这种提法表达了不同意见，且发表了论文，并因此在1959年“反右倾”和“文化大革命”中两次受到冲击。由于历史的局限，当时的不同看法仅仅是理论逻辑方面的，却埋下了对苏式本体论教科书反省批判的种子。1959年由于“右倾”被取消马克思主义哲学教学资格后，高清海被调入西方哲学史教研室。这给了他深入思考人类认识史规律的机会，研究西方哲学基本著作使他的思想更加深刻而明确。1978年中国出现了思想解放的曙光，高清海参加了新中国成立以来盛况空前的西方哲学史研究的黄山会议。哲学史不是苏联提出的片面的唯物主义和唯心主义斗争史，而是内容丰富的人类认识史，这一观点成为哲学史界的共识。当然，哲学史界这一观点并不被哲学原理界所接受。80年代，高海清主编的《欧洲哲学史新编》明确地贯彻了“哲学史是认识史，认识中的主客矛盾是哲学的中心课题”这一基本观点。而且这一基本观点成为80年代新编马克思哲学教科书的指导思想。

20世纪80年代前5年，高老师的主要精力放在“教科书改革”上面。从这个提法可以看出，当时的认识还不清晰，没有达到后来的高度。1984年，石破天惊，高清海主编的《马克思主义哲学基础》上册作为新哲学原理教科书在人民出版社出版。全书分为4编：①认识的基本矛盾；②客体；③主体；④主体与客体的统一。我有幸参加了撰写。我和邹化政一起负责制订第一章的提纲，按照高老师的指导思想，把人类哲学史划分为直观的认识（古代哲学）、反省的认识（近代前康德哲学）、自觉的认识（德国古典哲学）和科学的认识（马克思哲学）四个阶段。从这些内容可以看出这本新编教科书的基本观点。

说新编教科书“石破天惊”，主要是指政治的思想解放方面。在马克思主义的历史上，有一个虽未成文却是惯例的事实：只有伟大的革命领袖才有资格决定马克思主义哲学的基本观点和理论内容，其他人只能对这些观点进行论证和阐述；如果发生争论，学者一方只能受到批判或政治处理。在这样的历史环境中新编教科书，高老师承受着巨大的压力，在后来的论述中他曾经谈到这一点，但哲学家的使命和责任使他坚定地前行。高老师多次说过：只要是我想清楚了的问题，我有根据，我就不怕。他关注其他社会主义国家哲学界的动态，因为新编哲学教科书的影响不限于国内。新书出版以后，一时间洛阳纸贵，在全国产生了不小的轰动。这是中国第一本由哲学家独立研究和思考编写的马克思主义哲学教科书，有两点突破，一是打破了从20世纪30年代特别是50年代以来的苏式哲学教科书，二是打破了只有政治领袖才能阐释马克思哲学的惯例。这是一次巨大的思想解放，这等于宣告，统治哲学界大半个世纪的马克思主义哲学教科书并不符合马克思的本意，对80年代中国哲学界的改革创新起了火炬般的引导作用。

高清海后来在谈到新教科书时说到，那只反映了当时的认识。这说明教科书在1980年初所达到的观点是很有局限的，最根本的是没有突破本体论思维的影响，在“客体”部分，几乎重复了原有教科书的观点。教科书出版后，高老师意识到了这个问题，于是提出“哲学观念更新”问题，并且加强了对哲学发展趋势的研究。80年代后期，高清海出版了两部重要的著作。在《哲学与主体自我意识》中，高清海系统研究了欧洲哲学的发展趋势，提出了哲学是人作为主体的自我意识的观点；在《哲学的憧憬》一书中，高清海提出人是哲学的秘密，各种哲学观点都是人对自身活动的理解和表达，这标志已经形成马克思实践思维方式哲学的思想。

1988 年，高老师发表了曾在哲学界引起轩然大波的论文《重新评价唯物论唯心论的对立》，这篇论文直指本体论哲学的核心观点，对于大多数思想停留在本体论思维方式的人来说，这难以理解。高老师指出："唯物论和唯心论的划分本来是有条件的"。"只有当哲学以揭开宇宙之谜为主旨、探究万物本原为最高课题，并把问题聚焦于两种存在——自然存在与超自然存在孰先孰后，谁决定谁的矛盾时，唯物论和唯心论的对立才是必要的，哲学区分为唯物论唯心论两个派别才有意义；否则就不是必然和有意义的。"这就是说，只是在本体论思维方式内，唯物和唯心问题才是有意义的，如果超出了本体论思维方式，这种对立就失去了意义。这种探究自然世界的本原、本体问题的本体论哲学，只是"哲学发展的初级阶段"。唯物论和唯心论的争论并不具有永恒的意义，唯物论和唯心论作为对立两派萌芽于古代，从中世纪向近代转折时期，在科学与宗教、理性与信仰激烈斗争中达到了最尖锐的对立。在这之后，哲学主题发生转移并趋于多样化，这种对立的意义就减弱了，很难再把哲学论战看作主要是唯物唯心之争。高老师尖锐地指出："哲学只有从唯物唯心的模式中解脱出来，才能有突破性的发展。"一些困于本体论思维模式的人发表同高老师商榷的文章，这恰如"实践本体论"的提法，就是摆脱不了本体论。

高老师指出：超越唯物论唯心论的对立，正是马克思主义哲学诞生的秘密，引起哲学发生革命性变革的实质所在。这个秘密和实质，就是"实践"。按照马克思的观点，实践既是分化世界的活动，分化为人与自然、主体与客体、主观与客观、精神与物质的对立，实践又是统一世界的活动，使这些对立统一起来。正是依据这一新的思维方式，即从人与自然、主体与客体、主观与客观在现实活动中否定性的统一观点出发，马克思才超越了以往的一切哲学理论，把哲学推向更高发展阶段，实现了哲学革命性变革。

高老师认为，马克思实践思维方式哲学不仅超越了以往的本体论哲学，而且也优越于现代西方哲学。现代西方哲学在总的发展趋势上，也呈现出力图摆脱两极对立的思维方式，寻求能够把对立面结合起来的"中介"的趋势。虽然他们对唯物论和唯心论哲学的理解并不都是正确的，他们提出要超越两派之上的根据也不都是合理的，但我们应该看到，在他们所说的唯物唯心之分业已过时、二者对立可以超越的观点中，以及在他们从某一中介环节统一主客对立的理论追求中，确实透露出了两极思维方式正在走向中介思维方式统一认识发展的大趋势。按照高老师对马克思哲学的创新性解读，实践思维方式哲学是可以超越并涵盖现代西方哲学的当代人类最先进的哲学理论。

在本体论哲学教科书中，尽管强调指出马克思创造了实践理论，并且把实践作为认识的来源和发展动力等，但是，仅仅是“实践的观点”，是本体论哲学体系中的一个观点。高老师的创新在于，实践是马克思的思维方式，是决定一切的根本范畴。按照这种新的思维方式看问题，传统哲学的一切问题都发生了根本的变化，传统哲学的基本问题也不再基本。高清海对实践理论的研究，已经不再停留于马克思当年的论述，而是在理论的性质和内容上都丰富和提高了马克思的理论，特别是“马克思哲学是实践思维方式的哲学”这一命题具有决定性的创新意义。哲学的进步体现于范畴和命题的创造，“实践思维方式哲学”是高清海创造的范畴和命题。

三　继承高清海哲学事业，创建现代中国哲学

晚年，在完成对马克思哲学的创新阐释之后，高老师曾把注意力转向中国现代哲学的重建，无奈天不假年，高老师未能做更多的论述。

在思考现代中国哲学与文化的建构时，人们往往纠结于中、西、马三者的关系，认为难以统一起来，因而只能以“多元化”来敷衍之，权且如此。其实这同样囿于思维方式，如果换一种思维方式，这个问题的出路已经显露出来，优秀的中国人如毛泽东、邓小平、高清海，已经提供了丰富的思想理论成果。

如果马克思哲学是指传统的苏式本体论哲学，那么一切无法统一，因为这种理论远远落后于西方现代哲学，也无法理解和统摄现代西方哲学。如果马克思哲学是指高清海哲学所指的“实践思维方式哲学”，那么我们不仅可以理解现代西方哲学，而且可以包容并统摄它，吸收它的合理因素，不是与它对立，而是扬弃它、消化它。

人们在谈到中国哲学时，往往只看到传统哲学，看不到现代中国人创

造的伟大哲学思想，即实事求是的哲学理论体系。在苏式本体论教科书体系中，实事求是仅仅是唯物论部分的一个分支观点，这歪曲了实事求是哲学的民族属性、理论属性。在各种马克思主义的教材中，说实事求是是毛泽东思想的核心、精髓，却仅仅停留于这种抽象而空洞的论断，没有讲实事求是哲学的思想实质。中国马克思主义理论界对实事求是哲学存在根本的误解，仅归结于本体论教科书中完事，让黄金被沙子掩盖起来，缺乏对实事求是哲学的深入思考和研究。“实事”是本体论思维方式的与人、与主体无关的不以人的意志为转移的客观存在吗？这样的“实事”人们能够真实地经验到吗？“是”即对客观存在的规律的认识吗？对“是”的判断存在话语霸权吗？实事求是思想是关于生活世界的智慧吗？我已在几篇论文中提出过这些问题，本文不再展开。如果我们这样思考实事求是理论，那么实事求是理论就成为超越了本体论思维方式的先进现代哲学，而且同马克思实践思维方式哲学的内在联系也建立起来了。

综上所述，实事求是哲学思想体系和高清海实践思维方式哲学是现代中国人的伟大创造，是建设现代中国新哲学的基本思想准备。如果我们这样去看问题，就能克服中、西、马多元不融合的问题，建设起有机的中国现代哲学体系。这里的要点有二：一是正确理解与研究实事求是哲学理论体系；二是接受高清海对马克思哲学的创新性解读。

对于这个问题，我想举一个西方文化史上类似的例子，这个例子必须放在我们现在谈的问题和语境中来理解，不要抽象地拿出来曲解。在基督教历史上，从教父哲学开始，一直是以柏拉图哲学为基础的奥古斯丁主义，人们认为只有柏拉图哲学才适宜论证基督教的正统教义。这在欧洲古代城市文明毁灭、整个欧洲进入农村状态的中世纪早期来说，是合适的，柏拉图的先验理论有利于基督教义的论证。但从12世纪开始，欧洲出现了工商业城市，社会复杂起来，出现了早期的市民，亚里士多德哲学通过伊斯兰教传入西欧。相对于理想主义、先验主义的柏拉图哲学，现实主义、经验主义的亚里士多德哲学更适合新兴市民的需求，于是在民间传播开来，却被教会列为禁书。教会上层认为只有柏拉图哲学适合基督教义，亚里士多德哲学会产生异端。这时，基督教中产生了一位大思想家阿奎那，他倾毕生的经历，冒着被指为异端送进裁判所的危险，向教会证明，亚里士多德哲学更适合论证基督教义。阿奎那成功了，基督教哲学从柏拉图主义转化为亚里士多德主义，对上帝的论证从本体论证明转化为宇宙论和目的论证明。亚里士多德哲学对基督教义的论证加强了基督教在新社会条件下的力量。同样的道理，苏式本体论哲学不利于社会主义，尤其不利于社会主义的改革与发展，以创新的实践思维方式哲学解读马克思哲学，有利于促进社会主义事业的发展，促进中国特色社会主义的成功。

作为高老师的后继者，研究并宣传马克思实践思维方式哲学，深入研究与理解实事求是哲学理论体系，推动中国先进的现代哲学的建设，以利于中国改革开放事业，以利于中国特色社会主义事业，是我辈应负的责任。

本文写作时，我正在上海带孙子，虽基本内容已思考多年，但桌上缺少资料，所以没有引文，全部内容仅凭记忆。因此论证不可能充分，错谬难免，祈盼谅解。

突破教条、回到根本、畅所欲言的马克思主义哲学
——以高清海与孙正聿先生学术思想为例

刘怀玉　王　巍*

哲学家冯友兰先生曾经说过，作历史研究的会有三种趋势：信古、疑古与释古。他认为“信古”与“疑古”说到底都行不通，唯有“释古”才是唯一正道①。我们这里可以在并非完全符合冯先生原义的基础上套用此说法：理论自信源自于言说前提与氛围的宽松与无多禁忌，也就是对教条的怀疑与突破，此之谓“疑古”；理论自信来自于对经典根本问题与真思想的敬仰与遵从，此之谓“信古”；理论自信发自于言说者和研究者的深厚学术功底与文化传统底蕴及其畅所欲言的胸怀与境界，此之谓“释古”。如果说改革开放之初中国化马克思主义哲学创新需要的是一种突破旧框架的勇气与智慧，那么，今天中国化马克思主义哲学创新则似乎面临着“失范”或“无范”可守的危机，从而需要一种别样的坚守、自信和对“新统”的敬奉。本文仅以晚辈的敬意，从高清海、孙正聿二先生在新时期马克思主义哲学的创新发展与开拓贡献方面谈点自己的体会，从他们身上我们可以看到本文标题所说的那种“风范”。

一　对传统教科书体系的突破

中国化马克思主义哲学的改革、探索与创新之路已经走过了三十多年的历程。这段丰富曲折的思想史不容晚生后学遗忘，当常珍视、反思与回

---

* 刘怀玉：南京大学哲学系教授，王巍：南京大学哲学系博士研究生。

① 参看冯友兰“古史辨序”，载冯友兰《三松堂学术文集》，北京大学出版社 1984 年版，第 410 页。

味。新时期中国化马克思主义哲学创新发展与当代化解释之路始于对传统教科书体系的突破、改革与对新教科书范式的探索与建构。马克思主义中国化、大众化、时代化需要具有新形式、新内容的教科书。反对教科书思维但并不等于反对教科书这种表述方式。目前中国化马克思主义哲学研究的严重“失范”现象之一就是相对缺少具有权威性的教科书这种表述形式，即透彻性、经典性和通俗性相结合的表述形式。一味地反对教科书表述方式，或许会使马克思主义哲学研究陷入支离破碎的历史文本的注释，沦为狭隘的门派之争与生僻的词语格义或变相文字游戏，从而失去对时代的关注和对大众的影响。基于此我们还要为教科书范式辩护，也为以高清海先生为代表的吉林大学马克思主义哲学几代学人在教科书创新方面的贡献表示敬意。

将近一百年前，一位魏玛共和国时期最有才华的德国哲学史家克朗纳在题为《从康德到黑格尔》这部无法复制的扛鼎之作中，曾满怀激情地回忆起在他一百年之前的那个辉煌一时的德国古典哲学史时说：“从康德（1781）到黑格尔（1821）这四十年间，是欧洲思想史上除了希腊之外绝无仅有的思想高峰期。那个四十年间，一股基督教的末世学情绪笼罩在德国思想界的上空，这就是‘真理展现的日子’，除非马上来临，不然将永远无法实现。”康德、费希特、谢林、黑格尔均以无与伦比的自信宣布真理就掌握在自己的手里。这是一个敢于思想真理的伟大时代。借用1818年黑格尔在刚刚就任柏林大学校长时的开讲词的一句话来讲，这是一个“哲学基础得到重新巩固，思想的青春得到恢复的激情燃烧的时代。在以往的时代，哲学曾经给政治带来了空前的荣誉，但这个时代的哲学要为学术和宗教的荣耀和神圣作出自己的贡献。这一短暂而伟大的时代所遗下的观念将会一直活着，并将在每一个精神在挣扎的当下再次活现。”无独有偶，从20世纪70年代末到80年代末，在这短暂的十余年间，中国哲学思想界重演了这殊为难得的自由思想春天的一幕。正是在这种时代精神感召下，高清海先生所代表的那个年代最有创造性影响的著作之一《马克思主义哲学基础》（1985）一书问世了①。

众所周知，马克思主义是俄国十月革命送给中国人的。我国马克思主

① 参见高清海主编《马克思主义哲学基础》（上册），人民出版社1985年版；高清海主编：《马克思主义哲学基础》（下册），人民出版社1987年版。

义哲学理解框架，特别是大众化、实践化的主要载体即教科书体系，也基本上是来自于苏联教科书体系，可谓“萧规曹随”、“孔步亦步、孔息亦息”。而苏联教科书体系的祖本是《联共（布）党史简明教程》第四章第二节，即由斯大林执笔而成的《论辩证唯物主义和历史唯物主义》小册子。它的理论权威主要体现在政治权威上，而政治权威实际上变成思想枷锁。如此一来，中国化马克思主义哲学面对苏联教科书体系常有“不敢越雷池一步”的强烈思想束缚感。但就其具体理论而言，则存在着诸多问题。其弊端之一就是缺少对马克思哲学原著精深的解读，反倒是对马克思主义哲学作了许多近代唯物主义性质的“危险增补”，这也就导致其无法历史地、完整地把握和理解马克思主义哲学思想的本真精髓。

身处思想界这种“口将言而嗫嚅，足将进而趑趄”的压抑气氛，高清海等许多老一辈先贤巨擘以哲人的勇气和睿智，大胆地突破了苏联教科书体系所设置的教条框架与重重误区，开创了马克思主义哲学的崭新理论范式，为我国马克思主义哲学大众化的推进做出了重要的理论贡献。

首先，我们来说《马克思主义哲学基础》一书的历史贡献。在这部时人评价“出新意于法度之中”的哲学教材中，著作者们借鉴列宁、毛泽东、西方马克思主义所奠基的以实践为基础的主客体统一的辩证法和认识论，打破传统自然物质本体论、自然辩证法和历史观的等级制、条块式的分割，用以实践为基础的主客体分立、转化和统一的辩证方法论重构了马克思主义哲学的实践本体论（亦可说是人化自然本体论）、主客体统一辩证法、主体建构客体的认识论和社会历史规律的历史观。当然，由于受成书时间、团队成员等多种因素的影响，这部理论深度在当时无出其右的教科书也存在不少缺陷，主要是还带有了历史旧迹与过于思辨的专著色彩，在一定程度上妨碍了它的时代影响力。

作为高清海先生的学生，孙正聿先生继往开来、百尺竿头更进一步，他所主张的反思性哲学理论已经彻底突破了原有教科书体系，从而开创了一条通过回归德国古典哲学来重建马克思主义哲学的中国化之路。孙正聿先生在自称是“离经而不叛道”的《哲学通论》及其他相关著作中，通过重构《路德维希·费尔巴哈和德国古典哲学的终结》中关于哲学基本问题的经典论述，将传统唯物主义认识论从反映论推进至反思论，指出晚年恩格斯所强调的思维与存在的关系并不是主观与客观、物质与意识两种实体相互作用或决定—反作用的模式，而是反思的认识论和辩证法命题，是黑格尔意义上的思想中的思维与存在的关系问题。

孙正聿先生在其新构的哲学基本问题框架中，还将马克思主义哲学看成是哲学史上新的理论范式和现代哲学的革命：欧洲哲学史上第一个经典范式是古代以追求人类、社会乃至自然之外永恒的实体存在为特征的终极实体的形而上学本体论，其与古代宗教、中世纪的神学紧紧联系在一起；第二个经典范式是以从笛卡尔到黑格尔为代表的近代主体建构客体的认识论革命；第三个经典范式就是以马克思的实践观、历史观革命为导向的从思辨的反思的意识哲学往实践的存在论的哲学转向，马克思主义哲学既不是近代认识论也不是古代本体论，而是实践的历史的存在论①。

总体而言，20 世纪八九十年代由吉林大学、中国人民大学、南开大学与复旦大学等著名高校哲学系领头和率先推动的我国马克思主义哲学教科书改革，呈现出三个亮点：第一，把作为过渡环节的认识论突出为整个马克思主义哲学体系的主导结构，从而实现了从本体论主导到认识论转向的新体系；第二，把传统教科书中思维—存在的反映论模式转变为突出人的主体性、实践的根基性的，以主客体辩证统一为主轴的认识论、价值论、历史观融为一体的哲学逻辑；第三，通过大量引进苏联哲学界和第二次世界大战后西方心理学、认识论以及自然科学的研究成果，实现了从以巴甫洛夫条件反射理论为代表的传统意识论向以皮亚杰发生认识论为主的建构认识论的转变。

具体而言，高清海和孙正聿先生对传统教科书体系的突破集中体现在如下三个方面：

第一，高清海和孙正聿先生突破了传统教科书体系在对哲学基本问题的解读上存在的理论误区。自从人类诞生起，人就面临着自身与外部世界之间的矛盾与冲突，也就是思维与存在的关系问题。思维与存在的关系问题是哲学最基本的问题，然而遗憾的是，在传统教科书体系中：一方面，思维与存在关系问题被严重地忽略了，或者将其表述为一个问题或者问题的一个方面，正是由于传统教科书没有从思维和存在的关系出发去阐述全部哲学问题，所以导致传统教科书体系无法形成一个内在统一的逻辑体系；另一方面，即使注意到了思维与存在的关系问题，但却主要是从本体

① 需要指出的是，这种观点在当时学术界基本达成了共识。参见孙正聿《哲学通论》，复旦大学出版社 2005 年版。

论或认识论去理解，而严重忽略了《关于费尔巴哈的提纲》中的实践概念，导致了在面对哲学最基本问题时，没有从实践的理论框架去诠释思维与存在的关系问题，这就忽视了实践在马克思主义哲学变革过程中的革命性意义。因此，高清海和孙正聿先生通过对恩格斯称为“包含天才世界观萌芽的第一个宝贵文件”，即马克思的《关于费尔巴哈的提纲》的研究中，突破教条主义的束缚，用实践的观点来重新理解思维与存在的关系问题，重新激活马克思主义哲学。

第二，高清海和孙正聿先生突破了传统教科书体系把世界观、认识论、方法论三者割裂的状态，强调马克思主义哲学是世界观、认识论、方法论的统一。列宁强调，在哲学科学的一般理论中，辩证法、逻辑学和唯物主义认识论是一个东西，而不是三个东西。然而，苏联教科书体系将辩证唯物主义分解为本体论（唯物论）、辩证法和认识论三大部分，这三个部分是互不统一、彼此独立的部门。传统教科书体系也按照苏联教科书的理论体系将马克思主义哲学分成唯物论、辩证法、认识论（狭义的）、唯物史观四大块，各具独立的内容。尽管它们被安排在一个体系中，其间也有某种联系，但这样的结构不适合表现辩证法与唯物论的内在统一性，也不适于表现辩证唯物论与历史唯物论的内在统一性，在哲学理论观点上，自然难以表现出区别于旧哲学的核心特质。与此同时，我们当然也不能把马克思主义哲学就看成唯物主义一般理论、辩证法一般理论同社会历史观的简单合成。

第三，高清海和孙正聿先生突破了传统教科书体系严重缺少对主体关怀的心理禁区。由于受到苏联教科书体系的影响，在相当长时间里，国内马克思主义哲学界一旦有学者谈到人的问题，就很危险，常会被扣上“唯心主义”甚至是“自由化”的帽子，这将会导致在研究上放不开手脚，不能深入地思考和研究哲学上的经典问题。在哲学的诞生地古希腊，先哲们就在不断地思考着人的问题。刻在德尔斐神庙上最有名的一句箴言就是“认识你自己”。然而这些哲学的精髓却被苏联教科书体系丢掉了。苏联教科书体系过于强调客观规律在人类历史发展过程中的决定性作用。作为历史主体的人则是臣服在历史客观规律下的奴仆。然而，哲学是关于人的学问，是对人的主体关怀，如果哲学失去了对人的主体关怀，那么哲学也就失去了存在的价值和意义。

二　回到马克思主义哲学经典问题

面对苏联教科书体系的种种理论弊端，高清海先生和孙正聿先生开时代之新风，突破传统教科书理论体系的束缚，开创了新教科书理论体系。新教科书理论的核心逻辑就是回到根本即回到马克思主义哲学经典问题的根本，既要从哲学的历史原像处寻找与恢复，但更要从哲学永恒的问题和时代的问题入手，而不能沉湎于对经典的解释与对传统模式的解构以及对新奇的思潮的追逐中去，那会因小失大并且迷失方向，陷入无根的肤浅与经验的沙滩上。这种深度的、综合的、反思的经典解释学精神体现在高先生与孙先生对马克思主义哲学经典根本问题的推陈出新与综合创新上。这些思想主要体现在高清海先生的《马克思主义哲学基础》和孙正聿先生的《哲学通论》这两本新教科书中。具体体现在如下两个方面。

（一）对哲学基本问题的恢复与创新

面对苏联教科书忘记和误解了马克思主义哲学基本问题，高清海先生和孙正聿先生恢复并从新的理论视野对其进行阐释。高先生主要从实践为基础的主客体统一的角度恢复了马克思主义哲学基本问题的经典意识，恢复了人的主体性与人的解放的价值关怀这个基本问题；孙先生继承了高先生的理论成果，并提出了很多有意义和价值的理论成果，最具代表性的是从“反思式”的新视野中去理解马克思主义哲学基本问题。

第一，高清海先生从实践为基础的主客体统一的角度恢复了马克思主义哲学基本问题，恢复了人的主体性与人的解放的价值关怀这个基本问题。高清海先生首先明确地指出马克思主义哲学的基本问题是思维与存在的关系问题。高清海先生在其代表作《马克思主义哲学基础》中就指出：“思维与存在的关系问题是马克思主义哲学要解决的核心问题，因为只有在解决思维与存在关系问题的基础上，才能科学地回答和解决哲学中的其他问题。”当把马克思主义哲学基本问题定义为思维与存在的关系问题时，就避免了本体论中单纯将物质或者精神其中一个作为理解世界出发点的片面性，有效地克服了旧哲学中主观与客观的二元分立。那么，高清海先生是如何解决马克思主义哲学中思维与存在的关系问题呢？

高先生敏锐地把握了马克思主义哲学的真谛即从实践的理论架构来处

理思维与存在的关系，将二者统一于实践活动中。他总结道："马克思主义哲学的主要贡献就在于，把解决哲学基本问题和一切哲学问题都放在实践活动中来理解。提出了实践，也就找到了把握以往各种观点内在关系上统一起来并克服它们片面性的现实基础，这才使哲学达到了科学的高度，得出了一个能够全面认识思维和存在关系的理论思维的观点方法。要正确解决思维和存在关系的哲学基本问题，就必须将其放在实践基础上。"如果脱离了实践活动，单纯地研究思维问题或者存在问题，都将陷入片面中，都无法真正地把握这个世界。在实践活动中，高先生尤其重点提到了人作为主体的作用。实践活动需要充分发挥人的创造性和意识的能动性，当主体充分发挥生命的力量去进行实践活动时，才能使主体和客体高度融合，达到你中有我，我中有你的境界，实践活动才能获得成功。由此可知，不经过、不通过对马克思主义哲学基本问题的认识论转向与辩证法转向的回归与改造就不可能有当代马克思主义哲学言说的合法开端与思考平台。高先生的贡献是恢复了认识论和辩证法的主体性在马克思主义哲学革命与当代意义中的核心位置，从而突破了无主体的本体论式的旧哲学的束缚。

第二，孙正聿先生在继承高先生实践论的理论成果的基础上，提出了反思论。孙正聿先生作为高老师的学生，接着先生的教导，继续对思维与存在的关系进行了系统和全面的研究，并提出了通过"反思"来理解思维与存在的基本关系，他指出，"只有在'反思'的意义上，才能理解作为哲学基本问题的'思维与存在'的关系问题"。

孙先生的"反思"概念是针对我国通行的哲学原理教科书存在的理论弊端提出的，孙先生认为，"我感到通行的哲学原理教科书的最大问题，是把对哲学的理解限定在哲学与科学的二元关系之中，也就是仅仅从科学的角度去理解和解释哲学，而没有从马克思所说的人类把握世界的多种方式的相互关系中去理解和解释哲学。我觉得这是理解哲学中的最大问题，所以也是整部哲学通论着力论述的问题"。这种对哲学的解释，自然会引起科学界的不满：哲学怎么会成为科学研究中的规律？这种理论上的僭越会导致哲学越来越失去话语权和受尊重的地位。在当今的学科专业化分工如此细化的时代，当哲学试图统御所有学科时，哲学必然会走入死穴。那么哲学究竟该如何给自身进行一个准确的定位呢？这首先要回答的就是哲学是什么的问题。

在这个问题上，孙先生通过对西方哲学史的回顾，特别是对德国古典哲学和马克思恩格斯的《路德维希·费尔巴哈和德国古典哲学的终结》做了系统的研究并从中汲取营养，从而得出“哲学是一门反思的学问”这个重要结论。他指出，“我的基本认识是：不是哲学恰恰是科学，以整个世界为对象，从而构成关于整个世界的全部思想；而哲学则是以科学关于整个世界的全部思想为对象加以反思。哲学对科学的关系，是反思关系。正是基于这种认识，我曾经风趣地说，只有当哲学被驱逐出它的全部世袭领地并且无家可归的时候，哲学才真正做到了以四海为家，也就是把人类所形成的关于整个世界的全部思想都作为自己反思的对象。”在此基础上，孙先生基于他深厚的思想史背景，对“反思”概念的哲学内涵进行了系统的阐释。

孙先生认为反思是一种思维方式，是人类思想的哲学维度，是与科学不同的思维方式。科学是以世界的全部领域和人类的全部活动为对象，从而构成了关于世界的各种“思想”（知识）；反思则是以科学所提供的关于世界的全部“思想”（知识）为对象，研究理论思维的前提，追问理论思维的“前提”是否正确，也就是说，反思是“以思想的本身为内容，力求思想自觉其为思想”。具体科学都不自觉地认为“思想”（知识）是正确的，而反思的目的则是揭露思想的内在矛盾，以及思想之间的矛盾，从而为人类思想敞开自我批判的空间，推动人类思想的变革，并从而推动人类社会的进步与发展。

对思维与存在关系问题的思考一直伴随着孙先生的哲学之路，在提出通过反思概念去理解思维与存在的关系问题之后，孙先生仍然继续思考思维与存在的关系问题。他进一步地指出：“只有从现实的人及其历史发展出发，达到对哲学基本问题的实践论理解，才能正确地理解和解释‘思维和存在的关系问题’。这就是马克思主义哲学所实现的‘实践转向’。”孙先生从人的实践活动来关注人的存在，开启了从认识论向实践存在论的转向。诚如孙先生所言：“哲学，它作为人类思想的‘反思’的维度，深深地根植于人类的存在方式——实践本性——之中。”

（二）对列宁《哲学笔记》“三统一”思想的重新阐释

通过对列宁《哲学笔记》中认识论、辩证法、逻辑学三者统一思想的系统研究，高清海先生和孙正聿先生从不同的理论层次对其进行了重新阐释并开拓了新的理论视野。具体体现在如下三个方面：

第一，高清海先生让马克思主义哲学从本体论上升到认识论辩证法。高先生主要通过对马克思恩格斯原著和列宁《哲学笔记》认真仔细的研读，指出了苏联教科书体系将认识论、辩证法、逻辑学三者分割开来存在的理论问题，这种割裂导致了苏联教科书体系的本体论化倾向。面对苏联教科书体系的本体论化倾向，高先生认为仅仅依靠改革传统教科书的逻辑体系是不能够在根本上解决问题的，必须以新的观点来理解马克思主义哲学的理论实质。于是，高先生提出了马克思主义哲学应该从本体论上升到认识论辩证法。从本体论上升到认识论辩证法需要把握住以下五个原则：第一个关键是抓住世界观、认识论、方法论三者统一的原则。第二，要始终坚持从意识与存在的关系出发处理一切哲学内容。第三，要用全面观点去处理马克思主义哲学与先行哲学的关系，真正做到马克思主义哲学既是全部旧哲学的否定，又是人类优秀思想传统的继承与发展。第四，必须把唯物论与辩证法内在地统一起来、辩证唯物论与历史唯物论内在地统一起来，充分体现出马克思主义哲学作为完备彻底的唯物论哲学的“一整块钢铁”的性质和特点。第五，必须体现马克思主义哲学随着实践和科学不断发展所获得的强大生命力，及时总结和概括科学取得的新成果，解答实践提出的新课题，不断以新的内容去充实它、丰富它。

与此同时，高先生依据列宁《哲学笔记》的理论观点，即“事物的辩证法创造观念的辩证法，而不是相反”，提出了认识论就是辩证法。认识论就是辩证法强调把认识论与辩证法统一起来。具体体现在，认识论要把思维与存在统一起来，必须以辩证法为自己的内容，“认识论必须包括辩证法的方面去理解。这当然是对的。必须把辩证法运用于反映的过程和发展，必须从辩证法去理解认识学说的内容和实质。旧唯物论的根本缺陷就表现在这里。由于不能把辩证法应用于反映论，致使它们的理论变得极端片面。”与此同时，辩证法也是认识论，因为辩证法是解决认识论的基本问题即思维与存在的关系为任务的。辩证法不但应当揭示出自然和历史运动的客观规律，更为重要的是，还必须把这种规律运用于人类的思维活动和认识的发展过程。

第二，高清海先生将马克思主义哲学上升到实践存在论的高度，开启了从认识论向实践存在论的转向。高先生从最初的“本体论”接触哲学，到从“认识论”理解哲学，最终形成“实践论”的思维方式。高先生经历这一段理论历程后，他深刻地体悟到了马克思《关于费尔巴哈的提纲》

中“实践”概念的理论精髓，看到了传统教科书体系与马克思主义哲学存在的巨大差距。这种巨大的差距特别体现在，苏联教科书严重缺少对人的主体性关怀，而高先生将马克思主义哲学提升到实践存在论的理论高度使中国化马克思主义哲学具有了浓厚的主体性关怀，并开始思考和关心人的存在方式，因为，在实践活动过程中，人是按照自我意识的内在尺度来衡量和改造客观对象的。主体在改造世界的活动中“实现自我”和“发展自我”，最终是把自在的世界变成“人化了的自然”或“属人的世界”。通过实践存在论的哲学转向，可以将主体从教条主义的研究方式和僵死枯燥的话语方式当中解放出来，把苏联教科书体系的“无我”哲学变成“有我”的哲学。这就是马克思恩格斯所创立的马克思主义哲学所给我们留下的巨大理论遗产。这将国内马克思主义哲学研究推向了又一个理论高度和境界。

第三，孙先生在高先生研究的基础上，通过对《资本论》的研究使马克思主义哲学回到对资本主义统治逻辑的认识论、辩证法、存在论的批判上，恢复和发扬了马克思主义哲学、历史唯物主义、政治经济学批判的真精神——既不是近代认识论更不是古代本体论，而是实践的、历史的存在论，从而避免了存在论转向的过度诠释所造成的失范危机。这既是意味深长的，而且是令人期待的。通过对《资本论》的深刻理解研究，孙先生提出了存在论、认识论、辩证法三者相一致的思想，这是建立在反思全部的哲学史、重新理解哲学的重大基本问题即思维和存在的关系问题和怀着对人类终极价值深刻关怀的基础上。具体体现在如下两个方面：

一是孙先生对《资本论》的马克思主义辩证法的深入思考是建立在对黑格尔《逻辑学》和列宁《哲学笔记》系统解读的基础上的。孙先生曾系统地研读了列宁的《哲学笔记》，他指出：“列宁的辩证法思想，特别是他在《哲学笔记》中所阐发的辩证法思想，具有独特的重大意义。”通过对《哲学笔记》辩证法思想的研究才能理解马克思《资本论》的思想精髓，因为《哲学笔记》“主要是在黑格尔《逻辑学》与马克思《资本论》双重语境的互动中形成的：一方面，列宁始终以‘参看《资本论》’为出发点来探索黑格尔《逻辑学》的‘真实意义’；另一方面，列宁又以‘继承黑格尔和马克思的事业’的理论自觉而重新理解和阐释《资本论》。正是在《逻辑学》与《资本论》双重语境的互动中，形成了列宁《哲学笔记》的辩证法思想：唯物主义的逻辑、辩证法和认识论

‘三者一致’的辩证法”。

二是孙先生在认识论、辩证法、逻辑学三者相一致的思想基础上，提出了存在论、认识论和逻辑学三者相统一的思想。这一思想的提出体现了孙先生的理论创新，展现了孙先生对人存在价值的终极关怀。那么如何理解孙先生提到的存在论、认识论和逻辑学三者相统一的思想呢？

其一，《资本论》是马克思充分发挥思维的自觉性，以思维的规定性去思考和把握现实的资本主义社会，这是思维对现实社会存在的自觉认识，如果离开了思维对现实社会存在的认识，那么现实社会也就失去了存在的意义，更谈不上建构一个关于认识的逻辑体系了。从这个意义上讲，《资本论》是关于资本运动的认识论。《资本论》是以思维的自觉性和规定性去思考和把握现实的资本主义社会，乍一看来，《资本论》展现的是商品、货币、资本等物与物之间的关系，但实质上，孙先生认为，《资本论》中提到的物与物之间的关系归根结底是人与人之间的关系，所以他将存在论引入到《资本论》的研究之中。在《资本论》中，商品、货币、资本关系的背后隐藏的是人与人之间的关系，商品所体现的不再是使用价值而是交换价值，更深层次的问题则是生产关系问题。通过对商品二重性的理解来理解劳动的二重性，在《资本论》经济范畴的哲学内涵的启示下，来理解人的存在状态和意义。以思维的规定所把握的现实的规定，是在物和物的关系中所掩盖的人和人的关系，它的经济范畴只不过是生产的社会关系的理论表现，离开人们的现实生活过程，就不可能真正地理解商品货币资本地租利润等全部经济范畴。

其二，《资本论》是由一系列经济范畴所构成的理论体系，离开这些经济范畴及它们之间的逻辑关系就不存在《资本论》。从这个意义上讲，《资本论》就是关于资本运动的逻辑。在《资本论》直接呈现的一系列经济范畴所构成的理论逻辑体系的背后，实际上是人与人之间的关系问题。离开了对人与人之间关系的研究，就无法把握《资本论》的经济范畴和整个逻辑体系，也就无法真正理解《资本论》的哲学精髓。

总而言之，孙先生提出的存在论、认识论和逻辑学三者相统一的思想使《资本论》的研究再一次回归到了人的问题上。也就是说，马克思主义哲学要从人的现实关怀出发，从既有的社会历史条件出发来实现人的存在价值、人类解放和人自身的全面发展。

三 深厚的中国传统文化底蕴和畅所欲言、海纳百川的思想风范

还清楚地记得，高先生在2001年中山大学举办的第一届全国马克思哲学论坛上声情并茂、绘声绘色的一段文字，足显其卓尔不群的精神境界。他说："马克思是'一个的'好呢，还是'多个的'好呢？我看还是'多个的'是好事儿。""现在这个世界、这个地球危机四伏，该需要有人来管管了，那到底该由谁来管呢？不是哪个人、哪个政府、哪个国际组织，而是一种崇高的精神思想"。还记得有多少次，孙正聿先生抑扬顿挫铿锵有力地说，一个马克思主义者应该是"离经而不叛道"、"爱吾师但更爱真理"！马克思主义者不仅要批判揭露非启蒙世界的神圣的异化，而且更要批判今天这个非神圣的物化的世界的异化，还今天我们的世界时代人类以思想的光芒！这些话正是我们时代畅所欲言的大师最精彩、最有神韵的声音风范。

我们要珍惜要聆听和敬奉这种声音。伽达默尔说过，理论的本意就是对神圣事业的敬奉："理论［theoria］一词的原初意义是作为团体的一员参与那种崇奉神明的祭祀庆祝活动……理论一词的最初意义是真正地参与一个事件，真正地出席现场。"没有神圣可敬的理论是自信不起来的。当前中国马克思主义哲学缺少一种理论自信，一种畅所欲言的风尚，在比较年轻的一代学人身上格外明显。这种不自信不自由的原因很多，功底不够肯定有，但专业的狭隘性、问题意识的闭塞性、方法论上的过于技术化诸流弊肯定是有的。我们反对那种无专业的漫无边际的"万水千山总是情"的研究方法，此法失之在泛空；要有专业意识、问题意识、方法意识，但也要警惕过分专业化、技术化、碎片化的实证化研究思潮流派而迷失了根本方向与问题，此可谓"我的眼里只有你"，该法失之在烦琐。高孙先生的畅所欲言这种真自由尽得风流的传统人文精神与马克思主义开阔胸怀的表现，也是大众化影响的大师的魅力所在。高清海先生和孙正聿先生以哲人崇高的使命感和执着的自我意识对我国马克思主义哲学发展命运进行了深思。这体现了哲学家的不可或缺的人文情怀和对自己所从事的哲学事业的挚爱，对自己所承担的历史使命的自觉，对自己所进行的哲学探索的自

信。这主要体现在如下三个方面：

一是对哲学事业脚踏实地的研究。当高清海先生提出用实践原则来解决思维与存在的关系问题时，就充分展现了他对自己哲学事业的理论自信。这种理论自信来源于他脚踏实地、认认真真的科研。虽然当时受到学术资源和学术团队的限制，但是高先生仍然对德国古典哲学进行认真的研究。德国古典哲学是马克思主义哲学重要的理论源头，在相当一段时间里我国的马克思主义哲学研究队伍，缺少对德国古典哲学知识与思想素质的系统训练。造成这种局面的原因一方面是由于语言上的障碍，另一方面大概就是大多数学者面临的诱惑太多，很难沉下心来专注于研究。如果以哲学为业的研究者没有坐几年冷板凳的精神，静下心来仔细品评古典哲学的理论价值，那么就很难做到返本开新、见著于微，对人类的经典问题做出解答。高先生求真务实的精神值得我们后辈铭记，并努力做到身体力行！从以高先生为代表的老一辈中国马克思主义研究先贤们身上，我们真切地感受到中国传统文化所倡导的那种“高山仰止”的崇高境界：“君子尊德性而道问学，致广大而尽精微，极高明而道中庸，温故而知新，敦厚以崇礼！”（《中庸》）

二是具有执着的自我意识。哲学存在的最重要的意义就是对“人”的解读，哲学研究最终要回归自我，关注主体自身。高清海先生在晚年的时候特别强调哲学研究上的主体性关怀。在对这个问题的研究和阐述上，高先生的理论深度和人生境界都达到了一定的高度，可以说将西方哲学、马克思主义哲学和东方哲学的智慧融为一体。也正是高先生对人的生命的关注，才支撑他有勇气改变教科书体系。“哲学就是人作为主体的自我意识的理论表现。哲学的基本功能，也就在于提高人对自身主体性的意识，在于帮助和指导人类提高主体活动的自觉性。哲学理论的发展就意味着这种自觉性本身的不断发展和提高。哲学经历了从最初注目于外界事物，而后转向主体自身，最后走向二者统一的不同发展阶段。我由‘本体论’接受哲学，后来逐渐进到从‘认识论’去理解哲学，经过对人——主体的思考阶段，最后提升到实践论的思维方式。这就是促使我要去改变哲学教科书理论体系的思想基础。”高清海先生开始对主体意识进行了研究，在《马克思主义哲学基础》中，高清海教授对人类认识发展史的基本线索做了理论上的说明。这些理论上的尝试都为我们日后研究人的主体意识问题奠定了基础，开辟了新的理论视野。在认识论的研究过程中，高清海先生最后回归到对东方哲学的思索口，这就打通了一条从马克思主义哲学走向中国传统文化的理论路径。这使马克思主义哲学与中华文明的相结合不仅仅是一句空洞的口号，而是具有现实的理论路径。

三是不断实现自我灵魂的超越。人生的意义就是不断地对自己的灵魂进行磨砺。可以说，一个人能够真正地做到彻底的反思是很艰难的，因为，反思是一种生命之思，是对人类灵魂的拷问。孙先生在《哲学通论》中，具体阐释了反思活动的基本特征和反思的两个基本层次。反思活动具有"超验性"、"批判性"、"综合性"、"前提性"的基本特征。反思具有两个基本层次：一是思想对自己的思想内容的反思，二是思想对构成自己的根据和原则的反思。反思最重要的功能是对思想前提的反思，这是最难做到的。因为，以思想前提为批判对象的哲学反思，具有两个最根本的特点：一是揭示思想内容中"隐匿"的"前提"，即从哲学反思的思想维度去揭示思想构成自己的根据和原则，使思想的前提由"幕后的操纵者"变成"前台的表演者"；二是以哲学反思的逻辑去审视这个走上"前台的表演者"，迫使它对自身存在的合理性进行辩护，从而解除原有思想的逻辑支点的构成思想的逻辑"强制性"。所以，要想做到对既有思想前提的反思是需要巨大的勇气和广阔的心胸。要做到这些一方面意味着挑战权威，面临失败的风险；另一方面是对自身的否定，是对自己的革命，是向自己开炮的行为。只有怀着一颗不断进步和追求自我成长的心，才能做到反思。这也是哲学的意义和价值所在。孙先生通过反思概念彻底打破了苏联教科书体系的教条主义和逻辑的强制性，这是对真善美最好的诠释。此中真是一派"千江有水千江月，万里无云万里天"的神清气爽的禅家境界，一腔"海阔天空我自飞"的哲人胸怀！

“思想自我”的追寻
——恩师高清海先生始于《马克思主义哲学基础》的哲学思想创新

胡海波*

公元2014年10月14日，这个日子是恩师高清海先生与我们永别十周年的特殊时刻。此前的许多天里，我经常想起自己追随恩师的那些难忘往事：1985年第一次聆听先生关于历史唯物主义的学术报告；1988年李树申、张维久两位先生引荐我拜师于先生；1992年起师从先生攻读博士学位，此后每周四下午先生指导的研究讨论课，以及伴随先生同行东至苏杭、上海，西达兰州、敦煌，南抵广州、深圳的游学之旅；还有2002年至2004年先生病重的最后时光……

先生是我的再造恩师，改变了我的人生境界与境遇，先生“即凡而圣”的人格魅力与“传而习之”的学术精神对我的人生旨趣与学术生涯有着深远的影响，一直砥砺与鞭策着我。在先生十周年祭日临近的这些天，我一直想写出自己对恩师的思念与追忆。我曾构思过这样的题目与内容：回忆先生指导的研究讨论课；伴随先生的敦煌之旅；恩师高清海先生的最后时光；从师12年记……我觉得这些题目都非常值得去写，但我又有些犹豫，一直无法真正动笔，因为我感到每一个题目可能都会表达我师从先生的独特体会与情感，但又很难表达出我对先生哲学思想及其创新精神的全面体会与理解。这些想法时而令我激动不已，时而又使我难以提笔。

看来确实是这样，自己越是在意的东西就越是难下决心的。这几天我偶然翻看了2012年我为北京师范大学出版社“经典教科书系列”再版恩

* 东北师范大学马克思主义学部哲学院教授。

师高清海先生25年前主编的《马克思主义哲学基础》写的一个书评，题目是"'思想自我'的追寻"。这篇书评一直没有公开发表，今天看来仍然是我对先生哲学思想及其创新的历史进程与思想逻辑的一种认识，对于追忆恩师的教诲与影响是有意义的。于是我想把这篇作品拿出来，作为我纪念恩师高清海先生辞世十周年的文章，同时也就教于同门师友。至于我想写的那些题目，容当日后从容时再去写吧。

下面的内容就是我两年前写的那篇书评"'思想自我'的追寻"，我愿以此文与同门师友共勉。

北京师范大学出版社于2012年将恩师高清海先生25年前主编的《马克思主义哲学基础》，收入"经典教科书系列"予以再版。此举在先生辞世8年的时候，不仅是对先生影响时代精神变革与中国哲学改革的思想创新的纪念，也触动我们重温先生在此书中如何理解与把握马克思主义哲学的理论精神与思想立场，进而追寻此后18年先生由此书所引发的思想超越与哲学创新。就此而言，我们要真正理解《马克思主义哲学基础》的理论内涵与思想意境，应该从高清海先生一生的哲学思考与理论探索中去把握；进而，我们要真切领会高清海先生哲学思想的整体，特别是晚年所达到的思想高峰，还应该始于《马克思主义哲学基础》的思想意境去追寻。

20世纪80年代初，伴随着中国思想解放、改革开放的进程，人们对马克思主义哲学的理解和认识水平也有了明显的提高，越来越多的人希望改革马克思主义哲学原理教科书体系的内容与形式，因为旧的教科书体系已不适于表现马克思主义哲学的理论内容的丰富和发展，已到了非改不可的地步。一些学者已在尝试进行这方面的改革工作，试图突破教科书旧有的框架，建立一个能够充分反映马克思主义哲学的科学性和革命性，反映马克思主义哲学在新时代应当具有的丰富内容的原理体系。然而，这并非易事，当时人们往往只能在马克思主义哲学原理教科书原有内容的体系框架之内进行"积木式"的排列组合，使得马克思主义哲学教科书体系的改革陷入思想的"瓶颈"。

在这种情境之下，高清海先生组织与带领吉林大学哲学系的学术团队，开始了创新马克思主义哲学教科书体系的思想探索。从1980年至1986年，经过不懈追求撰写出《马克思主义哲学基础》，并于1985年至1986年分上、下册出版。关于此书的撰写过程，高清海先生在当时的出版“序言”中写道：

> 1980年冬，我参加了教育部在昆明召开的哲学原理书稿讨论会。在这次会上，教育部有关领导让我主持编写一部在体系和内容上有所改革和创新的马克思主义哲学原理教科书。历时五年，这本书才得以和读者见面。

高清海先生主编的《马克思主义哲学基础》对马克思主义哲学原理教科书的改革与创新，集中体现在理解马克思主义哲学的根本精神与思想特质，并在哲学思想史的基础上论证马克思主义哲学关于人及其实践历史性发展的观点。对此，高清海先生在此书的“后记”中写道：“哲学体系的改革直接关系到马克思主义哲学理论实质的认识和理解。”“改革旧的体系和内容，最关键的是如何贯彻列宁在总结马克思的思想时提出的逻辑、认识论和辩证法在唯物主义基础上的统一，即通常所说的‘三者一致’的原则。只有认真地、彻底地贯彻这一原则，才能突出人作为主体在马克思主义哲学中的地位以及贯彻于人的全部活动中的主客观矛盾，才能真正做到把一切哲学问题都放到实践基础上去加以理解，从而体现出马克思主义哲学的根本精神、高于一切旧哲学的根本特点。而贯彻这一点，据我们研究中体会，却又是最为困难的问题。”

高清海先生的这一认识促使他把本书命名为《马克思主义哲学基础》，在他看来，这本书突出的是马克思主义哲学如上所说的基础理论，并未包含马克思主义哲学的全部思想理论内容。他在此书上册出版后曾撰文写出如下的认识：

> 我并不认为我们所构想的体系就是最符合马克思主义哲学性质和内容的体系。在我看来，教科书可以采用不同的方法去表述马克思主义哲学的内容，只要在这个体系中坚持的是马克思主义哲学的观点，它的结构基本上符合马克思主义哲学理论性质，就是有价值的。

高清海先生的哲学思考与认识，不仅冲破了当年哲学改革的“瓶颈”，影响了此书出版时一代中青年学者思想成长的哲学启蒙，也为他自己深入研究与理解马克思主义哲学，把握当代中国改革与发展的时代精神，进行思想探索与哲学创新预设了广阔的思想空间，展开了此后十八年马克思主义哲学理论创新的思想历程。

一个哲学家总是拥有属于自己的标志性的思想成果，然而一个真正的哲学家是把哲学思想的自我超越与自己的生命历程紧密地联系在一起的思想者。高清海先生的哲学思想历程表明他具有一个真正哲学家的思想气质，是真正把生命的哲学与哲学的生命融为一体的思想者。教授和研究哲学，对于他来说，其意义已经不仅仅是一种谋生的职业和应当承担的工作，而是他生命的存在方式和生活精神，甚至可以说就是他的生命本身。他不断地追问和思考哲学的本质，理解哲学的思想活动，其实就是以哲学的方式对人的生命和命运的深刻觉解。

高清海先生半个世纪研究哲学的思想历程，涉及许多重大的哲学理论问题，撰写和发表了几百万字的哲学论著。我们对他学习、教授、研究哲学的生命历程与思想足迹应有以下三重追思。

其一，从研究哲学的理论领域和思想活动来理解高清海先生的哲学思想。从 20 世纪 50 年代中期至 70 年代中期他的哲学致思集中于对马克思主义哲学与西方哲学的研究；70 年代末至 80 年代末这十年间，马克思主义哲学的改革以及真正洞察马克思主义哲学的思维方式、精神实质，成为他哲学思考与研究的焦点；90 年代初，高清海先生提出“哲学的奥秘在于人”的著名命题，着力研究马克思关于人的观点以及市场经济条件下人与社会发展的理论问题；从 90 年代中期开始，提出“类哲学”的概念，深入思考哲学的当代精神与当代中国的理论形态问题；伴随着人类进入 21 世纪的历史钟声，他的哲学思绪转入对人类的生命本性与具体人性论的思考，倡导研究和挖掘中华民族哲学传统的特质及其当代价值。在身患重病的情况下，他仍顽强思考、笔耕不辍，呼吁走向未来的中华民族应有属于自己的哲学理论。

其二，高清海先生是具有自觉的民族精神和人类意识的思想者，以哲学的方式关注与研究当代人类发展的重要问题是他终极的哲学追求。作为马克思主义哲学家，他对马克思主义哲学、中国哲学、西方哲学都进行了深入的探讨，研究了诸如“马克思主义哲学实践观点的思维方式”、“中国传统哲学的特质及其人类性价值”、“人的‘类生命’与‘类哲学’”等重要问题。在这些研究及思想中，他通过哲学思想的理论方式，思考着中国人的命运与人类的未来，从当代中国以及世界的社会历史逻辑上，关注当代中国人与社会发展的重大问题。他的哲学思想已经超出哲学本身，深入到人的命运与人类的未来性问题之中。“人与哲学”的问题是高清海先生晚年常论常新的哲学问题。高清海先生常说：“人的生命是人自己的作品，人以自己的生命活动生成和完善自己的人性。动物没有成为动物的问题，唯有人才有成为人的问题。”在他看来，哲学之于人来说，是人真正成为人的思想理论和自觉意识。哲学的研究应该思考何种问题，并不是哲学本身的需要，而是人的生成、发展与完善的需要。人发展到何种程度，人的生命遇到何种问题，人就需要怎样的哲学思想。据此，他深入思考与论述了哲学的生命与人的生命之间的内在性关系，认为哲学思想史其实就是人性生成与完善的人类生命史。

其三，高清海先生通过人与哲学的理论，形成与展开了自己独具个性与内容丰富的哲学逻辑和思想历程。从 20 世纪 50 年代至 70 年代中期，他处于学习和研究哲学的生命阶段，把握哲学的思想方式和理论形态，是这一阶段哲学思想的主要内容。70 年代末至 80 年代末，他主要从事着通过马克思主义哲学寻求哲学之真义的研究。从马克思主义哲学中，他获得的不仅是马克思主义哲学的理论资源，更重要的是把握人类生命与命运的思想精神与思维方式。此后的整个 90 年代，他运用马克思主义哲学的思想，深刻地理解中国人在世界历史进程中的命运与未来。大家都知道，马克思关于人性发展的“三形态”理论，是他当时理解人的生命本质不断生成的思想理念，也是论述“人与哲学”问题的基本思路。这一时期，是高清海先生的哲学与他自己的生命互相融合、充分发展的重要阶段。在高清海先生生命的最后五年中，言说最多的话语与集中论述的问题，主要是对哲学的生命本性和人类生命本性的哲学性理解。从他关于哲学本身以及人类生命多重性矛盾的思想中可以看出，哲学的生命与人的生命已经不再是两个彼此独立的问题，而是不应该彼此分开的一个问题了。

他在病重之后多次讲到这样的思想：

> 哲学不是科学，是人对自身生命的思考与观点。因此，哲学没有普遍的思想标准和绝对的理论形态。哲学总是处于具体生活境遇中的人们对自身生命问题的思想，哲学是有个性的人类文化。中国人要思考和理解自己的生命问题，不应该跟在西方哲学的后面，更不应该把西方哲学当作自己的哲学来思考自己的问题，只有属于自己的思想和

理论，才能思考民族性和人类性的生命问题。在这个意义上，走向未来的中国人迫切需要自己的哲学理论。如果当代中国人长期没有自己的哲学理论，就与中华民族的悠久文化历史以及大国地位极不相称。在中国当前哲学研究的主要任务是创造属于中华民族自己的哲学。

高清海先生的哲学思想创新超越了他和我们之间生命的时空界限，使我们和他同处于一个无尽的思想创新之中，延续到永远。

在人们心满意足的地方引起不安
——高清海先生示范的哲学精神及其特殊意义

贺 来*

高清海先生一生哲学探索，留下的哲学遗产人们可以从不同角度作多方面的体认与阐释。从整体上讲，高先生的哲学遗产包括两个基本层次。一是在其著述中诉诸文字、围绕着诸多哲学问题展现的有形的、显性的存在形态。在这层面，既有穿透时空，对今天我们的哲学思考和研究有长久影响力与启示性的内容，也有高先生当年就曾坦率承认有其特定历史针对性、受到历史和认识条件局限的内容。对此，人们尽可见仁见智。二是贯穿在高清海先生毕生哲学探索中向我们示范的一种对哲学思想本性、哲学工作方式和哲学功能的深刻理解，在这种理解中，凝聚着哲学的精髓及其最为动人心魄的精神品格，彰显出一种独特的、永不过时的哲学精神。在我看来，这是高清海先生哲学遗产中最值得我们珍视和效仿的地方，尤其把它置于当代中国哲学的具体语境中，这种精神由于其分外罕见因而更散发出其特殊的意义和价值。

那么，高清海先生所示范的哲学精神的核心内容是什么呢？在我看来，这集中体现在这样一种对于哲学工作的高度自觉：通过批判性反思，在人们感到心满意足的地方引起人们不安，在人们盲目和无动于衷之处使其产生困惑，从而使板结的观念出现裂缝与松动，使“理所当然”的话语霸权失去光环，使曾迷恋独断和教条的人们从迷梦中惊醒，以此方式，推动哲学的观念变革与思想解放。熟悉哲学史的人都知道，这正是苏格拉底所奠定的哲学之为哲学的灵魂，是判别真假哲学的试金石。然而，这种哲学精神在中国语境中，长期以来如同微弱的烛光难以彰显。这世界充斥着太多的聪明人，他们不屑于为这种“虚无缥缈”的“精神”而牺牲直

* 吉林大学哲学社会学院教授。

接可触的实惠。高清海先生的特殊之处就在于他反其道而行之，执着地把实践这种哲学精神视为自己的“天命”，并因此在当代中国哲学思想界的群体中凸显出自己卓尔不群的思想人格。

一 “唱反调”：“不合时宜”的思想美德

高清海先生在世时所遭受的最多的责难是：你怎么老是唱“反调”？为什么总跟别人不一样？责问者正义凛然，言之凿凿，而面对这种责难的高先生经常报以苦笑，无言以对。

之所以无言，是因为以一种世俗功利的方式对待哲学，甚至把哲学当成实现外在目的和利益的工具和手段的观念，在我们这片土地上实在太根深蒂固了。按照这种观念，“唱反调”乃是哲学工作之大忌，揣测圣言、媚俗悦上才是明智之举。然而，高清海先生的独特之处正在于他坚信：“唱反调”不是故作姿态，而是体现着哲学之为哲学最为重要的思想品格，那就是突破教条主义和独断论对人的思想和生活的窒息，发挥哲学特有的突破、颠覆、反思与批判功能，从而开辟和展现出一个超越现状的新的思想空间与境界。柔顺与服从从来不是哲学本应具有的性格，相反，质疑正统、挑战权威的犀利和无畏，才是哲学之为哲学的本性与本分。

这种哲学信念支配了高清海先生毕生的理论探索，在不同的历史时期与思想阶段，虽然他关注的主题与理论重点经常处于变化中，但“唱反调”的“反潮流”品格始终如一，这注定了他在当代中国哲学界成为最为“不合时宜”的哲学家之一。

高清海先生曾在其自传中对20世纪80—90年代十多年中哲学探索所做的工作归纳为三个方面：（1）突破僵化模式，改革旧有教科书哲学的体系和内容；（2）克服“本体论化”哲学倾向，确立实践观点的思维方式，重新理解马克思哲学思想的本质；（3）体现时代精神，变革哲学观念，推进哲学理论进一步发展[①]。时过境迁，今天人们把这些探索所取得的成果视为理所当然的思想财富予以享用而难以领会这每一步所付出的艰

① 参见韩民青、夏永祥主编《我的哲学思想——中国当代部分哲学家自述》，广西人民出版社1998年版，第129页。

辛。把这些探索置于当时所处的具体历史条件与思想理论语境中，我们可以发现，所有这些在理论上都带有“第一个吃螃蟹”的性质；缺乏敢于“唱反调”的思想勇气，既不可能提出这些当时急需突破和解决的思想任务，更不可能在这些问题上取得开风气之先的开拓性成果。

哲学教科书体系的改革无疑是“唱反调”的产物。在中国、苏联等国家，哲学教科书决不仅是供学生使用的教学用书，而是代表着一整套权威的、神圣的、不可侵犯的正统原则与终极原理，代表对经典作家思想和著作的标准阐释。正因为如此，哲学教科书体系具有神圣的、准经典的“教义”性质，拥有极特殊的地位和意义。自苏联在20世纪30年代到40年代根据政治需要，把素朴低下的认识水平与权力意志结合起来，形成了标准化的哲学教科书体系之后，几十年中铁板一块，定于一尊，成为人们信奉、传播、学习的对象，形塑了一代代人对于“哲学”的神圣不移的基本理解模式与观念。直到21世纪的今天，人们仍在讲堂上不断传授这套哲学教科书体系，并以之为蓝本编写出“万变不离其宗”的种种哲学教科书。可以想见，它代表着一种何等强大和深厚的理论传统与话语权力。不仅如此，在这套教科书体系的理论话语背后，耸立的是一个与之相适应的高度集权的计划经济体制与政治体制以及由它们所规定的人们的生活方式。因此，改革传统哲学教科书体系，等于向无人质疑的根深蒂固的思想方式、话语方式和存在方式提出质疑和挑战。这是一种典型的“唱反调”行为。

“唱反调”的结果是形成了《马克思主义哲学基础》这一著作。今天回头阅读，其中一些具体思想认识可能已显得有些“陈旧”，但是，推动从事这一工作的初衷所显示的思想勇气、贯穿在此过程中推动哲学范式转换的理论担当，却最好地阐释了哲学之为哲学的精神品格。高清海先生若干年后这样回顾自己的这段工作：“当初我们酝酿写作的那些岁月，学术界的思想和认识大多还是限制在前苏联教科书的框框中，尚未完全解脱出来。我们酝酿大纲和写作书稿的过程，对我们来说，首先就是如何挣脱束缚我们思想多年，已经成为几乎是本能习惯的那种思维定式，使自己的思想和观念从旧的框框中彻底解放出来，这已经是很难的事了；同时我们还要面对来自不同方面由于不理解而形成的思想压力，要不断去坚定甘冒某种理论风险的意志和精神，这就更难了。可以想见，那时能够写成并及时出版这部书，应该说实在是不太容易的。所以我虽然对它的许多内容也并不完全满意，但我十分珍惜这个成果，更感谢那些为完成这本书出过力，以及在艰难时期曾以各种不同形式支持、鼓励、帮助过我们的同志和朋友们”①。“唱反调”的确要比“萧规曹随”，要比“顺着说”、“照着说”乃至“接着说”要艰难许多，然而正是在艰难困顿之中才会结出哲学的真正果实。

“唱反调”需要勇气与担当，也需要学识与智慧。鲁迅先生曾以“在中国搬动一把椅子也要流血”来比喻中国变革之难，而哲学思维方式与观念的变革处于一切变革最为深层的内核部分，因而其困难较其他方面尤甚。要切实推动哲学观念变革，只有勇气和担当与学识和智慧俱备才可能有所贡献。对于高清海先生来说，“学识”主要体现在他对于马克思哲学思想精髓以及对哲学发展史深层理路的深入把握与理解，高清海先生对于马克思哲学的经典文献与马克思主义哲学的历史发展十分熟稔，但与别人不同的是，这种熟稔并没有像在很多人那里一样成为独立思考和思想创新的负担；相反，他总是站在哲学本身及其内在发展要求的高度对之采取批判性地择取、审视与反思态度，而这，所要求的正是超越“学识”的“智慧”，这集中体现在高清海先生对哲学进一步需要突破的重大观念瓶颈和障碍的敏锐与洞察，对哲学所面临的迫切理论任务的深刻判断力，高清海先生在世时常把这称为“理论直觉”。学识与智慧的结合，使学识避免蜕变为教条和僵化的知识而获得了思想的风骨和力量，智慧避免成为空洞的玄思而获得了学养的支撑。

在长达20多年的时间里，高清海先生对本体化的哲学思维方式的反思，对实践观点思维方式的阐发，从哲学视角对市场经济的理论辩护、对真理观、价值观的重新理解、对辩证法理论的重建、对人性理论的检讨与重释，等等，所有这些哲学思维方式与观念变革的工作，几乎每一项都如同在平静的水流中掀起旋涡，在当代中国哲学界，尤其在马克思主义哲学研究领域激起强烈反响，反对者与赞成者皆有之。在此过程中，高清海先生的勇气与担当、学识与智慧得到了高度的统一。在此仅举在哲学界曾激起强烈反响和争议的“超越论”作为其中一例。

“超越论”即是高清海先生所论述的“重新评价唯物论唯心论的对立”，此文发表于25年之前的20世纪80年代末，距今已四分之一个世

① 《高清海哲学文存》第5卷，吉林人民出版社1997年版，第3—4页。

纪。即使在今天读来，人们仍能感受到其巨大的冲击力。唯物论与唯心论的对立是评价哲学本质和意义的最高原则，直至今天，仍然是正统哲学的核心观念。长期以来，人们并非没有感受到它的问题，但很少人有勇气明确提出质疑，并从思想和学理高度对之进行自觉解析与反思。高清海先生一针见血地指出：把唯物论与唯心论的对立绝对化，已成为“扼杀富有生机的哲学思想的一条鞭子，一根棍子”①，他深入哲学发展史和马克思哲学的内在精神，从“唯物唯心不是哲学论争的永恒本质”、“唯物唯心的不能成为决定一切的认识路线”、“唯物论和唯心论的对立不能等同于真谬对立”、“唯物唯心的对立并不具有不可超越性”四个方面系统地论证和揭示了唯物论与唯心论抽象对立这一教条的虚妄性。在当代中国哲学史上，对曾经支配着人们如此漫长岁月、如此深入人心的哲学观念做出如此深入而犀利的批判性反思，高清海先生可谓第一人。

很显然，以“重新评价唯物论唯心论的对立”为代表的哲学观念与哲学思维方式变革与正统观念和思维方式无疑是在“唱反调”。时至今日，一些人对此仍难以认同，认为高清海先生这一工作“毫无必要”地为自己招致了种种麻烦与重重压力。然而，抛开世俗功利的庸人思想，我们可以看到，高清海先生的工作所体现的正是一个哲学家的良知、责任感和智慧，显示的是哲学家超越利害的对哲学的忠诚。按照计算理性的功利思维，高清海先生实在太“不合时宜”，但正是这种“不合时宜”，使得妨碍和压抑哲学生机和活力的一系列“正统”观念暴露了合法性危机，许多长期以来被视为“一贯正确”的哲学观念出现了“裂缝”，人们开始从另外的视角怀疑和审视那些神圣不可动摇的教义。这种思想解放功能，不正是哲学的本分和它最重要的贡献吗？哲学不正是依靠思想家的这种工作，才有可能不断地实现自我超越和更新吗？

在此意义上，高清海先生的“不合时宜”所体现的正是哲学和哲学家最可引以为傲的美德。伯林曾言：“人类和人类思想进步是反叛的结果，子革父命，至少是革去了父辈的信条，而达成新的信仰。这正是发展、进步赖以存在的基础。在这一过程中，那些提出恼人的问题并对问题的答案抱有强烈好奇心的人，发挥着绝对的核心作用。这种人在任何一个社会中通常都不多见。当他们系统从事这种活动并使用同样可以受到别人

① 高清海：《找回失去的“哲学自我”》，北京师范大学出版社2004年版，第155页。

批判检验的合理方法时，他们便称为哲学家了。”① 在此，伯林把“唱反调”，亦即“反叛”视为哲学思想进步的根本动力，把“不合时宜”，即总是“提出恼人的问题”并系统从事这种批判性活动的人，称为“哲学家”，在此意义上，高清海先生及其所做的工作正符合哲学和哲学家的根本规定，虽然同样如伯林指出的：这种人在一个社会中通常都不多见，但正因为其鲜有，才弥足珍贵，并值得人们衷心地敬重。

二 “善变”：永远行进在“自我超越”的路上

“你怎么老在变”？高清海先生在世时，这是不少人对他提出的又一责难。责问者或充满疑问，或面有愠色，甚至有些恼怒。对此责难，高清海先生淡然回应：哲学的生命就在于创新，对哲学思想者来说，在严肃思考与认真探索基础上的“善变”本身即是创新的重要表现。

如上节所述，“唱反调”的初衷和目的是要推动当代中国哲学观念的变革与理论范式的转换。而与之相应，如果哲学思想者本身停留原地，重复与死守既有的一得之见，那么，在历史的进程中，作为观念变革与理论范式变革者的哲学思想者本身就可能成为哲学发展的阻碍与保守力量，变革者蜕变为顽固的守旧者，这是历史和现实中屡见不鲜的悲剧性现象。因此，不断地“自我否定”与“自我启蒙”，是哲学思想者保持思想活力的基本条件。

高清海先生20世纪50年代登上当代中国哲学舞台，直到去世，其哲学探索纵贯半个多世纪。在这漫长岁月中，高清海先生的思想始终拒绝停滞，厌恶重复，而是处于不断生长和发展的过程中。对自身以往学术观点重新审视、反思与批判，并在这种审视、反思和批判中，把思想的触角探到更深的层面，把理论视野拓展到更为广阔的空间，这种精神冲动贯穿在其毕生的思考和探索中。可以说，高清海先生一直健步行进在思想的路途。高清海先生曾手书“自我超越”与学生共勉，这四个字最真实地表达了他对自身哲学探索的基本态度与追求。正因为这个原因，追踪高清海先生哲学思考的轨迹，他思想的韵律与力度并没有随年龄增大而老化；相

① 麦基：《思想家》，生活·读书·新知三联书店2004年版，第3页。

反，我们始终能强烈地感受到思想的年轻朝气。"理论之树常青"用在高清海先生身上极为恰切。

高清海先生的"自我否定"与"自我启蒙"既体现在对自身思想理论观点的调整、修正与深化上，也体现在思想视野的扩展、反思视角的转换、问题意识的变动、研究重心的转移上。

思想理论观点的自我调整、修正与深化贯穿在高清海先生一生理论探索的各个层面。无论是对哲学本身及其发展理解，还是对马克思哲学理论实质、思想内核、理论原则和思维方式等的理解，抑或对哲学和马克思哲学中具有重大意义的一系列具体哲学问题的理解，高清海先生的思想都始终处于变化、发展与深化之中。高清海先生在其 90 年代末的自述中曾这样表述道："我从本体论哲学，经过了认识论、实践的发展阶段之后，最后才捕捉到现实的和具体的'人'。我的思想还在变化中。从这一意义说，许多年来我发表的许多见解，其中肯定会有这样那样的偏失。但我思想的演进与哲学和历史的进程大体保持一致，这就是我个人得以宽慰的主要之点。"① 追踪高清海先生不同层次思想变化与发展轨迹，在本文有限的篇幅内是不可能完成的。在此仅以辩证法理论为例，说明高清海先生不断自我否定和自我超越的精神追求。

高清海先生在回顾其思想时，自述"我对辩证法理论一向'情有独钟'，早年曾经确立为自己的主要研究方向。"② 然而，高清海先生对辩证法理论的理解，却经历了不断深化过程。高先生这样总结道："起初我是从本体论去理解辩证法的（这个阶段很短暂），而后进到认识论的阶段（这个阶段最长，许多篇文章体现的都是这种理解），最后经过实践论才达到人学的理解。"③ 概括而言，其间至少经历了如下三个主要阶段。

高清海先生最早探讨辩证法的代表作是写于 1956—1957 年的《唯物辩证法的实质和核心》，在该书中，着重论证了矛盾作为辩证法实质和核心的内涵。今天重读这部著作，我们不难看到这本书身上所打下的浓重的历史烙印，在整体的思维范式上，它依然在传统哲学教科书的框架内理解矛盾概念："矛盾是普遍存在的。在现实事物中，矛盾的具体内容和具体

---

① 参见韩民青、夏永祥主编《我的哲学思想——中国当代部分哲学家自述》，广西人民出版社 1998 年版，第 145 页。

② 《高清海哲学文存》第 3 卷，吉林人民出版社 1997 年版，第 4 页。

③ 《高清海哲学文存》第 6 卷，吉林人民出版社 1997 年版，第 4 页。

形式，却是千差万别、各不相同的。对于具体的矛盾必须进行具体的分析。对于不同质的矛盾必须用不同质的方法去解决，这是唯物辩证法的一个基本原则[①]"，"唯物辩证法要坚持事物的发展是事物'自己的运动'的观点，那就不仅必须掌握矛盾即对立统一的观点，还非得把这种矛盾放到事物的本身自身中去理解不可"[②]，可见，高清海先生此时对辩证法及其矛盾原则的理解还具有非反思的"自然主义"性质，它把辩证法理解为包括自然、人类社会与人的思维在内的"整个世界"的普遍规律，辩证法的载体和基础是本体论化的"客观世界"。

在 1982 年，高清海先生发表了《论辩证法就是认识论》一文，对 20 多年之前对于辩证法的本体论理解作了重大的修正，在此，关于"整个世界普遍规律"的辩证法被抛弃，取而代之的是从认识论的思维范式重新阐释辩证法的理论本性与思想内涵，系统地论证了"辩证法是思维反映存在运动的理论"、"辩证法是外部世界和人类思维运动的一般规律的科学"等基本观点，认为只有在对"思维与存在关系"这一哲学基本问题的反思和解决中，辩证法才获得了其真实的内容，基于这种理解，所得出的基本结论是："所谓辩证法就是认识论，就是强调要把辩证法与认识论统一起来……一方面，应当从辩证法去理解认识论的内容；另一方面，也必须从认识论去理解辩证法的性质。"[③]

然而，在 1996 年高清海先生的一篇文章里却做出了这样的反省："我们过去理解辩证法，仅仅或者从'本体论'或者从'认识论'去理解，很少从'实践论'的基点去理解，我自己原来也是如此……，使我们对辩证法许多观点的理解都受到了严重局限、存在许多问题"[④]。"现在看来，对辩证法的认识论理解也并未完全到位。它只是揭示了人与对象关系在一个方面的变化特点，即认识关系所发生的变化特点。认识在人的存在中还只是从属性的活动，更根本的方面是在人对外界对象的直接改造活动即实践活动"[⑤]。

这一反省表明，高清海先生对辩证法的理解又一次出现重大转折。在

① 《高清海哲学文存》第 6 卷，吉林人民出版社 1997 年版，第 295 页。
② 同上书，第 269—270 页。
③ 同上书，第 117 页。
④ 同上书，第 7 页。
⑤ 同上书，第 5 页。

他看来，过去自己从本体论和认识论视角对辩证法的理解模式存在着深层理论困境与缺陷，其根本原因就在于没有自觉到辩证法的理论逻辑与人特殊的生命存在本性之间的深层关联。晚年的高清海先生深入哲学发展史，尤其以对德国古典哲学的深入探讨为背景，创造性地改造了哲学史上的“类”概念并赋予其全新的内涵，形成了独创性的“类哲学”体系①。在高清海看来，“类”是表达区别于物的“种”本性的人的独特生命本性的理念，人的“类生命”超越了“物种”存在的本质先定性、封闭性和单一性，而呈现出超越性、矛盾性、否定性、历史性等特有的辩证存在特性，生存方式决定思维方式，人生命存在的辩证本性需要与之相应的理论思维方式来予以把握，这种思维方式就是辩证法。因此，辩证法既非关于整个世界的“普遍真理”，亦非思维把握存在的“认识论”，而在根本上是关于人的生命存在本性的理解逻辑与阐释学。

在我看来，高清海先生对辩证法的这种理解，充分吸收了德国古典哲学精髓，同时又体现出鲜明的当代哲学精神，是当代中国哲学关于辩证法研究所取得的最为重要的进展之一。可叹的是，即使在今天，许多人仍然在“本体论”或“认识论”的层面上重复关于辩证法的老生常谈，而没有充分认真对待、理解和吸收高清海在十多年前就已获得的重要成果。

思想视野的扩展、反思视角的转换、问题意识的变动、研究重心的转移，在所有这些方面，高清海先生自我否定和自我超越品格得到了更加深刻和充分的显现。限于篇幅，本文不能对此充分展开全面讨论，而只能选取“思想视野的扩展”这一侧面稍作勾勒。

人们常把高清海先生归类于“当代中国马克思主义哲学家”，这诚然不错。但与许多从事马克思主义哲学的学者不同，高清海先生的思想视野却不局限于马克思主义哲学，而是在思想深化内在需要的驱动下，不断拓宽思想视野的边界，打破僵化的学科壁垒，伸展吸纳更为丰富的学术思想资源的触角。

高清海先生这样描述自己早期的思想视野：“我的‘马克思主义哲

---

① 对于高清海先生的“类哲学体系”，虽然知之者甚多，但在我看来，误解者同样甚多。在我看来，高清海先生的“类哲学”概念是对传统哲学范畴进行创造性转换的一次重要努力，人们常停留于表面，停留于高先生所说的“形式逻辑”思维而没有深入了解其具体内容与底蕴。在今天看来，高先生所阐发的“类”理念及其“类哲学”无论在理论还是现实层面都具有进一步研究的重要价值。

学'理论是从'苏联专家'的直接讲授中接受来的。那是在1950—1952年，我们学习的内容是（前）苏联学者制定的，学习方法也是苏联通行的一套。……两年的学习我们养成了'照本宣科'、'人云亦云'的教条主义习性，几乎已经忘记自己还有一个应该进行的头脑。"① 但是，20世纪60年代，高清海先生的思想视野有了一次重大的扩展，60年代初，由于历史原因，他失去了做理论课教师的资格，于是选择了欧洲哲学史专业，使他获得了系统钻研欧洲哲学史的机会，精读了当时所能找到的欧洲哲学史的古典原著。高清海先生这样说道："后来在我重新恢复做理论课教师资格时，我有一个感觉，仿佛只是在这时才真正进入哲学殿堂，或者说，才不是隔着一层窗户纸而是直接看到了某些底蕴，思想感到豁然开朗。"② 很显然，这是一次重要的思想视野的开拓，人类思想史的伟大成果与丰富养分使他彻底摆脱了对哲学和马克思主义哲学的教条化理解，为其从哲学的本性及发展逻辑理解马克思主义哲学的精神实质及其发展，积淀了重要的学养与思想储备，才使他有可能站在哲学的前沿，高屋建瓴地推动哲学教科书体系改革与哲学观念变革。

在2001年一篇题为《从马克思走向未来、开创未来》的论文中，高清海先生这样提问："我们从理论上研究马克思哲学的根本目的何在?"回答是："我认为，我们的根本目的只能是沿着马克思开辟的道路往前走，去开创未来——开创哲学的未来、人类的未来。……我们不能躺在马克思身上，让马克思替我们解决我们遇到的问题。'万能的金钥匙并不存在'，……我们不妨做一个设想，马克思如果仍然活到今天，他会如何?我相信，他决不会局限已经说过的话，靠翻书本去解决面临的问题。"③ 这一提问及其问题意识是高清海先生晚年工作的自白。它意味着，高先生的思想视野从侧重于对经典作家著述的阐释进一步深化到哲学的自我创造，即如何围绕着影响当代人类和中国人生存命运的重大问题，生成和创造富有个性的哲学理念，从而使哲学成为推动人与社会发展的思想力量。正是怀着这种理论自觉，高清海先生在生命的最后10年里，又一次实现了自身思想视野的重大跃迁，德卢兹曾言，哲学的本质就是创造概念，高清海先生晚年围绕"类"概念所进行的努力所显示的正是哲学的这种本

① 高清海：《找回失去的"哲学自我"》序言。
② 《高清海哲学文存》第4卷，吉林人民出版社1997年版，第327页。
③ 《高清海哲学文存》续编第1卷，黑龙江教育出版社2004年版，第60页。

质。更难能可贵的是，在对“类”概念进行具体阐发过程中，为了解决所涉及的“类本性”与“民族自我”的关系问题，高先生在生命的最后几年，以异乎寻常的勇气，踏入了一个他几乎陌生的新领域，即中国传统哲学，试图从中国思维传统吸收智慧，丰富和完善自己的哲学思考。当人们还在为“中西马的汇通与对话”的口号争论不休的时候，高清海先生即以其独特问题意识和核心理念，用实质性的思想成果，在此方面做出了切实的贡献。

不断地自我否定、自我启蒙与自我超越，这使得高清海先生的思想永远保持着青春的活力。他为我们创造了一个典范，那就是，真正的哲学家不是永远拥抱和宣称拥有现成“真理”的先知，而是勇于抛弃昨天之我，不懈追求真理的人，高清海先生的哲学探索之路犹如江涛浩荡，奔涌前行，这会使懒人与庸人不快，但却最好地诠释了哲学即“爱智慧”的真谛。

三　“人不是物”：论证“人的尊严”的理论自觉

高先生的“唱反调”与“善变”，都使人在“心满意足”之时感到不安。但无论是“唱反调”还是“善变”，贯穿其中的一个核心的价值旨趣却是明确与一致的，那就是始终要为“人的尊严”进行哲学辩护：人不是物，她有着区别于物的生命存在特性，因而禀赋着不容遗忘和抹杀的生命尊严。年轻的黑格尔在给朋友书信中曾说道：“哲学家论证了人的尊严，人民将学会享有这种尊严，将不再只具有受践踏的权利；而是通过自身去争取人的权利。以往的宗教和政治一向狼狈为奸，宗教所教诲的正是专制政治所要求的东西。……现在是日出的时代了。朋友们，为了人类的幸福之花快点开放，迎着旭日飞奔吧。”通过论证人的尊严，推动人民享有这种尊严，无论对于黑格尔所处的时代，还是对于当代中国社会，都是哲学的重大使命，高清海先生对此始终有着充分的自觉。与“唱反调”和“善变”一样，这一点同样使许多心满意足的人感到不安，但却恰恰是最能体现哲学精神的向度之一。

如前所述，哲学教科书体系改革是高清海先生在20世纪80年代所进行的一项重要工作，那么，这一工作深层的价值诉求究竟是什么？高清海先生在对传统哲学教科书体系进行系统剖析后，得出的基本结论是：其最根本的缺陷就是失落了人的主体意识。克服传统哲学教科书体系的缺陷，最根本的就是要重新确立人的主体意识在哲学中的核心地位。在《哲学与主体自我意识》这部对体系改革工作进行系统总结的著作中，高清海先生形成了这样的基本观点："哲学就是人作为主体的自我意识的理论表现。哲学的基本功能，也就在于提高人对自身主体性的意识（以及由此出发的对他意识），在于帮助和指导人类提高主体活动的自觉性。哲学理论的发展意味着这种自觉性本身的不断发展和提高。"① 破除"物质一统天下"的哲学体系黑洞，让人的存在和形象得以出场，拆解无人身的逻辑结构，使哲学呈现人的亮色，这就是哲学教科书体系变革的最深层意义。

变革哲学观念，转换哲学思维方式，从现代哲学的视域阐发马克思哲学，根本目的同样是为了确立人的地位和尊严。以高清海先生在20世纪八九十年代着力阐发的实践观点的思维方式为例，与同时期国内许多强调实践观点的学者不同，他没有把注意力放在实践观点与本体论、认识论的关系等问题的纠缠上，而是强调实践观点作为思维方式的重要性。之所以如此，就在于在高清海先生看来，实践观点作为思维方式的重大意义在于它意味着哲学从此要把人视为自己生存活动的创造者和主宰者，要从人自身的根本性活动去理解人的全面本质和特质，从而把人理解为来自自然却富于创造能力、本于情欲而具理性自主的活生生的现实的存在②。而与实践思维方式相对的"客体中心论"、"客观决定论"、"本质先定论"的"本体论化"的思维方式则把"不以人的意志为转移"的抽象实体作为神圣不可侵犯的权威，人的天职就是顺应这一权威，服从其绝对统治。

如果我们把高清海先生转换哲学观念和转换哲学思维方式的理论努力置于20世纪八九十年代中国社会生活的具体语境中，这一工作所具有的特殊意义将得到更为清晰的凸显。众所周知，八九十年代中国社会所面临的迫切任务即是破解计划经济以及与之相应的高度集权的社会政治结构，向以市场经济为中心的社会经济体制的转型，前者在根本上是把人当

① 《高清海哲学文存》第3卷，第7页。

② 参见韩民青、夏永祥主编《我的哲学思想——中国当代部分哲学家自述》，第137页。

"被计划"的对象，即把人当成物的社会经济形态，而哲学中"不以人的意志为转移"的神圣权威正是与这种把人物化的社会经济形态在观念层面的集中表现和反映，因此，把人从高清海先生所称为"本体论化"的思维方式上解放出来，实质上就是要把人从"非人"转为"人"，从追求抽象的虚幻生活的人转为活生生的、真实的人。在此意义上，哲学观念变革与哲学思维方式转换实质是为在中国社会的"现代性"确立哲学基础。黑格尔曾指出："现代世界的原则就是主体性的自由"[①]，哈贝马斯也在同样的意义上认为，"主体性"是现代性的根基，构成了现代社会的价值规范基础。无疑，中国社会的具体语境与西方社会有着重大不同，但是，要推动中国社会现代性的建构，确立人的"主体意识"以及与此内在相关的人作为"主体"的价值、尊严和权利，同样是一个极为重要的前提。以哲学的方式获得对此的自觉意识，为当代中国的现代性精神奠定基础，这正是高清海先生这一工作的深层旨趣。

这一点在随后高清海先生对市场经济的哲学阐释中得到了集中的体现。高先生认为，市场经济的发展与哲学观念的现代变革二者之间具有同构性，经由市场经济，人摆脱了自然经济条件下作为"狭隘人群的附属物"而走向现代化，哲学也将由对市场经济的理论反思而推进为现代哲学。市场经济使人成为"独立的个人主体"，它要求人们从自身的生存活动去寻求人的行为的价值、意义和根据，要运用人自己的力量创造自己的生活并掌握自己的命运，而不再到个人之上的抽象实体中去寻求自己生存的根据；与此相适应，作为反映"时代精神"的哲学也必然要求实现从传统哲学向现代哲学转向："从一元取向转向多维取向，从族群本位转向个体本位，从客体决定论转向自主决定论，从先天命定论转向后天选择论，从投靠外在权威转向发挥内在权威，从绝对主义转向相对主义，从实体论转向价值论，从抽象理性主义转向批判理性主义等。"[②] 高清海先生所描述的转向之后所形成的这些"现代哲学"观念，不正是当代中国的现代性精神的哲学表达吗？

在中国特定的历史语境中，呼唤人的主体性地位，以哲学的方式表达和推进中国现代性精神的生成，这是高清海先生重要理论贡献之一。这一

---

① 黑格尔：《法哲学原理》，商务印书馆 1961 年版，第 197 页。

② 《高清海哲学文存》第 2 卷，第 203—204 页。

点无疑会使那些习惯于把人视为“客体”，把人当成“被计划”的对象，留恋往日虚幻生活的人们颇为不安乃至不快，但每一个追求自己真实生活的人都会为此欢欣鼓舞。

但高清海先生的可贵之处在于他的脚步并没有停留于此，而是在时代进程和人的生存状态的变迁中，不断深化对“人的尊严”的理解。随着市场经济的深入推进，高清海先生一方面高度肯定市场经济及其“主体性”观念的重大意义；另一方面对其“物化”后果及其对人的尊严带来的影响保持着充分的警觉，如何克服作为“神圣形象自我异化”的“虚幻的人”与“非神圣形象的自我异化”的“物化的人”的双重困境，从而真正使“人以合乎人性的方式生活”，构成他晚年着力阐发的马克思关于人的发展的“三阶段”理论、“物种思维方式”批判以及“类”理念建构的核心关怀。在此意义上，高清海先生又是中国现代性精神自觉的反省者。

由于篇幅关系，在此无法对高清海先生这方面的思考进行系统探讨，而只是指出其中一个值得注意然而容易被人误解的侧面，来对高先生在此问题上的独特关怀略作说明。“物种思维方式”是高清海先生晚年经常使用的概念，当高先生提出“物种思维方式”并对它进行批判性反省时，他所指向的是在人的自我理解中所体现的一种特有思维方式，即以一种本质先定的、单一的、两极对立的、形式逻辑的思维方式，以这种思维方式把握人，必然导致人的抽象化与人的分裂，无论是人的“神化”还是人的“物化”，在根子上所体现的都是这种思维方式，因此，“物种思维方式”并非仅仅指向“人的物化”，而是代表着一切绝对化的、“非此即彼”的、导致人被抽象化的思维逻辑。而人的抽象化，必然导致人的尊严遭受贬损。对此，高清海先生的解决之道是主张确立“人的双重生命”、“双重本质”，亦即“类本性”的观念。在他看来，只有在对“人的双重生命”的自觉中，人才能克服对人的抽象化理解，确立“整全”的、“全面”的生命观。以此为前提，前现代社会人的“神圣形象”，现代社会人的“非神圣形象”，这两种建立在片面的、单重生命观基础上的人的抽象理解形式将得到克服，人将真正自为、自由地存在。

毫无疑问，高清海先生上述关于人的生命的理解无疑具有浓厚的乌托邦色彩，对此，高先生有着充分的自觉，他把自己的“类哲学”称为“走向未来”的哲学。对于执着于“过去”、沉湎于“当下”的人来说，

"走向未来"的哲学憧憬让人感觉虚玄而遥远，正像历史上那些仰望星空的哲学家经常遭到人们的讥笑一样，高清海先生关于"人的未来"的哲学想象也引来了人们的怀疑、不解乃至嘲弄，然而，面向未来的乌托邦精神不正是哲学之为哲学的根本精神品格吗？"在批判旧世界中发现新世界"不正是马克思哲学的基本使命吗？在人们心满意足之时，激发人们对于理想生活的想象力，不断消解"抽象对人的统治"并因此捍卫人之为人的自由和尊严，不正是哲学最根本的价值追求吗？如果承认这一点，那么，我们也就应承认，高清海先生是真正的哲学家。

高清海先生的哲学精神

崔秋锁*

高清海先生离开我们已整整十年了。这十年间，作为学生虽然不能像以往那样随时走近先生身边，请教哲学问题，聆听人生教诲，但先生的思想、理论、观念和人格却始终伴随在我们身边，深藏在我们心间，萦绕在我们头脑，蕴涵在我们的教学和研究之中。随着时间的推移和学习的深入，笔者愈来愈感觉到：高清海先生的哲学思想之深邃、哲学理论之博大、哲学观念之创新、哲学人格之高尚；先生之所以能提出和创建那些深邃的哲学思想、博大的哲学理论、创新的哲学观念和高尚的哲学人格，归根结底得益于他具有一个真正的哲学家所具有的那种哲学追求与生命精神相统一的哲学精神。因此，对于学习和研究哲学的人来说，特别是对那些仰慕高清海之哲学思想、哲学理论、哲学观念和哲学人格的学习者和研究者来说，其思想、理论、观念和人格是非常重要的、不可缺少的，但领悟和发扬高清海先生的哲学精神似乎更为根本、更加重要，也更有价值和更有意义。

“治学为人，其道一也”，是高清海教授最喜欢的人生格言，也是高先生为人和治学的座右铭，自然也成为我们研究和探讨其哲学精神的指导原则。为此，在思考方式上，本文试图立足科学研究所需要的生命精神来理解和领悟高清海先生的哲学精神，进而透过其哲学精神领悟和把握哲学研究所应有的生命精神；而就其目的和宗旨而言，其实质是要从人之为人的生命精神来理解和把握高清海先生的哲学精神，而通过挖掘和彰显高清海先生的哲学精神，则进一步深刻体悟和不断弘扬其人之为人的生命精神。笔者将以此作为学生对先生逝世十周年的深切缅怀和深情纪念。

---

* 东北师范大学马克思主义学部哲学院教授。

一 破除教条的开拓创新精神

科学研究（泛指一般研究活动）需要开拓创新精神。无论是自然科学研究，还是社会科学探讨，或是哲学和人文学科探究，概莫能外。之所以如此，不仅是因为任何研究都是一种探索未知的开拓性事业，是需要发现新事物、提出新问题、拿出新方法、作出新成果的创造性活动，而且是因为人们的研究和认识过程常常会受到既有成果和各种教条的影响和束缚，甚至会由于精神本身的惰性而对某些权威和成见共识产生盲从和迷信。在此情况下，没有开拓精神和创新精神，不敢破除对已有理论、成见共识和权威教条的盲从和迷信，任何科学研究和理论探讨，都将一事无成，至少不会有重要发现和重大成果。

当代中国马克思主义研究的历史条件和特殊背景，孕育和激发了高清海教授的开拓创新精神。由于苏联的特殊地位和巨大影响，加之20世纪50年代之后我国逐渐形成的“左”的思潮，将苏联马克思主义教条化成当代中国马克思主义研究中长期存在的一种思想倾向。以斯大林“论辩证唯物主义和历史唯物主义”为蓝本的“传统教科书哲学”，几乎成为不可怀疑的马克思主义哲学准经典版本。它束缚了中国学者对马克思主义哲学的研究和探讨，也阻碍了中国社会主义建设和马克思主义发展，甚至成为改革开放的思想障碍和精神桎梏。不解除这种束缚和障碍并打破此种桎梏和枷锁，马克思主义和社会主义都难以发展。

高清海教授较早地意识到这一点。他想常人不曾思考的问题，反思一般人不愿思、不敢想的思想理论，在人们认为无可怀疑的原理中发现了新疑问，在大家习以为常的领域之外发现了新天地。早在20世纪50年代初，他和刘丹岩教授就对“辩证唯物主义和历史唯物主义”教科书哲学体系提出了质疑和不同看法。改革开放之后，高清海教授及其所领导的学术团队率先对传统教科书哲学进行了富有成效的改革。他不仅批判了传统教科书哲学的本体论化倾向，提出了实践观点的思维方式，从思维方式维度深刻揭示了马克思哲学变革的理论实质，而且积极倡导并身体力行哲学观念变革，先后在哲学观、人性观、生命观、真理观、价值观、规律观、社会观、发展观、哲学史观等领域和问题上提出了独树一帜的原创观点，最终提出了“类生命”和“类哲学”的创新哲学思想。所有这一切，都源于高清海先生的开拓创新精神。缺少这种精神，既无法破除对教条的迷信，也不能提出新问题和新观点，更难以开拓新领域、创造新思想。

二 实事求是的科学求真精神

开拓创新并不意味着脱离实际的胡思乱想。科学研究既是一项开拓性的创造事业，也是一种面向事情本身的求真求是活动。理论研究要发现事物本身的内在本性和客观规律，实践研究要揭示实践目的的合理性及其实现的正确途径与方法，哲学研究则要在人和世界、主体和客体、思维和存在、主观与客观、理想与现实、价值与事实等矛盾关系中为人们提供正确合理的思维方式、思想观念和价值理念。这一切，都离不开实事求是的科学求真精神。当然，所谓“科学求真”，既包括客体实然之真，也包括主体应然之真，更包括人与世界之间实然与应然有机统一之真。因此，任何科学研究，都不仅需要开拓创新精神，也需要科学求真精神。在一定意义上说，科学求真是开拓创新的目的和基础，开拓创新则是为了更好地科学求真。没有实事求是的科学求真精神，既不能作出理论上的科学发现，也不能提出合理的实践目的及其实现路径，同样不能有哲学上的合理思维与正确观念。

马克思主义哲学原本是一种“在批判旧世界中发现新世界”① 的变革创新思想，同时也是一种“按照事物的真实面目及其产生情况来理解事物”② 的科学求真理论。然而，在马克思主义研究中却常常存在既不变革创新也不科学求真的教条主义和主观主义等不良风气。一些人思想僵化，把马克思主义视为一成不变的教条，无视实践发展和社会进步，总是试图用某些旧理论去裁剪现实、束缚实践；另一些人则自以为是、唯我独马，把自己所理解的并不怎么正确的马克思主义强加于马克思，并利用手中的权力排斥不同意见，强制人们去接受其观点和主张。其结果，不但阻碍实践发展和社会进步，而且败坏了马克思主义声誉，堵塞了马克思主义发展

① 《马克思恩格斯全集》第1卷，人民出版社1956年版，第416页。

② 《马克思恩格斯选集》第一卷，人民出版社1995年版，第76页。

道路。

对于这些不良风气，高清海先生深恶痛绝。他不仅强调“马克思主义是最讲实事求是的理论”，强调“我们在提倡创新精神的同时，必须提倡求是精神”,① 而且以身作则、身体力行，在自己的哲学研究中始终坚持一种实事求是态度和科学求真精神。他之所以质疑苏联教科书哲学体系，是因为他认为它不符合马克思主义哲学本真逻辑；他之所以要改革传统哲学教科书，在他看来是因为该教科书哲学未能体现马克思的哲学变革及其理论实质；他之所以主张对哲学观、人性观、真理观、价值观、社会观、发展观等问题进行观念变革，乃是因为只有进行这种变革才能建立起与现代人、现时代和现代社会发展需要相适应的思维、思想和观念。为使科学求真精神能在哲学研究中坚持贯彻下去，高清海先生还提出并倡导一种“笨想”方法，亦即抛开一切成见束缚，直接面向问题本身，按照事情的本然逻辑来理解和对待事情，只有这样才能形成符合事情本身的发现和结论。可以说，“笨想”的方法，实际也就是独立思考的方法，直面事情本身的方法，其实是实事求是的科学求真精神在思考方法上的体现和运用。

三　不惧风险的勇于探索精神

无论是开拓创新，还是科学求真，对于研究者而言，都将面临一定风险。这种风险，既可能来自研究问题和探索领域的艰难性和未知性而使研究本身走向失败、无功而返，也可能来自所提观点和所作结论与传统观念、权威意见、意识形态、当权者主张相左或相反而遭到非议、打击和批判，甚至是丢掉饭碗、失去自由或无法生存。这一点，对于科学研究来说，绝非特例，往往经常发生，哲学社会科学研究更是如此。人们不会忘记：苏格拉底因宣传新哲学和新伦理被以亵渎神明和毒害青年的罪名而判处死刑；欧洲中世纪宗教裁判所对异教徒进行过无情审判和严厉惩罚；18世纪法国启蒙学者的著作屡遭查禁，其著作要在国外出版，他们本人随时都可能进巴士底狱；鲍威尔和费尔巴哈等青年黑格尔派因揭露和批判宗教

① 《高清海哲学文存》第6卷，吉林人民出版社1997年版，第65页。

神学而被解除大学教职；马克思则因揭露和批判封建专制制度和资本主义现实而遭执政当局通缉或被驱逐。

然而，正因为存在各种风险，科学研究才需要不惧风险的勇于探索精神。这对于一切科学研究来说都是必需的、不可缺少的。否则，科学、人文、哲学及其思想和理论都难以发展和进步。事实上，科学、人文和哲学的发展无不依赖于科学家、思想家和哲学家的勇于探索精神，真正的科学家、哲学家、思想家无一不是不惧风险和勇于探索的光辉典范，而科学研究在本质上就是一种不惧风险和勇于探索的艰难事业。这一点，对于哲学社会科学而言，根源于它自身的价值属性和阶级立场，而马克思则为我们树立了不惧一切风险的光辉榜样。他曾发誓："要对现存的一切进行无情的批判……这种批判不怕自己所作的结论，临到触犯当权者时也不退缩。"① 这是何等的勇敢无畏精神！科学研究正需要这种精神。

高清海教授从未想过与当权者或意识形态故意作对，也从没有为出名而有意去冒犯权威的念头和想法，甚至有时自己观点遭到别人反对和误解，他也不急于甚至根本不想去反驳和争辩。但是，他清醒地意识到从事哲学研究本身不可能没有风险，特别是当他面对传统观念和意识形态而力求开拓创新之时，他不能不意识到其中所蕴涵的各种风险。然而，为了国家民族事业和推进哲学发展，他又从不畏惧风险和犹豫不决，而是义无反顾地面向事情本身，坚持求实、求是和求真。例如，在举国学习苏联时，他却对苏联教科书哲学体系提出了质疑；当哲学界大多数人对传统教科书哲学深信不疑，并力求完善这种哲学体系时，他却与大多数人"唱起了反调"，力主彻底改革教科书哲学；在人们把哲学党性视为不可动摇的基本原则时，他勇敢地提出"超越唯物论、唯心论的对立"之惊人观点，令一些人想也不敢想，更不可能去做，甚至在一些人批判其为"资产阶级自由化"观点后，他也不改其初衷；而当许多人在意识形态庇护下极力维护传统教科书哲学时，他却着眼现代人、现代社会和现代哲学的未来发展趋势，高屋建瓴地提出了"类生命"和"类哲学"的创新哲学思想……所有这些思想和作为，无不体现高清海教授在哲学研究中不惧风险的勇于探索精神。

① 《马克思恩格斯全集》第1卷，人民出版社1956年版，第416页。

四 追求真理的锲而不舍精神

科学研究是一项追求真理的事业。然而，真理并不自荐于人，它深深隐藏于形形色色、千变万化、错综复杂的事物表象及其结构关系之中。因此，献身这一事业的人，需要一种坚持不懈、持之以恒、执着追求的锲而不舍精神。科学史上许多大科学家和大发明家，常常都是为求真理而锲而不舍的典范。达尔文为解开生物进化之谜，不仅随“贝格尔号”舰花了五年时间进行科学考察，而且用了20余年时光求索生物进化规律，最终创建了生物进化论；爱迪生为发明电灯，据说试验了1600多种耐热材料和6000多种植物纤维，最后终于如愿以偿；爱因斯坦为弄清时空与运动关系之谜等问题，默默无闻、锲而不舍，宁愿在专利局里打杂也不愿意放弃其物理学追求，结果是相对论创立；居里夫人为寻找新的放射性元素，孜孜以求、不辞辛苦，付出了常人难以置信的艰苦劳作，而钋和镭的发现则是对其执着追求的最好回报。由此可见，没有坚持不懈、持之以恒、执着追求的锲而不舍精神，真理难以显现，也无法为人所掌握。难怪马克思早就提醒那些准备追求真理的人：“在科学上没有平坦的大道，只有不畏劳苦沿着陡峭山路攀登的人，才有希望达到光辉的顶点。”①

对于哲学研究而言，所谓真理的追求，不仅意味着“求真”和“求是”，而且意味着“向善”和“尚美”，甚至意味着“追求崇高”和“仰慕神圣”。这意味着，它既要克服客体对象本身的复杂性和多变性而达到对存在事实的正确认知，又要在此基础上能动创造和合理建构人的理想生活和应然价值，实质是要正确处理客体与主体、实然与应然、现实与理想、事实与价值之间的复杂矛盾关系。进而言之，它不仅要认知事实、追求价值，合理解决人与世界之间的复杂矛盾，而且要不断开拓创新、转变传统观念、克服主观偏见、排除人为干扰。因此，哲学研究面临着较一般科学研究更为复杂和艰巨的思想困难和理论任务，因而也更需要一种坚持不懈、持之以恒、执着追求的锲而不舍精神。否则，不下苦功、心存侥幸、畏难退缩、浅尝辄止，是不会有收获的。

---

① 《马克思恩格斯全集》第23卷，人民出版社1972年版，第26页。

高清海先生以其自身作为为我们树立了一个锲而不舍地追求真理的光辉榜样。他以独立思考、开拓创新、反对教条、主张变革而著称于国内外学界。他主张改革教科书哲学体系，转变传统哲学观念，转换唯物和唯心二元对立的思维方式。这在一些人看来，几乎是等于背离或修正马克思主义，甚至曾被强加给"分家论"、"自由化"、"离经叛道"等各种莫须有罪名。其实，高先生对马克思主义哲学的科学性与合理性具有无可怀疑的坚定信念。他之所以要质疑并改革传统教科书哲学体系，反对本体论化的哲学倾向，变革陈旧的哲学观念，乃是因为他认为这些体系、倾向和观念并未真正反映和表达马克思哲学变革及其理论实质，而他对此的研究和著述只不过是为了恢复马克思哲学的本真精神，推进马克思主义哲学的创新发展，从而寻求一种符合时代精神的马克思主义和展现民族思想自我的哲学理念。为此，先生几十年如一日，坚持不懈、刻苦钻研、独立思考、孜孜以求。为了搞好教学和研究，他花了几年时间"系统地阅读马列哲学方面的经典著作和西方古典的哲学代表作，通读了马克思恩格斯全集，并都写了系统的笔记"。[①] 为了探讨某一问题，写好一篇论文，他甚至查阅了图书馆有关这一领域的几乎所有图书文献资料。即使在"文化大革命"期间，他也从不放弃哲学思考和理论研究。记得先生曾讲过，正是在"文化大革命"中不让他讲马克思主义哲学而只能讲授西方哲学后，他系统钻研了西方哲学家的著作和思想，从而为以后的马克思主义哲学研究提供了坚实的哲学史基础。在所有这些研究和探讨中，所蕴涵的正是高清海先生执着追求真理的锲而不舍精神。

五　人之为人的人道求索精神

经历改革开放以来的哲学观念变革，越来越多的学者已经认识到，并不存在所有哲学家都普遍认同的普世哲学观念，也没有古今中外哲学都普遍适用的普适哲学定义。哲学本身始终处在不断变化、历史生成和创新发展之中。不同的民族和国家常常有不同的哲学思想，不同时代的不同哲学家对哲学本身的理解和看法也往往各不相同。任何一种哲学理念都不可能

---

① 《高清海哲学文存》第6卷，吉林人民出版社1997年版，第358页。

是放之四海而皆准的普遍真理和永恒价值，哲学之为哲学的特点和品格正在于其历史性和时代性。不同时代的哲学家往往有不同的哲学观。不同时代的人只能立足和面对自己时代的历史背景和特殊问题，对自己所需要的哲学理念作出自己的独特思考和理论建构。

然而，这并不意味着哲学没有自己区别于其他学问的特殊主题、学科特点和独特本性。从现代哲学观来看，哲学之为哲学，并非因为古今中外的各种哲学之间有什么共同的研究领域、研究对象和研究问题，而在于它们都试图以某种人的存在方式对人本身及其与世界关系等问题作出某种人之为人的思考和领悟。人本身及其与世界关系，包括人的存在、本质、地位、作用、价值和意义，是哲学的永恒主题；人的生存方式决定和制约着哲学的研究方式和思维方式；“人之为人”亦即“人成为人”则是哲学的最终目的和根本宗旨。用高先生的话来说：“人是哲学的奥秘”，“哲学是人的自我意识理论”。“哲学作为‘世界观’理论，面对的虽是外部世界，表达的却是对人自己的观点。……这不只是说，人总是从人出发去看待世界，为了人的目的而去研究世界；而主要是说，哲学对世界的认识实质上不过是对人自己的认识，它是通过世界以理解人自身的存在及其活动的性质、意义和价值的。”[①] 因此，“哲学，实际就是人以世界为中介的自我意识、自我理解、自我创造、自我实现的理论活动、理论表达。”[②] 这意味着：哲学适应人的生成和发展需要而产生；作为一种特殊的文化样式，哲学的研究方式和思维方式根源于人本身及其生存方式，并表达人之为人的目的需求和价值理想；哲学在本质上是一种人的自我意识和自我表达的思想理论；而在功能上它则为人的生成和发展提供人生境界、思维方式和价值理念。

这样一种哲学观，不仅表达了高清海教授对哲学的基本理解和根本看法，而且蕴涵并彰显了高先生追求人之为人的人道求索精神。先生在回顾自己走过的哲学历程时曾谈到，他“从‘本体论’接受哲学，经历了从‘认识论’和‘实践论’理解哲学的发展阶段，最后才捕捉到现实和具体的‘人’，由此确立了‘类哲学’的观念”。[③] 这里所表达的不仅是高清海教授学术思想的发展历程，而且是高先生哲学追求及其价值理念和做人境界的一种理论表达。他主张“人是哲学的奥秘”，“哲学是人的自我意

---

① 《高清海哲学文存》第 2 卷，吉林人民出版社 1997 年版，第 43 页。

② 同上书，第 47 页。

③ 《高清海哲学文存》第 6 卷，吉林人民出版社 1997 年版，第 390 页。

识理论”，其目的是要把哲学变成人之为人的一种思想理论，亦即“做这门学问的人，必得首先教化自己，不断使自己崇高起来，成为具有伟大精神人格的人”①；他强调价值“是人作为人所追求的那个目的物，而这个目的物也就是人的自身本质”②，实质是表达了其自身“要使人成为人”的价值理念及其终极关怀；他倡导“为人之道”和“人格境界”，不仅是为了提高哲学研究的水平和层次，根本目的还在于提高人的人格层次和做人境界。所有这些集中到一点，那就是：哲学活动的根本目的就是要“使人成为人”，使人通过哲学的学习和研究，懂得“为人之道”，塑造“高尚人格”，提升“做人境界”，去过“人的生活”。这正是高清海先生人之为人的人道求索精神的集中体现。

六　物我统一的天人合一精神

人来自于自然界，又不可能脱离自然界；人要进行生产，一定要有生产对象；人生活在世界上，难免与物打交道；人处在世界之中，必然要面对外部世界。如何看待和处理人与自然、人与对象、人与物、人与世界的关系，是古今中外哲学长期思考和不断研究的重大课题。然而，不同哲学对此问题却有截然不同的解答。在中国古代哲学中，既有“制天命而用之”的理论主张，也有“天人合一”的思想观念；在西方传统哲学中，本体论化的思维方式使得哲学家们陷入思存分离、心物对立的二元对峙思维中难以自拔；现代西方哲学试图改变这种思维困境，但由于无法改变“抽象的人”之思维定式，他们最多也只能以某种意志、生命、此在、主观性去统一和解释世界。

马克思的哲学变革彻底改变了这种状况，而其关键则在于确立了实践观点的思维方式。立足实践观点，马克思不仅以“现实的人及其实践活动”取代了传统哲学之“抽象的人及其观念活动”，而且以这种现实的人及其实践活动为前提和基础，彻底改变了传统哲学的人性观、社会观、历史观和世界观。在马克思看来：现实的人之生命活动本质上是一种实践的

① 《高清海哲学文存》第2卷，吉林人民出版社1997年版，第377页。

② 同上书，第89页。

“对象化活动”，“通过实践创造对象世界，改造无机界，人证明自己是有意识的类存在物”，而劳动的对象原本并非与人相对立的异己存在，它本身就是“人的类生活的对象化”，亦即“人的本质的对象化”；[①]“社会是人同自然界的完成了的本质的统一，是自然界的真正复活，是人的实现了的自然主义和自然界的实现了的人道主义”；[②] 历史是追求着自己目的的人的活动，但历史并非和自然彼此对立，它是“人和自然的统一”，是“历史的自然和自然的历史”；[③] 而现实世界是工业实践的产物，是历史活动的结果，但在这种情况下，“外部自然界的优先地位仍然会保持着”。[④]这些论述表明，正是在马克思哲学思想中，中国传统哲学的“天人合一”思想才获得了现代的、现实的、合理的理解和解释。

然而，传统教科书哲学却未能完整准确地反映和表达马克思的哲学变革及其理论实质。它不仅忽视了马克思“现实的人”之观点、“实践的人道主义”和“实践观点”的思维方式，而且将马克思哲学思想置于传统哲学本体论的思维框架中来理解和解释，从而将马克思主义哲学实际降格为一种旧唯物主义的自然主义和客观主义。正是针对传统教科书哲学的这种自然主义和客观主义，高清海先生批判地继承了中国传统哲学“天人合一”的思想观点，同时又以马克思关于人和自然、人与社会、人与自身否定统一的思想理论为基础，创造性地提出了“类哲学”及“类生命”和“类本性”的重要哲学思想。在先生看来：哲学在本质上是人的自我意识理论，而能够代表人和社会发展未来方向的哲学，其实就是以“类”为核心内容和根本性质的“类哲学”，马克思哲学变革的意义正在于为这种类哲学奠定了基础；“类哲学”不同于“种哲学”的实质，在于它改变了形式逻辑的物种化思维方式，以“否定性统一”的观点和思维去理解和看待人与自然、人与他人、人与自身之间的关系；而人的生命实际是自然生命和自为生命相统一的“类生命”，人的本性则是自在本性和自为本性否定统一的“类本性”。对“类哲学”及“类生命”和“类本性”追求，既是高清海先生哲学追求的必然结果，同时也是其追求人与自然、人与他人、人与自身否定性统一的天人合一精神的集中体现。

---

① 《马克思恩格斯全集》第3卷，人民出版社2002年版，第273、274、306页。

② 同上书，第301页。

③ 同上书，第76页。

④ 同上书，第76—77页。

七 永不满足的自我超越精神

“类哲学”追求人与自然、人与他人、人与自身的否定性统一，其实质是把矛盾双方的统一建立在人的否定性和超越性基础之上。人来自自然界，又要超越自然；人依赖他人，又在不断超越他人；人在不断肯定自己，又不断否定自身。人的这种既依赖又否定、既肯定又超越的特点，根源于人的“类生命”和“类本性”。人有一个“自然生命”，但又不满足于此，又要追求另一种“超生命”的东西，生命与超生命的否定统一就是人的“类生命”。同样，人有一个与生俱来的“自在生命本性”，但人又不愿意忍受自然生命法则的约束和支配，总想追求一种自由创造的理想生存状态，这就是人的“自为生命本性”，“类本性”其实就是人的自在生命本性和自为生命本性的否定统一。

人的类生命和类本性表现在人的生活和实践中，就是人对生活和现实的不断否定和不断超越。劳动实践把人从动物界提升了出来，使人成为一种变革世界的实践存在。通过实践，改造自然界，创造对象世界，同时也创造自己的生活，这是人之区别于动物的特有生存方式。人生活在现实中，享受着现实生活，但又不满足于现实，总是要追求更理想的生活。即使理想的生活已经变成现实的生活，人也不会就此停步。因为理想固然是美好的，但理想一旦变成现实，它也就不再是理想。现实生活的局限会逐渐暴露，并成为推动人不断去追求理想生活的现实动力。实践是人之区别于动物的类本质和类生活，超越性和创造性则是人之为人的类本性和类特性。

研究工作是人的一种生存方式和生活样式，也是人的实践本质和超越本性的一种实现方式和表现形式。因此，研究本身也是一种否定性和超越性的活动。不仅超越前人，而且超越自己，甚至后者比前者更重要。因为“自我否定、自我超越往往是能够超越前人的基础和前提。”① 只有超越自己，才能超越前人。

高清海先生的哲学研究充分彰显了一种永不满足的自我超越精神。这

---

① 《高清海哲学文存》第2卷，吉林人民出版社1997年版，第378页。

一点，我们首先从先生指导研究生的过程获得了一种深切的感受。在此过程中，高先生总是要求自己的学生，要有“自讨苦吃的精神”，“自己为难自己的精神”，“即不断给自己制造难题、不断否定并超越自己的勇气和精神”。[①] 也就是说，不要满足于仅有的一点新想法、新角度和新思想，而要不断地否定和超越自己，追求更深的思考、更新的问题和更好的方法。只有这样，才可能提出真正的新问题、新思路、新思想和新观点。实际上，这样一种要求和方法，不仅仅是先生培养学生的思想和方法，更是先生自己做学问的一种理念和方式。回首先生的研究过程，留给人们的一个强烈印象就是他从不保守、从不满足、从不停滞，总是在不断追求、不断开拓、不断超越、不断创新。正因为如此，才有了他对传统教科书哲学体系的反思、质疑和改革，也才有了其哲学历程从“本体论”到“认识论”、从“实践观点”到“现实的人”、从“人学”到“类哲学”的不断进展过程。

八　死而后已的生命创造精神

人的生命是宝贵的，值得珍惜。这不仅是因为生命有限，而且是因为人生短暂。这就产生了一个如何看待生命、怎样面对人生、如何理解价值的生命观、人生观和价值观的问题。每个人对待生命、人生和价值往往有着不同的理解。然而，不同的生命观、人生观和价值观，却决定了人们不同的生命意蕴、人生意境和生存意义。

人的生命千姿百态，人生境界各不相同，人生道路各有差异，人生价值和生存意义也不尽相同。从人之为人的意义上来说，人的生命意蕴、人生价值和生存意义在于创造。这一点，首先源于人和动物截然不同的生命本性和生存方式：动物的本性为其物种本质所决定，它们仅仅利用自然界所提供的现成自然物来维持自己的生存；人之为人的本性为其实践本质所决定，人必须通过自己的实践活动去改造自然、创造对象、超越现实、追求理想去创造自己的生活和价值。在此意义上说，动物的本性是一种物种本性，其生存方式是一种自然的、自在的、本能的生存方式；人的本性是

① 《高清海哲学文存》第2卷，吉林人民出版社1997年版，第378页。

一种超越本性，其生存方式则是一种自为的、自由的、创造的生存方式。没有自由自为的创造活动，就没有人类社会和人类历史，也不会有人类文化和人类文明，甚至连人本身和人的生活都不会生成和存在。就此而言，人的生命意蕴在于创造，人生价值在于创造，人的生存意义也在于创造。

事实上人的一切活动都需要创造，理论工作和研究事业也同样如此。对此，高清海先生具有高度的自觉和强烈的使命感。谈到改革和现代化，他写道："改革的事业是为人类开创未来的事业……没有千百万人的主动性、积极性和创造性的发挥，要实现社会主义现代化的伟业是不可想象的"；[①] 对学术研究，他强调："理论工作或科学工作是一种创造性活动"，"是一种最富创造性的活动"；[②] 而讲到哲学本性，他则提出："哲学的本性在于发展，发展的实质也就是创新，因而创新便是哲学的生命"；[③] 由此，对于哲学教育，则"不能仅仅以培养'哲学工作'的专门人才为满足，而应以培养思想型的哲学家即'哲学思想家'为最高目标"，"要给予学生思考、研究哲学问题一个更加宽广的理论视野和更为高远的思想境界，以便为他们今后发挥思想的创造性奠定一个高起点的基础。"[④]

这里所谓创造，本质上亦即超越自我、创造自我、实现自我。在高先生看来：超越自我、不断创新是人的本性，创新实质上就是自我超越，[⑤] 创造就要不断超越、不断否定；创造不仅是属于自我，其本身也就是在创造"自我"；真正创造性的活动都是自我的实现活动，没有自我的人，只能"鹦鹉学舌"，不会有创造。[⑥] 人的价值、生命意蕴和生存意义全在于创造。正如先生所言："创造，这是人的本性，是人的天职，也是人的生存价值所在。人的意义在这里、价值在这里，人的幸福、人的乐趣、人的满足，乃至人的'自我'也都在这里。"[⑦] 因此，所谓"中国特色"，也就是"走出我们中国自己的创新之路"；所谓"学术研究"，就是要"走出我们自己学术的创新之路"；所谓"哲学教育"，根本宗旨就是"培养

---

① 《高清海哲学文存·续编》卷一，黑龙江教育出版社2004年版，第262页。

② 《高清海哲学文存》第2卷，吉林人民出版社1997年版，第378、385页。

③ 《高清海哲学文存·续编》卷一，黑龙江教育出版社2004年版，第286页。

④ 同上书，第262、263页。

⑤ 同上书，第305页。

⑥ 《高清海哲学文存》第2卷，吉林人民出版社1997年版，第378、388、389页。

⑦ 同上书，第383页。

创造性的‘头脑’”；而中华民族的未来发展，则“需要有自己的哲学理论”。① 只有坚持创造，才能超越自我、创造自我和实现自我，揭示生命意蕴，实现人的价值和生存意义。

对于创造与人的生命本性、人生价值、生存意义的深刻理解和自觉实践，高清海先生通过其教学和研究充分彰显了其生命意蕴、人生价值和生存意义。他27岁被破格提拔为副教授，不到30岁就出版了4本专著；他是国家首批博士生导师，先后培养了47位博士；他先后出版著作15部，发表论文200余篇，这些论著先后编入9卷本《高清海哲学文存》；其论著曾获国家教委人文社科研究优秀成果一等奖、国家图书奖、国家优秀教材奖、国家优秀教学成果奖和香港“孺子牛金球奖”等。在学术研究上，他先后提出了马克思哲学变革实质是“思维方式的变革”，是确立了“实践观点的思维方式”之“新变革观”；提出了“人是哲学的奥秘”、“哲学是人的自我意识理论”的“新哲学观”；提出哲学发展的历史是理念思维模式的演变、更替和发展的历史的“新哲学史观”；提出了人有“双重生命存在”和“双重生命本性”的“新生命观”和“新人性观”；提出了现实世界是“自然世界”和“属人世界”相统一的“新世界观”；提出了“重新评价唯物论与唯心论对立”的“新立场”和“新观点”；提出了“突破真理论的传统狭隘视界”的“新真理观”；提出了价值追求的最高目的是人的自身本质的“新价值观”；提出了属人世界规律是“因果性规律”和“目的性规律”相统一的“新规律观”等，并以此为基础形成和确立了自己独具特色的“类哲学”思想。此外，在学术管理上，他还曾兼任第一、二届国务院学位委员会哲学学科组成员，吉林省社联副主席，吉林省哲学学会理事长等重要学术职务，为国家和吉林省哲学事业发展作出了重大贡献。

高清海先生的一生，在哲学教学、哲学研究、学术管理等领域，老老实实、清清白白、诚诚恳恳、坦坦荡荡、认认真真、兢兢业业地辛勤耕耘了几十年，他不断追求、科学求是、独立思考、开拓创新、自我超越、勇敢无畏，为国家、为民族、为社会、为人类创造了一系列表达时代、博大深邃、境界高远、富有个性、独具特色的哲学思想、哲学理论、哲学观念、哲学人格等精神财富。这些思想、理论、观念和人格将载入人类史

① 《高清海哲学文存·续编》卷一，黑龙江教育出版社2004年版，第262、263页。

册，进入人类思想宝库。令人遗憾的是，先生逝世时年仅 74 岁，但仍处在思想创造高峰。如果不是因为罪恶的癌症过早地夺去了他的生命，他一定还会有更多的新思维、新思想、新理论、新观念陆续问世。尽管如此，我们仍为先生感到自豪和骄傲。因为仅就先生留下来的思想、理论、观念和人格，就已经够世人享用不尽。正是通过这些思想、理论、观念和人格，不仅彰显了高清海先生努力探索、超越进取、鞠躬尽瘁、死而后已的生命创造精神，而且承载了他作为一个当代著名哲学家的生命意蕴、做人境界、人生价值和生存意义。

中国人民正走在深化改革、实现现代化的伟大征途上，中华民族也将在中国梦的激励下稳步实现伟大复兴。然而，这两者都离不开哲学的自我超越、观念转变、理论创新和思想创造。为此，我们所需要的正是继承和弘扬高清海先生的哲学精神。只要我们努力继承和大力弘扬这种精神，我们的现代化和民族复兴之梦就一定能如期实现，而中国梦的实现过程，也必将是中华民族自己的哲学思想和哲学精神走向世界的历史过程。

追思恩师高清海教授

张云阁*

犹如白驹过隙，一晃恩师高清海教授离开我们十年了。十年里，高老师的著作一直摆放在案头，以便于随时学习研读。读老师的书，犹如与老师对话，有一种老师没有走，他就在我们的身边，还像活着一样培养教育着我们的感觉。那天收到母校寄来的“纪念高清海先生逝世十周年学术研讨会”的通知，才猛然意识到，恩师离开我们已经十年了。这些天，思绪时不时地将自己拉回到在恩师身边的那些日子里。

我第一次见到高老师是在 2002 年 5 月。当时我到吉林大学研究生院办理报考博士研究生手续，但由于我是以“同等学力”资格参加报考的，吉林大学要求必须有报考导师的推荐信，否则不予办理报考手续。这一下子把我难住了，其一，虽然我一直仰慕高老师，拜读老师的著作，关注老师的消息，是老师的崇拜者，但一直无缘与老师谋面，高老师并不认识我；其二，此次我虽然要报考高老师的博士生，但因为是第一次报考，又是报考高老师这样的哲学大家的博士生，自己感觉把握性不大，有一种把此次考试当成是一次预演的想法，因此在报考之前既没有与高老师通过信，也没有打电话与高老师联系，表达自己要报考老师博士生的想法。现在，突然冒出个学生来，请高老师写推荐信，自己感到很唐突冒昧，搞不好高老师会不会拒绝推荐呢？但没有高老师的推荐信，我连考试的资格都没有了，更不要说成为老师的弟子了。最后，我还是怀着忐忑不安的心情，硬着头皮敲开了高老师家的门。令我没有想到的是高老师并没有责怪我“无礼”，他亲切地询问了我的工作、专业背景及科学研究情况之后，欣然提笔给我写了推荐信。老师的宽容大度，为年轻人的发展成长尽可能提供帮助与机会，给我留下了深刻的印象。正是老师的这封推荐信使我终

* 海南大学马克思主义学院教授。

于走进了博士生的考场，并当年就“金榜题名”，成为“高门”的一分子。2003 年，吉林大学的博士研究生招生简章中，就取消了同等学力报考资格。这就意味着，如果当年高老师不写这封推荐信，我将彻底地与博士无缘了！正是老师的推荐，让我赶上了同等学力报考博士研究生的最后一班车，由此彻底改变了我原来的生活轨迹，开始了一种全新的生活，这种感激之情一直不敢忘怀！

博士入学前，得知高老师有病住院了，我特意提前几天赶到长春，想在老师的病床前尽学生的一点孝心。记得很清楚，2002 年 9 月 1 日下午，我下了火车就直接赶到医院去看望老师。当时老师侧卧在病床上，看上去精神不错，见到我，他很高兴，询问了我入学后的学习打算，给我提出了一些学习要求，并说不用挂念他，也不用老来看他，抓紧时间看书。接下来的几天里，因为还没有开学，我就在老师住的医院附近的招待所住下来，这样，我每天都能到医院去看望老师，做一点力所能及的事情。开始两天，老师没说什么，到了第三天的时候，高老师就说话了，他说：“你不用老来看我，我这里很好，你要抓紧看书，不要耽误了学习。”当时，高红怕我误解，急忙与我解释。其实我何尝不知道老师是为我好。老师已经是病魔缠身了，但首先想到的不是自己的身体健康，而是弟子们的学业，他更不想因为自己给别人带来负担，这就是我们的老师。

我是在职攻读博士学位的，入学时刚好进入不惑之年，我深知此次学习机会对我来说来之不易，成为高老师的弟子、在高老师身边学习，我更是备感珍惜。所以，我并没有像其他在职攻读博士学位的同学那样，修满学分后，就回到单位一边上班，一边做论文了。我是一入学，就把原来的工作辞掉了，在同志街义和路胡同租了一套房子，决心认认真真地学上三年，做一回真正的“脱产”博士生。这件事情不知道怎么让高老师知道了，他让高红给我打电话，对我这种学习精神寄予了充分肯定，但老师担心我这样做生活上有没有什么困难？经济上能不能支撑这三年的“脱产”学习？如果有困难及时告诉他，他会想办法帮助我。放下电话，我已经满眼含泪了，我深深感受到了老师对弟子的关爱与支持，作为学生，别无选择，只有好好学习，潜心研究，才能报答老师的关怀！

高老师是 2002 年检查出癌症的，到 2004 年 10 月去世，这期间他一直是在与病魔做斗争，大多数时间是住在医院里的，身体非常虚弱，但他还是想着博士生的培养问题，坚持要给博士生上课。记得有一次，我陪贺来老师去接高老师给我们 2002 级博士生上课。在车上，我与老师说，老师身体这样虚弱，完全可以不用上课了，我们可以通过学习老师的《文存》来领会老师的思想。但高老师说，同学们到吉林大学攻读哲学博士学位，不给他们讲课，是不应该的。记得那次高老师是在行政楼八楼哲社院的会议室讲课的，2002 级的同学都到了，个别同学听说高老师讲课，特地从外地赶了回来，会议室里坐得满满的。那堂课，老师讲得精彩，同学们听得认真，课后，老师还坚持与同学们进行交流，一一回答了同学们提出的问题。高老师严谨的治学精神，使我真正理解了老师说的“治学为人，其道一也”的真正含义。

到了 2004 年，老师的病情越来越重了，这时候，老师基本上住在医院里。白天，老师在长春的弟子们排班轮流护理老师；晚上，则是由家人来照顾高老师。当时，师兄弟们提出晚上也排班来护理老师，以减轻师母张树义老师和高红的压力，但师母坚决不同意，她说你们已经很辛苦了，不能再麻烦你们了，并告诉我们，这也是高老师的意见。其实，与老师给予我们的相比，这点辛苦又算得了什么呢！

2005 年的 5 月，我离开母校来到海南大学马克思主义学院工作。在这里，我遇到了一批高老师的崇拜者，他们多是来自于国内 985 高校的博士，虽然与吉林大学没有什么学源关系，但他们都敬仰高老师的道德文章，有些老师谈起高老师的文章及其思想如数家珍，对吉大哲学有着很强的认同感，这让我再次领略到了高老师思想的影响力与人格的魅力。现在，高老师的哲学思想已经进入到了我们海南大学马克思主义学院本科生和研究生课堂，在学生中有一批高清海思想的研究者、宣传者。

老师的道德文章受人尊敬，老师的思想是我们取之不竭的理论源泉，老师的治学为人更是我们学习的榜样，先生虽然不幸仙逝，但思想却与我们永存。

二　高清海哲学与当代中国思想

中国马克思主义哲学自我革新的探路人

——纪念高清海先生逝世十周年

何　萍*

20世纪80—90年代，中国哲学进入了一个破旧求新的阶段。在这个阶段，中国哲学的各个学科，中国哲学、西方哲学、美学等，都在思考自身变革的问题，都在探寻变革之路，这其中，马克思主义哲学起步最早，而变革之路最难。这难就难在中国的马克思主义哲学在1949年以后经历多次的教科书编写，已经形成了稳固的研究范式，因此，如何破除这一稳固的研究范式，创造中国马克思主义哲学的新的研究范式，就成为这一阶段马克思主义哲学自我变革的关键性问题。在这个问题上，高清海先生作了许许多多的探索，形成了自己独特的变革思路。我把这一变革思路概括为：以探讨马克思主义哲学观念变革为主线，批判传统的马克思主义哲学原理教科书体系的思维方式，建构中国当代马克思主义哲学理论的新形态。在读了高先生的《哲学的憧憬》一书后，我自认为这一领会是准确的，就按照这一理解为该书写了一篇书评，题为《消解传统哲学的形而上学——评高清海〈哲学的憧憬——〈形而上学〉的沉思〉》。书评完成后，我将书评寄给了高先生，向他求教。高先生看后，转给《天津社会科学》发表出来。书评发表后，高先生专门给我写了一封信，认为这篇书评"写得非常好，立足点高，把握准确，观点鲜明，应当看作是原书思想的一次升华"，他还赞扬《天津社会科学》将书评"放在体系改革栏目，处理得也很好"。应该说，这是高先生对我的鼓励，因为一篇短小的书评无论如何都不可能充分地展现他对马克思主义哲学观念变革的全部思考的，加之我当时对马克思主义哲学观念变革的问题还缺乏深入的研究，有些评价也不到位。作为对这篇书评缺憾的弥补，我更愿意以论文的形

---

* 武汉大学哲学学院教授。

式，专论高先生有关马克思主义哲学观念变革的思想，以表达我对高先生的缅怀之情。

一　什么是哲学观念及其变革?

要了解高先生有关马克思主义哲学观念变革的思想及其意义，我们首先要厘清高先生对哲学观念变革的规定，弄清楚高先生所说的马克思主义哲学的观念的变革到底包含了哪些内容。

关于哲学观念的变革，高先生在批评苏联的教科书哲学体系时，作了这样的论述："我们从历史上看，凡属哲学理论的重大变革，大都同时伴随着哲学观的改变。在这种状况下，要理解创新理论的实质只能依据新理论改变了的哲学原则、观点和方法，而人们熟悉的往往又只是旧有的哲学原则和观点，而从原来的哲学观念去看新的理论，这种理论总是不大像'哲学'，必须把它加以还原，纳入到旧的哲学框架才能够理解，这样一来，新理论往往也就失去了它的创新本质。这是一个难点。这个难点表明，理解创新的哲学，实质上是意味着理解者的观念的转变，而这恰好和他的理解相悖，他如果没有理解，他的观念也难以转变。这里不去说在理解一种新哲学时还有其他许多因素，如政治的因素、社会的因素、历史的因素在起作用；单单这个认识论因素的作用，对人们的理解就足以构成新理论失真的原因了。"① 笔者认为，这一论述比较充分地表达了高先生对哲学观念变革的基本规定。

规定之一，哲学观念不是哲学理论，而是隐藏于哲学理论背后的东西，是支配一定哲学理论的原则、观点和方法，是理论背后的"理"。因此，它可以贯穿于不同学科之中，哲学的、经济学的、历史学的，甚至自然科学的各个学科之中，体现一定时代人类思维的共通性。当然，它也必然贯穿于中国的马克思主义哲学的各个分支学科之中。高先生把中国的马克思主义哲学分为"讲坛哲学"、"论坛哲学"和"实用哲学"，认为这三种哲学是"分而治之、各自为政"，"'讲坛哲学'是指专门用来教育、

① 高清海:《哲学思维方式的历史性转变——论马克思〈提纲〉和〈形态〉哲学变革的实质》,《高清海哲学文存》第1卷，吉林人民出版社1997年版，第80页。

宣传的哲学，通行于课堂、会议，即用以‘讲说’的哲学。‘实用哲学’是指实际指导人们思想行为的哲学，通行于现实社会生活甚至包括政治生活等一切实际领域。‘论坛哲学’指那种供学者研究、议论的哲学，主要表现于学术报刊文章著述之中。”① 这些区分都只是就它们的理论表达形式和功用来说的，而在深层，它们又都受着共同的哲学观念的支配，是这个哲学观念的外在形式。

规定之二，哲学观念是认识论的因素，讲的是哲学的思维方式。高先生认为，哲学的思维方式也就是我们通常所说的哲学的世界观，“属于哲学理论的内在逻辑，表现着哲学对待事物的方式、理解事物的模式、处理事物的方法。思维方式是无形的，它却像‘灵魂’一样贯彻并支配着哲学的整个内容，哲学中那些原理、观点、范畴不过是它表现于外的具体形式。”② 高先生这里讲的思维方式类似于阿尔都塞的“总问题”，也就是说，哲学观念不是具体的理论和具体思维方法，而是支配和决定各种具体理论和具体思维方法的东西，是决定一定哲学的性质，主导其发展方向的东西，因而，它也是逻辑的、具有必然性的存在。

通过对哲学观念的规定，高先生揭示了中国马克思主义哲学的内在结构，从而也明确了中国马克思主义哲学变革和发展的实质。在他看来，谈中国马克思主义哲学的变革，不能讲它的外在形式的改变，也不能把随意地添加几个新名词、新理论，或随意地抛弃几个旧名词、旧理论称之为变革，同样，讲马克思主义哲学的发展，也“不应当把任何与传统认识有所不同的认识，都说成是对马克思主义哲学理论的新发展”，因为“发展马克思主义哲学是一桩严肃的科学事业”③，它的严肃性就在于，需要深入到马克思主义哲学的观念层面上，通过认真细致的研究，改变其内在原则、观点、方法和思维方式，建立新的哲学的内在原则、观点、方法和思维方式，增加理论的解释力，使其既能够解答新出现的问题，又能解释原有的理论。这就是马克思主义哲学的自我变革。这样，高老师就拂去了中

---

① 高清海：《走哲学创新之路——十年哲学思想自述（1980—1990 年）》，《高清海哲学文存》第 1 卷，吉林人民出版社 1997 年版，第 322 页。

② 高清海：《哲学思维方式的历史性转变——论马克思〈提纲〉和〈形态〉哲学变革的实质》，《高清海哲学文存》第 1 卷，吉林人民出版社 1997 年版，第 82 页。

③ 高清海：《哲学生命的基础》，《高清海哲学文存》第 1 卷，吉林人民出版社 1997 年版，第 5 页。

国马克思主义哲学的外在形式，洞悉到中国马克思主义哲学结构的深层，揭示了中国马克思主义哲学变革和发展的真谛。如果把握了这一观点，就能够理解他所说的"理解创新的哲学，实质上是意味着理解者的观念的转变，而这恰好和他的理解相悖，他如果没有理解，他的观念也难以转变"这句话的深刻内涵了。

在我看来，高先生对哲学观念及其变革的这一规定，具有两重意义：其一，确立了一种历史主义的哲学变革观。在我国，有些学者一谈到马克思主义哲学变革，就对以往的马克思主义哲学持全盘否定的态度，而不能历史地看待以往马克思主义哲学理论，否认它在一定时代存在的合理性，这是一种虚无主义的哲学变革观。这种观点对于中国马克思主义哲学的变革和发展是极其有害的。其二，找到了中国马克思主义哲学变革的症结点，这就是，从人们熟知的马克思主义哲学的概念和思维方式出发，通过对这些概念的重新阐释和思维方式的变革，建构马克思主义哲学新的时代观念，从而实现中国马克思主义哲学的自我革新。高先生正是抓住了这一症结点，以马克思的实践观为文本，紧密地联系中国改革开放的实际，对中国马克思主义哲学观念的变革问题进行了深入的研究，创造了他的富有个性特征的马克思主义哲学。

二　理论与实践关系的重新阐释

20世纪80年代，中国马克思主义哲学变革的起点是批评传统的马克思主义哲学的原理教科书。这是因为中国学术界普遍认为，传统的马克思主义哲学原理教科书把马克思主义哲学变成了公式，变成了一成不变的教条，使马克思主义哲学严重地脱离了中国的现实，而变得僵化，因此，要使马克思主义哲学发挥其辩证法的功能，走进中国的现实，就必须走出传统的马克思主义哲学的原理教科书体系。这一看法是完全正确的。但有了正确的看法，并不等于问题就自然而然地解决了。要切实地解决这个问题，还必须进到问题中去，指出传统的马克思主义哲学教科书中在什么地方、在哪一条原理上出了问题，从而使马克思主义哲学变得僵化。对此，高先生的回答是：在理解和说明"理论与实践关系"上出了问题，我们知道，把理论与实践相结合，正确处理理论与实践的关系，是马克思主义哲学的基本原则，对这个原则的理解和说明，将直接影响到对整个马克思主义哲学的理解和说明；如果对这个原理的理解和说明出了问题，那么，我们对马克思主义哲学的整个理解也必然会出问题，而传统的马克思主义哲学原理教科书恰恰就在于理解和说明这条原理上出了问题。从这一观点出发，高先生把重新阐释理论与实践的关系作为中国马克思主义哲学观念变革的首要问题。他说："倡导哲学要研究现实问题并非自今日始，马克思主义哲学要创新、要发展也已议论许多年了。回顾这些年来的状况，不能不承认，哲学与时代、哲学与实践的关系这一问题并未得到很好的解决，因而马克思主义哲学的发展也不能不受到影响。"①

高先生认为，在理论与实践的关系的理解和说明上，传统的马克思主义哲学原理教科书的错误在于，把"理论来源于实践，转过来又能指导实践"② 这一公式当作马克思主义哲学的出发点，力图用这个公式来解答马克思主义哲学所有的原理，解决实践中不断出现的新问题。这并不是说这个公式不对，而是因为这个公式是"我们经过抽象以后所达到的关于它们之间本质关系的认识"③，它是抽象的、理论的表述，而不是现实的、实际的过程；抽象的、理论表述的东西只能作为叙述思想的逻辑起点，却不能作为研究现实问题的原则。我们以往的马克思主义哲学的所有问题就出在把这个作为叙述的逻辑起点的原则，当成了研究的原则，运用于对现实问题的研究。这就形成了这样一种哲学观念：把马克思主义哲学的基本原理看成是普遍适用的，"无论实践和科学在它们的发展中提出何种问题、何种认识，都早已蕴含在这些普遍原理之中，都可以从它里面演绎出现成的答案"，"按照这种认识，马克思主义哲学的普遍原理就像'如来佛'的手掌，大千世界已尽收其中，实践和科学的发展最多只能为它提供几个新鲜的例证，马克思主义哲学也就很难用实践和科学提供的新的原理、新的范畴、思想，新的认识补充和丰富自己的内容了。"④ 在这里，不是理论面向实践，而是实践面向理论。这样一种哲学当然不可能有生命力，而只能走向僵化，变成束缚人们思想的教条。

---

① 高清海：《哲学生命的基础》，《高清海哲学文存》第1卷，吉林人民出版社1997年版，第4页。

② 同上。

③ 同上。

④ 同上书，第4—5页。

针对这一问题，高先生对理论与实践的关系进行了重新阐释，提出了另一种理论与实践关系的说明方式，这就是，把理论与实践的关系看作是一个现实的矛盾统一体，这个统一体因其内在的矛盾运动而不断向前发展。高先生指出："在现实中，理论与实践的关系表现在无数矛盾关系之中，也只有通过不断克服各种矛盾才能使它们统一起来"①，这个过程是不会完结的，"理论与实践的矛盾在一种条件下被解决了，达到了统一，随之又会产生另一条件下的矛盾，又需要使二者重新统一。在不同的条件下，矛盾的内容和形式有所不同，矛盾则总是存在的。所以我们不能企望一劳永逸地解决这一矛盾。但是，这也不等于这一矛盾不能解决，无须去解决，或者可以不必去认真对待。理论虽然永远不能摆脱与实践的矛盾，却又必须不断地解决这一矛盾。这一矛盾的内容的不断更新——不断解决又不断产生——正是哲学生命的基础；矛盾内容更新的过程，也就是哲学不断发展的过程"②。这样一来，实践就真正成为理论的实现基础，成为理论的生命之源。

通过这一分析，高先生区分了马克思主义哲学内部存在着的两种哲学观念：一种是在逻辑层面上理解和运用理论与实践的关系，从而构造了科学主义的哲学观念；一种是在现实的具体的层面上理解和运用理论与实践的关系，从而构造了历史主义的哲学观念。在科学主义的哲学观念主导下，产生的是实证的马克思主义哲学传统；在历史主义的哲学观念主导下，产生的是批判的马克思主义哲学传统。在马克思主义哲学史上，最早揭示这两种哲学传统对立的是柯尔施。柯尔施在批判第二国际的经济决定论和苏联的马克思主义哲学时，提出了理论和实践的总体性原则，强调任何理论都包含着特定的实践内容，因而，马克思主义哲学是具体的，它的每一个原理都有与其相应的特殊内容。③ 同样，霍克海默建立批判的社会理论，也是以阐发理论和实践统一的原则为出发点的。他认为，传统理论有两个特点：一是以自然科学的演绎或归纳方法为其逻辑结构；二是把理论和实践对立起来，把理论看作普遍，实践当作个别，以理论解释个别、

① 高清海：《哲学生命的基础》，《高清海哲学文存》第1卷，吉林人民出版社1997年版，第4页。

② 同上书，第7—8页。

③ 对柯尔施这一观点的详细分析，请见何萍《20世纪马克思主义哲学中的两种传统——从20世纪初的一场马克思主义哲学论争谈起》，《哲学研究》2003年第8期。

不断地把个别纳入到普遍之中。与传统理论不同，现代哲学坚持的是辩证的逻辑结构，这种结构是建立在理论和实践统一的哲学观念之上的；根据这种哲学观念，理论和实践的关系实质上是一种接受和批判的关系。他把对理论和实践关系的这种说明作为法兰克福学派批判理论的原则，强调是否把实践纳入理论的创造活动，是否把理论活动看作是社会生活中的一个有机组成部分，是批判理论与传统理论的根本区别。① 正是从对理论和实践关系的重新阐释中，柯尔施和霍克海默创造了西方马克思主义的批判的哲学传统，从而带来了西方世界马克思主义哲学的自我革新。联系西方世界马克思主义哲学的革新之路，笔者认为，重新阐释理论和实践的关系，是马克思主义哲学观念变革的必要一环，而且是最为重要的一环；高先生把重新阐释理论与实践的关系作为中国马克思主义哲学观念变革的起点，的确是抓住了这个最重要的环节，虽然这一工作在时间上比西方马克思主义的起步晚了半个世纪，但它毕竟开启了中国马克思主义哲学变革的历程，是中国马克思主义学者自我反思的成果，有着鲜明的中国特点和中国气派。

三　说明哲学思维方式变革的学术理路

哲学思维方式的变革，是高先生最为重视，也是谈得最多的问题。在这个问题上，高先生的基本观点是：哲学观念的变革最根本的是哲学思维方式的变革，而马克思主义哲学观念变革的实质，就是从传统的本体论化的思维方式转变为实践的思维方式。笔者认为，今天我们研究高先生的这一基本思想，不应该只是复述他的具体观点，而应该把它置于哲学观念变革的场域中，去理解这一基本思想的实质以及从中表达出来的当今中国马克思主义哲学的特点。

高先生在他的哲学思想自述中，曾经回顾了他的思想发展过程。他说："回顾十年来的工作，就理论方面说，我主要开展了三项研究：①突破僵化模式，改革教科书的哲学体系；②克服'本体论化'倾向，重新

① 对于霍克海默这一思想的详细分析，请见何萍《马克思主义哲学史教程》下卷，人民出版社 2009 年版，第 686—691 页。

理解马克思主义哲学思想的实质；③体现时代精神，变革哲学观念，推进哲学理论进一步发展。……这三项研究是紧密连接在一起的，或者说它们实质上是一个问题。改革教科书的哲学体系是一个突破口，一旦动手改革深入进去，就不能不碰到旧教科书存在的本体论化倾向问题，不能不提出对马克思哲学思想实质的重新理解问题。而这些问题的解决，又必然会引向观念的重大变革和哲学理论的进一步发展。"[①] 对于高先生的这一回顾，笔者认为，可以从历史和逻辑两个方面来理解：从历史的方面看，它表达了高先生的实际思想进程，他所说的三项工作，是历史地发生的，这一过程与中国马克思主义哲学变革的思想历程是紧密联系在一起的，反映了中国马克思主义哲学在20世纪80—90年代的变化；从逻辑的方面看，它呈现了高先生思考中国马克思主义哲学观念变革逻辑进路。这一逻辑进路的起端是对理论与实践关系的探讨，在这里，高先生反对抽象地说明理论和实践的关系，要求现实地说明理论和实践的关系，使理论和实践的关系现实化、具体化。但是，这一研究并没有完结：对于哲学来说，现实的具体本身就是批判的反思的对象，哲学如果不批判地反思这个对象，不把现实的具体上升为哲学的范畴，不能从理论上说明现实的具体，那么，也就不可能形成具体的哲学观念，哲学也就不可能实现从抽象到具体的变革。现代哲学对近代哲学的变革，是通过研究生活世界这个现实的具体而实现的。同样，20世纪以来的马克思主义哲学也是围绕着如何说明具体，如何建立具体的辩证法而展开的。[②] 高先生对哲学变革观念的研究也是如此。他提出实践的思维方式，就是把现实的理论和实践关系作为现实的具体，并把其中的实践作为批判地反思的核心内容。于是，作为现实的具体的实践，就成了实践思维方式的起点，而高先生的实践思维方式就是对这个现实的具体的抽象，他的哲学观念变革的思想也都熔铸于其中了。从这个角度看，高先生提出实践思维方式本身就已经在构建新的哲学观念了。因此，从中国马克思主义哲学新观念的建构来阐释高先生的实践思维方式，是可以成立的。

应该承认，对现实的具体的实践进行抽象的理论研究，是传统的马克

① 高清海：《走哲学创新之路——十年哲学思想自述（1980—1990年）》，《高清海哲学文存》第1卷，吉林人民出版社1997年版，第312页。

② 关于马克思主义哲学研究"具体"的评论，请见何萍《马克思主义哲学史教程》下卷，人民出版社2009年版，第622—626、675—678页。

思主义哲学原理教科书中漏掉的一环。传统的马克思主义哲学原理教科书也强调实践，但这里的实践只是经验的存在，而不是理论本身，所以，在传统的马克思主义哲学原理教科书中，实践可以成为理论的来源，可以作为检验真理的标准，却不可以成为哲学的本根，不可能成为马克思主义哲学叙述的逻辑起点。既然如此，那么，能够成为逻辑起点的，就只有物质概念了。可见，传统的马克思主义哲学原理教科书走向物质本体论，陷入具有强烈的科学主义思维特征的近代哲学，其中最主要的原因，还是没有对实践这个概念进行哲学理论本身的研究，尤其是没有对马克思的实践概念进行理论的研究。在20世纪的马克思主义哲学中，真正对马克思的实践概念进行认真、严肃的哲学理论研究的第一人，是葛兰西。葛兰西的“人人都是哲学家”[①] 的定义，讲的就是实践的理论意义，当他把这一概念作为马克思主义哲学的出发点时，就创立了实践哲学。[②] 高先生的实践思维方式也是对实践的理论阐发。与葛兰西一样，高先生也是力图把马克思的实践概念置于现代哲学的视野之下，强调马克思的实践概念是对人的主体性、人的生活世界的哲学反思。但是，在思想的维度上，高先生又不同于葛兰西。葛兰西是从政治哲学的维度研究马克思的实践概念，因此，他强调实践与政治之间的紧密联系，甚至把政治作为实践概念中的一个要素，从这一观点出发，他论证了实践的本体意义，提出了文化领导权的概念，从而建构了马克思主义的意识形态理论。而高先生则是从认识论的维度研究马克思的实践概念，所以，他既反对把实践概念本体论化，又反对把实践概念与政治联系在一起。

在反对把实践概念本体论化时，高先生把是否将实践本体论化作为判定现代哲学与近代哲学、马克思主义哲学与非马克思主义哲学的标准。他说：“所谓实践唯物论和实践本体论，二者共同的基本思想，都是要‘赋予实践以本体论的意义’，‘把实践引进本体论，并把它提升到世界本原的行列中去’。这个想法的意思是好的，而且看来也顺理成章。如果不把实践局限于认识论范围，要使它进入历史观和世界观领域并且成为最高范畴，那就不能不把它理解为历史和世界的‘本体’。上述两个名称就是来源于此。但在我看来，这样却恰好落进了造成旧理论之所以不能把实践观

① 葛兰西：《狱中札记》，曹雷雨、姜丽、张跣译，中国社会出版社2000年版，第232页。

② 详见何萍《马克思主义哲学史教程》下卷，人民出版社2009年版，第530—560页。

点引进世界观并贯彻到哲学全部内容中去的那个困境。……在我看来，用本体论的思维模式去理解实践，即通过‘赋予实践以本体论意义’的方法，是不可能提高实践的地位，使它成为世界观的基本范畴的。只有打破本体论的思维模式，才能做到这点。而且笔者认为，提出实践观的最根本的意义，恰恰就在于打破并根本改变了本体论的这种根深蒂固的传统哲学思考方式，所以，笔者是从思维方式的变革去理解并论述马克思提出的实践概念的意义、马克思主义哲学的理论实质的。”① 笔者认为，高先生反对把实践本体论化，固然是出于避免马克思主义哲学再度陷入传统的马克思主义哲学原理教科书的困境的考虑，但在深层上还有一个中国马克思主义哲学传统的继承和变革的问题。

在马克思主义哲学传入中国之初，中国的马克思主义哲学的确是大讲物质本体论，但是，这些都只限于介绍性著作和大众化读物中，如当时翻译出版的苏联30年代的马克思主义哲学教科书、艾思奇的《大众哲学》等，而在属于中国人自己创造的马克思主义哲学形态中，则是把实践唯物论当作认识论置于马克思主义哲学第一的位置。李达在《社会学大纲》中明确地提出："唯物辩证法，当作哲学的科学看，原是认识论，它的更近的具体化，是唯物辩证法的历史观和自然观。反起来说，当作认识论看的唯物辩证法的内容，又是唯物辩证法的历史观与自然观之普遍化的概括。"② 这就把认识论当作唯物辩证法的本质规定，而历史观和自然观不过是认识论的具体形态。进而，他又说明了实践的认识论的意义和地位："实践，比较认识是高级的东西。关于客观世界及其过程的认识，虽然阐明客观世界的历史的发展的法则和倾向，而这种认识的正确与否，只有实践才能给予最后的证明，只有实践才能把握对象之历史的具体性。但实践与认识是不可分离地统一着。实践是认识的基础，认识是实践的动因。实践不但证明认识的真理性，并且依据认识的真理性，而积极地变革客观世界。所以关于客观世界的认识，是采取如下的过程，即‘实践→直接的具体→抽象的思维→媒介的具体→实践’——这是采取圆形运动而发展的。"③ 在这里，李达明确地把实践唯物论归于辩证唯物主义的认识论，

① 高清海：《再论实践观点的思维方式本质》，《高清海哲学文存》第1卷，吉林人民出版社1997年版，第130—132页。

② 李达：《社会学大纲》，《李达文集》第2卷，人民出版社1978年版，第61页。

③ 同上书，第266页。

这种认识论并不与本体论合一，而是解释、规定本体性质的。这就形成了中国马克思主义哲学的基本构架：

　　　　　　　　　　　　　↗自然观
实践 → 认识论 → 本体论
　　　　　　　　　　　　　↘历史观

后来，毛泽东在《实践论》中专门论述了实践唯物论之认识论的内容。在《矛盾论》中，毛泽东把《实践论》的认识论进一步扩展到对辩证法的研究之中，对宇宙观作了认识论的规定。他说："在人类的认识史中，从来就有关于宇宙发展法则的两种见解，一种是形而上学的见解，一种是辩证法的见解，形成了互相对立的两种宇宙观。"① 进入 60 年代后，毛泽东写了《人的正确思想是从哪里来的?》，把《实践论》的认识论具体化到对物质和精神关系的说明上。他说："一个正确的认识，往往需要经过由物质到精神，由精神到物质，即由实践到认识，由认识到实践这样多次的反复，才能够完成。这就是马克思主义的认识论，就是辩证唯物论的认识论。"② 1964 年，毛泽东在一次关于哲学问题的谈话中明确地提出了"哲学就是认识论"③ 的著名命题，把整个哲学都归结为认识论。从 20 世纪 30 年代论述实践的认识论到 60 年代把全部哲学都归于认识论，毛泽东完成了中国马克思主义哲学研究范式的建构，体现了中国马克思主义哲学的理论特色。毛泽东的这一研究范式并没有完全地运用于当时的马克思主义哲学的原理教科书中，因为当时的马克思主义哲学原理教科书是从物质的存在论讲起的，它主要沿袭了苏联人编写的马克思主义哲学教科书体系，与毛泽东从实践的认识论开始讲马克思主义哲学是有区别的。这一区别表明，在中国，马克思主义哲学实际上存在着两种不同的研究范式，一种是马克思主义哲学原理教科书体系的研究范式，一种是以毛泽东思想为核心的实践唯物论的研究范式。前一种研究范式在马克思主义哲学教育的普及中起着主导作用，而后一种研究范式则在马克思主义哲学的研究中起着主导作用。高先生在论述实践思维方式时，坚决拒斥本体论化的思维方式，主张认识论化的思维方式，实际上是在批评马克思主义哲学原

① 毛泽东：《矛盾论》，《毛泽东选集》第 1 卷，人民出版社 1991 年版，第 300 页。

② 毛泽东：《人的正确思想是从哪里来的?》，《毛泽东文集》第 8 卷，人民出版社 1999 年版，第 321 页。

③ 毛泽东：《关于人的认识问题》，《毛泽东文集》第 8 卷，人民出版社 1999 年版，第 390 页。

理教科书的同时，继承了以毛泽东思想为核心的实践唯物论的研究范式。当然，高先生的实践思维方式与毛泽东所讲的实践的认识论又有不同。毛泽东讲的实践的认识论带有强烈的科学主义的特点，而高先生讲的实践思维方式则带有强烈的人文主义的特点。从这一方面看，高先生提出实践思维方式的全部意义在于：把中国马克思主义哲学的带有科学主义特点的认识论研究范式转变成带有强烈的人文主义特点的认识论研究范式。由此可见，高先生提出实践的思维方式，是接着中国马克思主义哲学的传统讲，它所体现的是中国马克思主义哲学研究范式的内在转化。

高先生反对把实践概念与政治联系在一起，是基于他对中国理论和实践困境的思考。1949 年中华人民共和国成立，中国共产党成为执政党，马克思主义也随之从中国共产党的指导思想上升为国家的意识形态。从这时起，马克思主义哲学与政治、与意识形态的关系就成为马克思主义哲学的一个重大的理论问题。作为国家的意识形态，马克思主义哲学无疑要执行意识形态的功能，但是，执行意识形态的功能是否是马克思主义哲学的全部呢？马克思主义哲学是否还有自身的理论创造工作呢？如果有，那么，马克思主义哲学的理论创造与它执行意识形态功能之间又是什么关系呢？在改革开放以前，学术界很少从理论上提出和思考这一问题，只是在实际上默认两者的同一，并把马克思主义哲学是否为政治、为意识形态服务，作为检验理论是否与实践相结合的唯一标准，而忽视了马克思主义哲学理论创造的相对独立性及其价值。结果，马克思主义哲学的研究出现了一种怪现象：马克思主义哲学界只要开始学术问题的讨论，就会受到理论不联系实际的指责，而从来就没有人去指责实践，不去检验实践的合理性。这样一种现象极大地阻碍了马克思主义哲学的学术研究，而马克思主义哲学一旦丧失了自己的学术性，当然也就不可能有效地服务于国家的意识形态了。改革开放之后，中国的马克思主义者在检讨中国理论和实践的失误中，开始反思马克思主义哲学与政治、与意识形态的关系问题，力图在马克思主义哲学与政治、与意识形态之间作出一个相对的区分，以便给马克思主义哲学的学术研究留出一定的空间。所以，在他们的研究中，更多地谈马克思主义哲学与政治的区分，而避谈马克思主义哲学与政治的联系。高先生也是如此。他在反思中国马克思主义哲学的理论困境和中国实践的困境时，反复强调，中国马克思主义哲学理论的问题，在很大程度上，是由于没有正确地处理哲学和政治的关系造成的。他所说的没有正确地处理哲学和政治的关系，是指那种把马克思主义哲学变成政治的附庸，只要求理论联系实际，而不要求实际走向理论，从而否定了理论的相对独立性和能动性的现象。他把这种现象描述为："用政治手段指挥理论工作，依政治需要限定学术研究，把发展理论局限于少数个人的狭小圈子，要求理论必须同当下实践意志一致，不能发生碰撞，理论落后往往归咎于理论家脱离实践而很少责备实践家脱离理论等等。"① 高先生提出实践的思维方式，就是要改变马克思主义哲学与实践的这种状况，校正马克思主义哲学与政治的关系，所以，他坚决反对把实践概念与政治联系在一起，而强调实践概念的理论自主性，强调"理论的问题应该由全民族的理论力量来解决"②。从这一观点出发，高先生批评了人们对生产力标准的庸俗化解释。他说："从实践标准到生产力标准，应该说理论上是有重大突破的，这些理论对于推动改革工作也起到了巨大的作用。但也毋庸讳言，就我们改革工作的具体指导思想来说，并未广泛动员理论研究的力量、充分发挥理论探索的功能，在实际工作中并未根本改变'无头脑状态'。这里也存在一个对待'理论'的态度和理解的问题。人们往往把'生产力标准'仅仅归结为'经济标准'，甚至干脆变成'产值'标准、'利润'标准、'金钱'标准，以为只要'赚钱'就是达到了目的。这里表现了，许多人并未完全脱离过去那种对待理论泛政治化和实用化的态度、观点和方法。"③ 在高先生看来，对生产力标准做这样一种庸俗化的理解，势必给中国市场经济的发展带来许多的负面效应，因此，实践思维方式的任务，就是批判地反思中国的市场经济，确立人和社会发展的目标，反对"把生产力的发展归结为经济指标，变成衡量工作的总目标"④。可见，高先生反对把实践概念与政治联系在一起，是出于对中国当下的理论和实践问题的思考，在理论上，是接着"生产力标准"的理论讨论讲。由此决定了，他不可能像葛兰西那样去强调实践概念与政治的联系。笔者认为，正是在这一点上，他的实践思维方式充分地体现了中国马克思主义哲学的时代性特征。

① 高清海：《理论的命运与中国的命运》，《高清海哲学文存》第1卷，吉林人民出版社1997年版，第75—76页。

② 同上书，第75页。

③ 同上书，第74页。

④ 同上书，第74—75页。

四　市场经济的反思与“具体的人”的观念的建构

高先生提出实践思维方式的一个核心思想，是要确立人在马克思主义哲学中的地位。他所说的“人”，不是人道主义观念下的抽象的“人”，而是建立在市场经济之上的“具体的人”。因此，他在说明“具体的人”时，虽然也阐发了马克思有关人的个体活动的思想，但更主要的，还是对中国市场经济条件下的应有的人的规定，因而既具有现实性，也具有哲学的批判性。

在上面，我已经提出，高先生的实践思维方式是接着“生产力标准”的理论讨论讲。理解这一点，相当重要。我们可以回顾一下 20 世纪 80 年代中国学术界开展的三场大的理论讨论：第一场是著名的实践是检验真理标准的大讨论；第二场是认识主体性的讨论；第三场是关于人道主义的讨论。在这三次理论大讨论中，第一场理论大讨论开启了中国思想的新启蒙，其政治意义大于学术意义，后两场理论大讨论则是第一场理论大讨论在学术上的拓展，两者从不同的视角指向了人和人的实践问题：认识主体性的讨论从反思原有的反映论的认识论入手，提出了人的认识的本质是创造、认识与价值的关系的思想，凸显了人在哲学中的地位，从而突破了“哲学就是认识论”的思维框架，深入到对历史观和本体论的重新研究，这些都为全面地检讨马克思主义哲学原理教科书的问题作了理论上的准备；人道主义的讨论从批判人的异化现象入手，阐发了马克思的实践概念，提出了实践是人的存在方式的观点。经过这两场理论大讨论，中国马克思主义哲学的研究整个地转向了对人的问题的研究。但是，认识主体性的讨论和人道主义的讨论都是针对过去的哲学，重点在于检讨过去，并没有对中国未来经济发展方向进行哲学的反思，这就使人的问题的研究变得抽象起来，而缺乏现实性和未来的预见性。“生产力标准”的讨论恰好弥补了这一不足。“生产力标准”的讨论针对的是中国经济领域的改革开放，这场讨论的全部意义是结束了中国学术界陷入纯抽象理论研究的局面，促使中国学术界开始了对中国当下和未来的探索。我强调高先生的实践思维方式是接着“生产力标准”的讨论讲，就是要明确高先生建构实践思维方式的现实基础，说明高先生的实践思维方式中的“具体的人”究竟是什么样的人，这一说明对于我们今天思考中国市场社会的建设、中国现代文化的建设具有哪些意义。

为了说明“具体的人”，高先生从“生产力标准”的讨论进到了对中国市场经济下的人的思考。他强调：“市场经济作为人类社会发展不可逾越的历史阶段，对人类具有多重意义和作用。从人的生成和发展这一历史视野来看，市场经济的根本意义在于促进普遍的独立个人的生成。社会的发展归根结底是人的发展，而人的发展，归根结底就是个人的发展，而只有在市场经济的条件下，个人才能获得独立的人格，形成具有自主性的独立个人。”① 这段话表达了高先生对“具体的人”的两个基本的规定：其一，“具体的人”是现实的个体；其二，“具体的人”是获得了独立的人格，具有自主性的独立个人。从哲学的观点看，前者讲的是实在的人，后者讲的是应有的人。高先生就是在实在的人和应有的人的张力中说明了“具体的人”的形成、成长及未来前景。

高先生以马克思《1844年经济学哲学手稿》中有关人的异化及其实现的思想为根据，阐明了应有的人的品格及其形成的条件。他说：“独立的个人，是具有自立（能力）、自主（性质）、自律（意志）和自由（状态）性质即独立人格的个人，也就是充分社会化了的人。”② 在这里，“充分社会化”既是应有的人的品格，也是应有的人的实现条件。前者讲的是市场经济对应有的人的品格的要求和规定，后者讲的是应有的人的实现的问题。

在讲到市场经济对应有的人的品格的要求和规定时，高先生首先分析市场经济的性质。他指出：“市场经济也就是市场化的商品经济”，“是在高度分工基础上形成的独立个人之间一种社会化的交往形式和联系方式。”③ 社会化的交往形式和联系方式是对自然经济非社会化的交往形式和联系方式的否定，它把人从人与人的自然联系中解放出来，把人与人之间的关系变成一种社会的联系，从而为人摆脱人自身依附关系，获得个体独立和人格平等提供了可能性。在这个意义上，应该说，市场经济的发展

① 高清海：《从人的生成发展看市场经济——解放个人是发展市场经济的根本》，《高清海哲学文存》第2卷，吉林人民出版社1997年版，第178页。

② 同上书，第181页。

③ 同上书，第183页。

是人的解放的必要条件，没有市场经济的发展，是根本不可能有真正的人的解放的。

在讲到应有的人的实现问题时，高先生区分了资本主义和社会主义两种不同的市场经济制度。在他看来，市场经济的发展虽然是人的解放的必要条件，但并不意味着，市场经济发展了，人就会自然而然地获得解放。在现实中，还存在着一定的经济制度对人的解放的约束问题。在历史上，市场经济出现了两种经济制度，一种是资本主义的市场经济制度，另一种是社会主义的市场经济制度。资本主义的市场经济制度强调市场活动的自发性，并把市场的自发性“制度化”①。高先生所说的市场活动的自发性，讲的是单一的经济交换活动的法则。根据这一法则，经济增长是社会发展的唯一尺度，货币交换是人与人之间联系的全部内容。高先生指出，正是这样一种自发性的经济制度，把人与人的社会关系变成了物与物的关系，使人“屈从于物的权力的支配”②，从而丧失了人的人格和人的自由。这就是资本主义市场经济条件下的实在的人。与资本主义的市场经济不同，社会主义的市场经济反对把市场的自发性制度化，而是以人的全面而自由的发展为最高目标，“发挥社会、国家的力量，通过运用法律制度、价值导向、道德约束、社会教育等手段”③ 去引导人的发展，控制市场经济的负面作用，把具有片面性质的独立个人转变成全面的、具有普遍性的独立个人。

当然，社会主义市场经济条件下的人的解放，也有一个从实在的人到应有的人的发展过程。据此，高先生考察了中国社会主义市场经济条件下的实在的人。他认为，中国的市场经济是从计划经济体制转变而来的，在计划经济体制下，中国经历了“政治的解放，经济、文化、社会等方面也发生了重大的变化，人当然也已不同”④，但是，计划经济体制下的集权只给少数人发挥才能提供了机会，而限制了大多数人发挥创造才能。这种条件下的人的解放，还根本谈不上个人的解放。因此，中国发展社会主义市场经济，从人的解放的意义看，就是“解放个人，使每个人都能充

---

① 高清海：《从人的生成发展看市场经济——解放个人是发展市场经济的根本》，《高清海哲学文存》第2卷，吉林人民出版社1997年版，第186页。

② 同上。

③ 高清海：《市场经济与当前中国社会的发展》，《高清海哲学文存》第2卷，吉林人民出版社1997年版，第213页。

④ 高清海：《从人的生成发展看市场经济——解放个人是发展市场经济的根本》，《高清海哲学文存》第2卷，吉林人民出版社1997年版，第187—188页。

分发挥出他们的主动性和积极性、聪明才智和创造才能"①。由此，高先生得出了这一结论："在我国社会主义现阶段，解放生产力首要的就是解放个人"，"因为独立的个人是我们最为需要而又缺乏的"②，为了实现这一目标，就需要改变以往的以群体为本体的集体观念，建立以个人为本位的集体观③，而要实现这一点，就必须大力发展市场经济，为个人的发展提供充分的社会化的基础。

高先生把这些现实的内容都融于实践思维方式的说明中，从而构建了新的历史条件下的"具体的人"的观念。

五　"社会发展"观念的现代变革

在哲学观念的变革中，高先生尤其重视社会发展观念的变革。他在讲述自己重视社会发展问题的原因和研究思路时说："这些年，我一直在从事哲学体系改革和哲学观念变革的研究，按我的理解，哲学的发展就在于人的观念的变革，人应当是哲学永恒的主题。研究人就必须研究人的发展，研究人的发展就会很自然地进入对社会发展问题的思考，应该说这是哲学思考题中本有之义。"④ 在这里，高先生把社会发展问题看作是探讨哲学观念变革的题中应有之事，也是实践思维方式获得现实性的路径之一。这就要求我们把他的有关社会发展观念变革的思想纳入哲学观念变革中加以研究。

事实上，高先生把社会发展问题提升到哲学观念变革的高度来研究，是出于对当代社会发展理论的批判性思考。他认为，"二战"之后，人类社会的发展面临着各种各样的难题，如科学技术进步带来了人的全面异化、全球生态问题，在中国，市场经济的发展引发了效率和公平的关系问题、社会主义和市场经济的关系问题、市场经济对非经济活动领域的作用

① 高清海：《从人的生成发展看市场经济——解放个人是发展市场经济的根本》，《高清海哲学文存》第2卷，吉林人民出版社1997年版　第188页。

② 同上书，第187页。

③ 同上书，第190页。

④ 高清海：《关于社会发展问题的哲学沉思》，《高清海哲学文存》第2卷，吉林人民出版社1997年版，第246页。

和界限的问题，等等。对于这些问题，社会学家、经济学家、未来学家和政治学家们已经作了许许多多的探讨，提出了不同特色的社会发展理论，从而使社会发展问题成为当代最重大的理论课题。但是，这个问题不是单靠社会学、经济学、未来学和政治学这样一些具体学科的研究就能够解决的。因为社会学、经济学、未来学和政治学至多只是提出了一些具体的对策和策略，而不能透视当代社会发展困境的根本，当然也就不可能找到解决当代社会发展问题的有效路径。具体科学解决不了的问题，只能依靠哲学来解决，而哲学解决这一问题的方式，就是彻底地批判传统的社会发展观念，建构新的社会发展观念。从这一观点出发，高先生自觉地转向了对社会发展观念的研究，并把构建新的社会发展观念作为中国马克思主义哲学实现观念变革的重要内容之一。

高先生认为，构建新的社会发展观念，就是建立以人和人的发展为核心的社会发展观念。这一社会发展观念是对那种以经济增长为核心的社会发展观念的否定。但是，高先生的关注点，并不在比较这两种社会发展观念的细微差别上，而在于怎样才能够把以经济增长为核心的社会发展观念转化为以人和人的发展为核心的社会发展观念。他认为，实现这种转换的关键，是要重新阐释“社会”和“发展”这两个概念的内涵。

高先生认为，以经济增长为核心的社会发展观念是建立在对社会的这样一种理解上的：社会与人是两极之间的对立，或者把社会“简单地归并到自然一类存在中去”，或者把社会“看做具有独立性的人格实体”①。这两种理解的根本缺陷在于，没有看到现实的人和人的实践活动在社会中的地位和意义。前一种理解是以自然观来解释社会，没有看到自然与社会的区别，不懂得“社会不是自然存在的简单的延续和翻版”②，而是人的现实的创造活动的产物，由于不懂得这一点，所以，持这种观点的人常常用经典力学的物质概念来理解“社会的存在”，把社会存在解释为“社会物质”，以机械决定论和线性因果论去理解规律；后一种理解是以历史唯心主义的观点来解释社会，把社会看做是独立于人的人格实体，进而把独立于人的人格实体归于城邦、国家，于是，“社会被当做超越个人之上独

① 高清海：《“社会”观——转变“社会”实体化的传统观念，确立人为主体和主题的现代社会观念》，《高清海哲学文存》第2卷，吉林人民出版社1997年版，第293页。

② 同上书，第294页。

立存在的实体，人仅被当做从属于它的活动工具"[①]。以这两种社会观念来看社会的发展，必然把人和人的发展排除于社会发展之外，而只能看到经济的增长。因此，要克服以经济增长为核心社会发展观，建构以人和人的发展为核心的社会发展观，就要正确地看待社会与自然、社会与人的关系。在社会与自然上，高先生重新阐释了马克思的社会发展是"自然—历史过程"的观点。他认为，马克思的这一观点的前提是以人为中介，把社会看作是"实现人的活动的组织方式即作为人的存在形式而与自然发生关系的"[②]，"因而'社会'的作用就在于组织人的活动，通过社会的形式把人从自然分化出来使之成为人"[③]。这就是说，社会不是自然存在的简单延续和翻版，而是与自然的断裂，而引起这种断裂的，正是人的活动，因此，社会本质上是人的活动，是为人而存在的；社会是人的社会。进而，高先生重新解释了社会与人的关系。高先生认为，社会作为人类特有的存在形式，也有一个谁为主，谁为宾的问题，长期以来，哲学家们都把城邦、国家看作社会的主体，而把人看作社会的客体，从而把城邦、国家人格化了，而否定了个人的权利，否定了个人的价值。这种观点在社会不发达的古代是有一定的历史根据的，但是，它绝不是社会的完成了的形式，在社会的完成了的形式中，"只能以人为主体，也只有那些赋有生命的个体才是存在的实体；所谓社会，在这里不过是个体结合而成的一种关系体系，是实现个体生命活动的社会形式，也就是人这种特有生命实体的特有存在方式"[④]。以这样一种社会观念去看社会的发展，那么，只可能得到这样的结论：社会的发展本质上是人的发展。

高先生认为，在把社会的发展归于人的发展之后，还有一个如何理解发展的问题。在这个问题上，他特别强调要区分发展、运动和进化。发展不是运动，发展是人的发展，它受着社会规律的支配，而运动是物质的根本属性和存在方式，在广义上，"经常是指宇宙中发生的一切变化和过程"；在狭义上，"仅指时空形式的位置变化"[⑤]。但无论是广义上的运动，

---

① 高清海：《"社会"观——转变"社会"实体化的传统观念，确立人为主体和主题的现代社会观念》，《高清海哲学文存》第2卷，吉林人民出版社1997年版，第300页。

② 同上书，第297页。

③ 同上书，第298页。

④ 同上书，第302页。

⑤ 高清海：《"发展观"——从人的本性去理解"发展"的真义》，《高清海哲学文存》第2卷，吉林人民出版社1997年版，第317页。

还是狭义上的运动，都是受自然的因果律支配的；发展也不是进化，发展是人的有目的的活动，是人的自觉的、有意志的活动，也是中介性的活动，人的发展就是在不断地扩大中介性的活动中向更高的形态变化，而进化讲的是生物的变化过程，指的是“物种向多样性、复杂性和更加组织化方向的演化。……进化仍然属于自然的自发性运动”①。它所遵循的是自然性选择的规则，因此，与无机界的运动一样，进化也是无目的的活动。发展与运动、与进化的区别表明，发展本质上是“由‘类’本性所决定的自为运动方式。人以类为本性，类本性生成、展开的过程就是人的发展的过程，也就是发展特有的本质内容。”② 高先生这里所说的人的“类”本性的运动，包括了人的创造性和人的价值追求。从这样一种发展的观点去看社会的发展，那么，社会的发展是人的生命自我创造过程，亦是人的生命价值的自我实现的过程。这就是以人和人的活动为核心的社会发展观的真谛。

高先生认为，如果以这种以人和人的活动为核心的社会发展观取代了以经济增长为核心的社会发展观，那么，我们就能够解决中国市场经济发展中出现的三个理论问题：其一，在社会发展中，经济发展和人的发展，何者为主，何者为宾的问题；其二，人的最高需求是什么，是生活的富裕，还是生命价值的意义；其三，中国落后的根源何在？是经济、生产、技术的不发达，还是人没有现代化和观念的落后？这三个理论问题，说到底，就是要解决市场经济中的物与人的关系、经济发展与人的发展的关系问题。高先生以人和人的活动为核心的社会发展观审视了这些理论问题，强调人是社会发展的主体，人的最高需求是人的生命价值的意义，人没有现代化和观念落后是中国落后的根源。这就把人和人的活动置于了社会发展的中心地位。

从高先生对当代中国市场经济发展出现的三个理论问题的解答看，高先生提出的以人和人的活动为核心的社会发展观体现了马克思主义哲学的批判精神。但是，仅仅肯定这一点，是不够的。笔者认为，高先生通过重新阐发“社会”和“发展”观念，揭示了从以经济增长为核心的发展观向以人和人的活动为核心的发展观转化的现实路径。这一思想对于我们今

① 高清海：《“发展观”——从人的本性去理解“发展”的真义》，《高清海哲学文存》第2卷，吉林人民出版社1997年版，第318页。

② 同上书，第320页。

天思考如何践行社会主义核心价值观的问题，具有重要的方法论启示。

从重新阐释理论与实践的关系到提出实践的思维方式，再到建构“具体的人”的观念和以人和人的活动为核心的社会发展观念，高先生向我们描绘了20世纪80—90年代中国马克思主义哲学发展的主线，这就是，通过重新阐释马克思主义的实践概念，建构人的主体性的哲学，实现从科学理性向历史理性的转变。按照这一思路去考察高先生有关哲学观念变革的工作，笔者认为，高先生的这一系列探讨，从逻辑的行程上看，是从现实的具体的实践出发，进而到对实践的思维抽象，再上升到逻辑的具体层次上再现以弘扬人的主体性的实践的总体，揭示了20世纪80—90年代中国马克思主义哲学研究范式转换的内在机制；从历史的行程上看，充分地展现了中国马克思主义哲学在20世纪80—90年代自我革新的思想历程。在这一思想历程的每一个阶段，高先生都付出了艰辛的探索，留下了自己的思想足迹。正是在这个意义上，我们说，高先生是中国马克思主义哲学自我革新的探路人。

教会学生如何“研究”

——高清海先生培养研究生的经验

孙利天*

自1978年恢复研究生教育以来，我国研究生教育的整体状况得到了迅速的发展。20世纪80年代初，我国在恢复研究生招生之后，开始实行新中国自己的学位制度，有了自己培养的硕士、博士。最早被批准为研究生导师的一批学者，他们自己大都没有硕士研究生或博士研究生的学习经历，当时对国外研究生教育的情况也了解甚少，只有凭自己专业研究的经验在探索中开创我国学位研究生教育的道路。可能也正是因为经验较少、规范不多，这个时期的研究生教育最有导师个人特色，也较多地具有中国本土特色。从而给我们留下了更多的故事和传奇，留下了许多值得珍视和存留的研究生培养经验。三十年来，这些宝贵的经验历久弥新，在今日研究生培养教育的实践中，仍然具有极其重要的指导和借鉴意义。

我的博士生导师高清海先生是国务院学位委员会批准的首批博士生导师，是国务院学位委员会首届哲学学科组的成员，也是马克思主义哲学专业最早招收博士研究生的几个导师之一。至2004年去世，他先后招收了40多名博士生，有30多人获得博士学位。如今，高清海先生培养的一大批博士研究生已成为博士生导师，一些人已经是马克思主义哲学界的知名学者，先生虽逝，学脉不断，在不到30年的时间里，从高清海先生算起已有了三代博士研究生，他学生的学生也开始招收博士研究生了。在这样一个不断繁衍扩大的学术共同体中，不仅传承着高清海先生的学术思想，也传承着某种共同的学术风格和学术精神。早在1996年，高清海先生“培养高层次哲学人才”的经验曾获得国家优秀教学成果二等奖。在他辞世后，与他同辈的同行学者不仅赞佩他个人的学术成就，也羡慕他博士生

---

* 吉林大学哲学基础理论研究中心教授。

培养的教育成果。2004年高清海先生去世时，他招收的40多名博士生除一人在国外不能成行外所有学生都赶来和老师告别。时任吉林大学校长的周其凤院士就此十分感慨，他让高老师的学生们深思是什么使这个学术群体有如此之大的凝聚力？作为一个老师如何才能让学生永远铭记，永远思念？

高清海先生是一个很幽默的人，我们几个在入学前后一直在他身边工作，共事多年的老学生，常常感叹未能学到他的幽默。我们知道，幽默是一种智慧，是一种基于自信而敢于反讽自己的人格力量。高老师在招收博士研究生后，多次坦言自己没读过博士，也不知道应该怎样培养博士，只有靠师生共同努力。在80年代曾有全民经商的热潮，校园里流行着"傻教授"、"傻博士"，高老师曾自嘲说教"傻博士"的"傻教授"，是傻的平方。但他告诫自己的学生，做哲学研究就得有坐住冷板凳的傻气，"聪明人很难做好学问"。他常说自己是个笨人，得下笨功夫，做哲学要"笨想"。高清海先生的刻苦治学感染着他的每个学生。他到70岁后每天写作时间仍超过八小时，学生们和师母担心过于劳累会损害他的健康，经常劝他多休息，他总说自己不累。到2002年查出身患癌症之后，只要体力尚可支持，他仍坚持写作。中国古代教育思想倡导"言传身教"、"身体力行"。教会研究生做学术研究，使研究生具备独立从事研究的能力，研究生导师的作用可能首先是通过自己刻苦研究的示范，把学生带入研究工作中的热情、执着和坚持的精神氛围。

高清海先生招收博士研究生时已年过五十，已到了洗尽铅华、尽显本色的学术境界，他平时授课为文务求晓畅明白，禁忌浮华，少有警句格言式的表述。但他说过也写过的一句话是"治学为人，其道一也"。他在谈自己的治学体会时，也强调从事哲学研究要有坚持真理的勇气，要有全局在握的博大胸怀，要有对国家民族命运的深切关怀。初学哲学，研究生们还是把哲学作为工具性的知识，很少感到做学问和做人有什么关系。随着和高老师学习日久，也随着研究的逐渐深入，我们越来越多地知道了他的学术经历，也越来越深刻地感受到他的人格力量。但只是到我们自己也已年过五十、弟子成群的时候，才更深切地体验到他所强调的这句话所具有的广袤深邃的内涵。高老师自述从青年时期受刘丹岩教授的影响，较早地摆脱了教条主义的影响，开始了符合哲学本性的独立思考和自由研究。1957年他在《东北人民大学学报》第1期上发表了《论辩证唯物主义与历史唯物主义的关系》一文，在我国首次对苏联模式的哲学原理教科书体系提出质疑和批评，因此在 1959 年他受到批判。但从 1982 年开始，他带领吉林大学哲学群体主编《马克思主义哲学基础》，继续对哲学原理教科书体系进行改革，并由此而获得了国内外哲学界的高度评价。此后高老师大胆进行哲学观念变革和哲学理论创新的尝试，成为马克思主义哲学界最有争议也最有影响的哲学家。高老师深知自己的一些理论观点未必正确，他也经常自己否定自己，他的几篇颇有争议的论文在发表前曾认真征求学生们的意见。这一切都是为了追求真理，为了以理论的方式推进我国的社会主义改革和现代化建设。

研究生导师自觉地教书育人，注意引导和培养学生人格的健康成长。学生们有机会和导师长期接触，耳濡目染，潜移默化地受到导师人格魅力的影响，这使我国早期的研究生教育洋溢着古典教育的情趣和特质，仿佛古希腊的学园和中国古代书院的回归。大约从 1985 年开始，高清海先生早期招收的几个博士生就定期在老师家里进行学术讨论，如无特殊事情，大致是每周一个半天，一直持续了近 10 年，后来因为学生多了，只好把讨论场所转到教室。在高老师家学习讨论的日子是我们最怀念的幸福时光。每人一杯清茶，茶叶是老师供给的。大家舒服地依靠在沙发上，高老师自己坐在他的皮椅上，脸上是宁静、慈爱、幸福的表情。这种温馨亲切的氛围使我们讨论的枯燥、艰深的哲学问题似乎也柔软、温润了许多。高老师通常是拿着一本备课笔记认真记录，虚心得像个小学生。偶尔某句话没听清，他几乎不抬头而是从老花镜上方用疑惑探询的目光望着我们，这是老师在我们心中定格的、永恒的形象。讨论结束后，有时也在高老师家吃饭，大家一起下厨，餐具和座位都是凑起来的。亲密的家庭氛围使师生的情感密切地系在一起，喜怒哀乐、共损共荣。由亲密而知心，由知心而知人。高老师对学生们的长处、缺点了然于胸，指导、批评恰到好处。高老师对学生们的指导已远远超出学问、学术的领域，从工作到家庭生活，高老师都努力给学生们以帮助。而在他执教 50 年的庆典上，他却满怀深情地说庆幸自己有一帮好学生，感谢学生们对他的照顾和帮助。施恩而不望回报，受恩点滴而报以涌泉，这就是我们中国人的美德吧。如此可亲可敬的师长怎么能不让学生们永远留恋在他的身边！

和高老师一起出差开会，是研究生们热切渴望的机会，执子之手，与子偕游，在青山绿水之中感受大地的馈赠，体悟造化的神奇，展开哲学的想象。我曾有幸与老师一起泛舟在太湖上，漫步在秦淮河边，携手在长白山顶，畅游在鸭绿江中。在老师身边，我们少有敬畏，多些平常。高老师喜欢喝酒、摄影，遍尝各地小吃，他对新鲜的东西总是有浓厚的兴趣，到晚年他学会用电脑写作，九卷本200多万字的《高清海哲学文存》都是他自己在键盘上打出的。记得在80年代末的一个清晨，我们在外地开会，高老师和几个学生到住地附近的一条大河洗漱。河水清澈见底，近处青山苍翠，有学生想起孔子"仁者乐山，智者乐水"的话，大家即开始讨论仁与山、智与水的关系。有人说山厚德载物，蓄养万物，有生生之德，故为仁；水清澈明净，活泼流动，可以隐喻思维和智慧的灵动和澄明，故为智者所乐。大家都没有文本的根据，只是臆测和猜想，高老师微笑着说意思应该差不多。孔门弟子也有"浴乎沂"、"咏而归"的生活理想，披着霞光和晨风，带着洗漱后的清新和智慧的欢乐，环绕在老师身边，这是我们永难忘怀的幸福时光。这不是有意设计的生活场景，自然、自在、自由的清晨洗漱，强化我们对自然和智慧的热爱，净化着我们的心灵。

哲学学习和哲学研究绝不总是像和老师出游一样轻松和欢乐，每个博士生通过论文答辩都有经过炼狱的感觉。如何能在有两千多年历史、有无数人类最优秀的头脑苦思冥想的成果基础上，说出一点个人的体会、心得或新意，这是每篇哲学博士学位论文的难点和难关。高老师对每位新入学的博士生的第一个要求都是转变思维方式，即从我们熟悉的日常思维、我们受过一定训练的科学思维和我们已经接受的某种僵化的哲学思维中跳出来，进入符合哲学本性的思维方式中。德国哲学家海德格尔称这是惊险的一跳，是重新开拓思想的方向和视轨，他自称自己实现了思想的移居。思维方式变革是最重要的哲学事情，实现这一变革是最艰难的思想事业。我们随着学习的深入，越来越意识到就算终生努力也未必能完全做到。高清海先生在与学生学习讨论的时候，经常要求学生要"笨想"，让学生抛开哲学文本，用自己的语言把事情说清楚。这实际是要把各种经典著作的观点、思想化为自己的思想，在自己的立场和思路中澄清问题本身。阅读、思考和写作，是哲学思想的实验。无数次高老师家里的学术讨论，是老师领着我们在做思想实验，一次次实验失败，我们出乖露丑，面对质疑和反驳无言以对。但也有成功的时候，对一个哲学观点的澄清，令人耳目一新、豁然开朗，大家一起分享思想收获的欢乐。在持续十余年的讨论中，高老师早年的学生已鬓染霜花，他们也有了自己招收的博士生，但仍聚集在老师身边，从容研究，乐此不疲。高清海先生主张哲学既是历史性的学科，在一定意义上哲学就是哲学史，搞哲学研究必须坚持史论结合的方法，做到论从史出。同时他认为哲学又是最有现实性的学问，哲学是主体的自我意识，最抽象的哲学理论总是时代精神的表达，哲学的理论问题和难点是时代现实生活深层矛盾的理论表现。所以，哲学研究也必须坚持理论联系实际。按照这样的哲学理解，我们的学术讨论涉及马克思主义哲学、西方哲学史、现代西方哲学、文化哲学、社会哲学、中国传统哲学、现实问题研究等广阔的领域，不知不觉中形成了一种哲学思想家的教育模式。近些年来我国学界大量引进西方学术，各个领域的专家、学者不乏其人，但人们常感叹现在不缺知识和学问，缺少的是思想。高清海先生在改革开放后二十多年的时间里，为我国哲学界贡献了许多重要的哲学思想。他倡导的“笨想”的方法，他带领学生通过讨论而进行的思想实验，他培养哲学思想家的教育目标和理念，也为我国理论学科研究生教育留下了值得反思的经验。

我国哲学研究中思想的匮乏，不仅是受西方学术研究规范的影响而过于专门化、学院化的结果，也不仅是因为现行学术评价体系引导的结果，从根本上说，思想的贫乏是理论把握现实能力的缺乏，是学术群体理论勇气和精神力量的衰退。我国社会主义改革进入攻坚阶段以后，社会中的深层次矛盾凸显出来，在效率与公平、自由和正义、国家宏观经济调控和市场机制的自发作用、经济全球化与民族文化发展等价值冲突中，学术界陷入了价值混乱，丧失了价值判断和价值引导的能力。现实的矛盾和复杂化也要求理论的丰厚和具体，使理论创造变得十分艰难，这对于我们从事的马克思主义哲学研究来说尤其如此。高清海先生在我国马克思主义哲学界以理论创新的勇气而知名，他也因而多次受到批判。到晚年他曾感叹自己有些话说得太早，我就此曾有过思索和分析。在我看来，这既是他对自己一生沉浮的感叹，其中有无奈和自嘲，但同时也表达了他对自己理论研究工作的自信和自豪，“说得早”意味着“凡是合理的，也是现实的”，理论得到了现实的实现和证实。高清海老师经常教育他的研究生们要有坚持真理、修正错误、超越自己的理论勇气，要有对国家、人民命运的深切的理论关怀，这是知识分子应有的社会良知和社会责任。“治学为人，其道一也”。耿耿丹心，嶙峋风骨，这是几千年中国知识分子的传统美德。在我们这样一个功利、平庸、理性计算的时代，我们还能葆有这种高贵的英雄主义精神吗？作为高老师的学生，我们常感惭愧和羞赧，每次忆念老师，心中都有一股豪气升起。

在中国研究生教育三十年历程涤荡的宏大背景中，高清海先生的教育思想与培养经验，对我们的影响也随着岁月的流逝而层层积累沉淀。他的数十名博士研究生集资为他塑了铜像。他那高大的身躯、慈祥的目光，将长存于吉林大学美丽的校园中，他的学术思想和学术精神将通过一代又一代博士研究生而传承下去。若干年后，撰写中国当代哲学史的学者们也许会说，中国曾经有过一个高清海哲学学派。

追随“思”，为了“人”的觉悟和中国哲学的觉醒
——未完成的“高清海哲学”

田海平*

一

追随“思”，既是对我们所追随之人、所爱戴之人的追忆，又是对我们所追随的思想、所沉浸的哲学的本原的回访。我们在追“思”中起程，在回访“本原”的途中出发。

今天，这两种追“思”交织成为一种情结，使我们得以透过十年的时间距离和情感的沉淀，去阅读、去聆听、去感悟、去追随一种历久弥新的哲学气象。这是一种卓然永驻的思想的气象，是一种延绵不断的学问的“情结”。“高清海哲学”可以为这种“情结”和这种“气象”命名。

追随“思”，在这种特定的“情结”和“哲学气象”中，既是追思我们一直追随的一种“为人之道”，也是追思我们永远不会偏离的一种“为学之道”。追思其人，追随其思想，感悟“为人为学，其道一也”的真谛，我们负载着一个庄严的使命：

为了“人”的觉悟，为了中华民族自己的哲学思想的觉悟，我们追随“思”。

二

追随“思”，首先映现脑际的关键词是：“高清海哲学”。

什么是“高清海哲学”？十年前，告别先生，我们一直面对这个问

* 东南大学伦理研究所教授。

题。是否可以说，“高清海哲学”是当代中国的理解环境和话语条件之下的一种“哲学的启蒙”和“启蒙的哲学”，即不是通过移植或介绍西方哲学，也不是通过重新诠释中国传统哲学，而是在马克思哲学与当代中国社会发展之间的紧密关联中进行思想探索和理论创新，因而实际地发挥了一种“哲学的启蒙”和“启蒙的哲学”的作用呢？有很多理由支持这样的一种理解。

“高清海哲学”从问题意识的发源看，是关于哲学自身的问题，属于哲学的元问题。这奠定了从哲学基础理论方面寻求创新和突破，进而生发出一种刚健有为的“哲学”启蒙效应的思想道路。

追溯起来看，先生的哲学思想之路，始于对马克思主义哲学乃至整个哲学的对象、内容、性质的批判性理解和探索性思考。先生早在20世纪50年代与老一辈哲学家刘丹岩先生合写的一篇关于辩证唯物主义和历史唯物主义之关系的学术论文中，就初步地提出了这个问题。1980年昆明会议上，先生发表了他对这个问题长期思考和研究的成果。提出了从马克思主义哲学出发理解哲学，再反过头来，从对哲学的理解出发理解马克思哲学的思想探索的道路。这项工作是以一种元哲学性质的反思批判，同时面对历史、理论和现实，因而在对哲学史的理解、哲学自身的理解和马克思主义哲学的当代形态的理解等方面，形成了一套系统的具有重要影响的创新性理论。先生以这种理解，重新编写西方哲学史，编写《马克思主义哲学基础》，撰写体现他这一时期对哲学自身之理解的专著《哲学与主体自我意识》。通过这些工作，他在20世纪80年代那个急剧变革的年代，走到了中国改革开放的理论的最前沿。他以哲学的方式，把握中国社会涌动的时代精神的脉搏，思想探索的核心集中体现在对哲学的对象、性质和功能的时代精神内涵的理解和诠释上。这构成了“高清海哲学”的“思想”的底色，即紧紧围绕“人的主体性的觉悟”这一理论问题和实践问题的核心运思。

“高清海哲学”从理论与实践的辩证关系进入“主体性哲学”和“哲学的主体性”。先生认为：人是哲学的出发点；人的实践本性是理解哲学的反思性本性的关键点和出发点；哲学史就是人的自我理解或自我认识的发展史；哲学是人作为主体的自我意识的理论表现。先生自述：“我由‘本体论’接受哲学，后来逐渐进到从‘认识论’去理解哲学，经过对‘人—主体’的思考阶段，最后提升到实践的思维方式。在达到这一最高点时，顿有豁然开朗之感。”① 比如，讲到“真理标准大讨论”及其所产生的思想解放运动时，先生说，实践标准要破的是理论标准，它真正在哲学上要引发思考的是要问我们的理论到底出了什么问题，归根结底是理论与实践的关系问题。因此，一种健全的批判性质的哲学意识的觉悟，是先生理解马克思哲学的革命变革的着眼点，因为一种呼唤主体自我意识之觉悟的哲学，必然是一种实践批判的哲学，是一种贯注了实践观点或实践思维方式的哲学。把这种“哲学的主体性”贯彻到对主体性问题的进一步思考中去，就形成了先生在“主体自我意识的哲学”之后着力推进的“类哲学”视野下的类主体和类意识的觉醒。这当然包含了无限广阔的思想空间，是对“人之觉醒”的时代意蕴的又一次的深度揭示。类哲学提供了一种从实践观点重新审视现代性条件下高度个体化、单子化、碎片化的人类生存所遭遇到的诸多困境的“正题法则”。

“主体自我意识的哲学”带来的一个理论效应是一种“哲学自我”的确立，一种“哲学主体性”的昂然挺立。它在20世纪80年代中国的理解环境和话语条件下破除了哲学原理教科书为代表的教条化的哲学理解范式和哲学诠释模式，为哲学的“讲坛”和“论坛”立起了一个批判性的维度和一面哲学思维方式变革的旗帜。当然，突破旧体系的束缚总是与探索哲学的新的理解方式紧密联系在一起的。先生确立起“人是哲学的主题和哲学的奥秘”，也就确立了他一直寻找的“哲学自我”和他从事哲学思想的“价值元点”。从“人”的双重生命本质或双重本性（“种生命”和“类生命”）出发理解人，既是对马克思哲学精神的精妙的提炼和概括，又是对哲学反思现代文明或现代生活的时代精神内涵的准确的捕捉和定位。先生在20世纪90年代系统地阐述他对“类哲学”的理解，一方面，对马克思哲学的当代性提供了一种创造性的阐发，是以精神契合的方式理解马克思哲学及其思想的典范；另一方面，对当时中国思想界盲目追逐西方后现代时尚之风或解构游戏是一种有力的纠偏。更为重要的是，“类哲学”传递出了一种走向未来的人类必须具备的建立在对人的实践本性、生命本质及人类实践总体性之觉悟基础上的哲学意识。因此，这是一场为人之未来和未来之人准备的哲学思想的“盛宴”。其理论价值和时代性内涵无论如何评价都不算过高。而先生并没停留于此。从“类哲学”

① 高清海：《哲学与主体自我意识》，吉林大学出版社1988年版，序第5页。

与“中国哲学”的相通或融合的体悟中，先生不仅看到了马克思哲学与中国哲学的深度契合，且进一步看到了中国哲学、中国思想蕴含着的博大精深的文明内涵及其解决现代文明难题的无限广阔的智慧前景和可能出路。先生不是从中国哲学的专家（他自谦不是这方面的专家）的视角上，而是从他对哲学自身的理解，从他对“哲学与人”的相互诠释的精神本原的视角上，从他致力于推进的类哲学的理论探索与中国哲学的气质相通的融合点上，提出了中国哲学之“觉悟”的任务。为此，先生留下了“中华民族应该有自己的哲学思想”的“精神的期盼”和“哲学的憧憬”。

这是一条思想道路的探索，是思想浸进时代而时代在思想中呈现。

在上述意义上，“高清海哲学”有个一以贯之的主题，就是“人的觉悟”。首先是主体自我意识的觉悟，其次是人的类生命本质和类意识的觉悟，最后是中国人自己的哲学思想的觉悟。这里所说的三种“觉悟”，归结起来就是在当代中国的理解环境和话语条件下的“人的觉悟”。我们可以把这种“人之觉悟”理解为“人的启蒙”和“哲学的启蒙”。因为，这条思想探索之路的延展所围绕的核心，就是“人与哲学”。而先生在这两者之间布展一种厚积薄发的哲学思想，正是以一种“哲学的启蒙者”的声音，呼唤“人的觉悟”和“哲学的觉悟”，进而呼唤“中国人的觉悟”和“中国哲学的觉悟”。

三

追随“思”，我们走进一片当代哲学的“丛林”。然而，不论身在何处，映入我们眼帘的是一座巍峨耸立的哲学基础理论的“高原”。这是一个肩负着崇高思想使命的“高原”。“高清海哲学”是她的灵魂和核心。

“高清海哲学”是由“主体自我意识的哲学”、“类哲学”和“中国哲学”三个维度铺成的一条哲学探索之路。在前两个维度，先生的哲学探索分别在“显”（主体自我意识的哲学）和“隐”（类哲学）的意义上开创出一种“哲学之启蒙”的效应，其中“类哲学”的探索隐含着的启蒙效应仍然属于当今中国哲学探索的思想前行和努力的方向。而先生指引的“中国哲学之觉悟”的运思方向，则是一个有待展开的无限广阔的思想空间，为未来十年、二十年乃至三十年的中国理解环境和话语条件下的哲学运思指明了方向。这并不是一个封闭的体系，而是一个探索性的、开放性的、未完成的思想之路。

为什么说“高清海哲学”是未完成的？

我所感知的是，在先生不在场的十年间，先生高大的身影虽然只能依稀梦里辨认，但是先生的伟大的哲学探索，先生引领的哲学探索的方向和哲学探索的精神，却是以不在场的方式在场。我们可以说，“高清海哲学”是一条道路，是一座桥梁，是引领我们攀登哲学理论高峰的阶梯。相对于先生留下的书稿或以文字形式呈现的哲学探索的足迹来说，先生从事哲学的方法，尤其是那些未见诸文字而以言传身教的方式留下的“道”或“悟”，弥足珍贵。先生所传授的哲学思想之“道”和哲学创新的方法是我们用来守望哲学真理的精神的馈赠。

第一，关于“学问”即“思想”的方法。我们总是不断地问，“思想”与“学问”到底哪一个更重要？或者再问，我们这个时代最缺的是“思想”还是“学问”？这个问题，在先生看来是不成立的。因为“思想”就是“学问”，“学问”即“思想”，没有“学问”的思想必定流于空疏，而没有“思想”的学问一定是僵化呆板的书斋式学问。

有一类哲学家像狡猾的“狐狸”一样，他们引经据典，旁征博引，顾左右而言他，绕着圈子走，将真实的想法埋在了复杂的“学问”之中。表面看起来很有学问，实际上都是雕虫小技，不敢面对真实的问题。如果“学问家”是这样的“老狐狸”（不可否认，很多时候“学问家”就是如此），则为先生所不取。

还有一类哲学家像笨拙的“刺猬”一样，他们可能很有学问，但不喜好用学问包裹住“思想”的锋芒，总是寻求一针见血的追问和表达，这通常是“思想家”类型的哲学家。就先生的治学取向而言，他是直道而行的思想家。他将深厚的学问修养和学术造诣，集结成了一股突破重围的思想的劲道，如“刺猬”一样，每击必中，不尚空言。因而，他的思想才有了一股子苍莽的率真和不屈的自由，这是一种崇尚自由思想的大学问家对“思想”与“学问”之关系的亲证。

记得2002年金秋时节，我曾经陪同先生和师母一起游历扬州的“何园”和“个园”。游览完毕，先生说，“这园子太讲究，不喜欢。”后来回到南京，薄暮时分，到玄武湖散步，先生伸出右手指向开阔的湖面说，

“这景致宜人，我喜欢。”先生虽然在谈风景，又何尝不是指治学之道？

第二，关于“笨想”的方法。先生的哲学是一种化“学问”为“思想”的哲学。先生不是不要“学问”，或者反对“学问”，而是要穿越“学问”，要经历“学问”。若此，才是成就一种“大学问”。在这一点上，我认为，先生的治学，与德国哲学家海德格尔有几分相似。先生传授的“治学”方法，与海氏“林中路”的“行思”方法形成一种有趣的对看，先生称之曰：“笨想”。

什么是“笨想”？先生说，“太聪明的人做不了哲学。”这里的关键和重点是“笨”，是大智若愚，大巧若拙，大“化”若“笨”。“笨想”，是将“学问”化为“思想”的“化”的方法，是学问臻于“化境”的“厚积而薄发”。“笨想”是告诫我们：在治学之路上，在做“加法”时不忘做“减法”，在“收纳”时不忘“穿越”，在“拿来”时不忘“消化吸收”；因此，有时候悬搁书本或学问，面向问题本身，在“笨想”中升华并生出一种豁然开朗之感，是提升学问和思想之境界的必修功课。——这就像古人的“面壁”功夫一样。

因此，“笨想”的前提是要有一个“学问的自我”或一个“哲学的自我”。“笨想”反对的是一种“学问”的小聪明，反对生吞活剥地引经据典，反对依样画葫芦的“小工匠”式的学问，它是要将学问转化为自我表达，并最终转化为一种自由表达，将我们所倾慕、所追随的伟大思想和学说揉碎了捏出一个活泼泼的“自己”。如此，先生所说的“笨想”之“笨”，乃是一种大智慧的表征，一种大学问的表征。

第三，关于“说清楚”的方法。先生在治学方法上的一个鲜明的特色，直观地说，就是：“既想好，则说好”。“想好”是“想清楚”，“说好”是“说清楚”。先生品评学问的最高褒奖词就是“说清楚了”。

先生说，“很多时候，说的不清楚不是因为别的，而是还没有想清楚，没想明白。”至今重温先生训示的这些质朴的话语，音容笑貌，宛在眼前。把这些训示和先生的演讲、著作和文章对照起来，就会感悟到，先生“说清楚”的方法，实乃是自己体贴出来的一种“自由问学”之“道”。我们很多的时候，自以为想清楚了，一切清楚明白，如如然，栩栩然，“蝴蝶也”，可是一旦要说出来，则阒然无迹，以至于近于失语或无词，或者反之，连篇累牍，叠床架屋，生造新词，故作高深，结果便是“不知所云”。照先生“说清楚”的意思来解，这两种情况，都是“学问”的“火候”不到，没有想清楚。这本身很正常，属于“自由问学”的必经环节。

但是，有一种情况则是先生明确反对的。这就是，由于理解的环境和表达的意愿使然，虽然想得清楚明白，但却故意不说清楚，或者违心说话，说糊涂话。照先生“说清楚”的问学方法，当此情形，如若是“真明白”就必须“说清楚”。而对于“明白人”说着“不明不白”的话语将“一池清水搅混”的所谓的理论家和学问家，先生从来不屑于与之为伍。这是原则问题，先生从不含糊，虽“历经坎坷”仍“痴心不改”。——因为，这关乎一个追求真理的当代中国知识分子的立身之本，关乎哲学家的本色和道义担当。先生讲“实事求是”的真义就是要把话“讲清楚”。“我们靠什么建立新中国？靠什么迎来改革开放的大好形势？”先生回答说，“不靠别的，就靠‘实事求是’这四个字”。而所谓“实事求是”，落实在先生的哲学探索的方法上，就是：既然想清楚了，就一定要说清楚；中间，容不得半点私心，半点退缩，无碍无我，无忧无惧。儒家讲的“孤往之大勇”，即此之谓也。先生训示于我们的“说清楚”的方法，就是“既想好则说好”的方法，就是让哲学“说真话”，“说明白话”，“说普遍话”。由此体悟先生追求的哲学之“道”，乃是一种“说通历史、说通理论、说通现实”的思想之“大道”。

第四，关于“说中国话”的方法。哲学是语言的“道说”。那么，哲学要怎么说话，怎么“道说”，才是清楚明白的说话，才可能“说清楚”呢？先生给出了一个回答：“说中国话”。

这里蕴涵着先生晚年的一种深层的担忧和一种日益增长起来的越来越明确的觉醒：我们的哲学表达为西化的语言所充斥、所左右、所改变，是一种文化上、思想上方向感迷失的表征，因此哲学要回到本原，从学习“说中国话”开始，进入中华民族自己的哲学思想。

写到这里，我记起2003年上半年看望先生时，向先生汇报我的出国研修计划时说：“打算用一到两年学习英语，然后再出国访学一年，过了语言关后，可能对西方哲学的理解会有所加深……”当时，先生未置可否，只是用一贯的温和与耐心听完我的汇报，然后说：“那个，带着学，够了，其实对于哲学来说，并不重要。”然后，先生又缓缓地说：时下，“……哲学说话忘记了说中国话，都是翻译体，到了‘邯郸学步’的地步，要有所觉悟才好”。后来，读到了先生发表的《中华民族应该有自己的哲学思想》一文，领会到了先生说话的真正关切。

“说中国话”，是先生向我们指引的一条哲学觉悟之道。——它难道不是一切觉悟中的真正的觉悟吗？

四

行文至此，突然间难过起来，泪水浸湿了眼眶。先生不在的这十年，常常琢磨先生的教诲，它总是不断地提醒我避免流于思想和学问的“小道”，帮我端正“如何想、如何说”的方向。而先生的不在，总是唤醒我们追思：当代中国哲学家中曾经有过这样一位伟大的真理的探索者，一位伟大的哲学的觉醒者和启蒙者，当代中国思想中曾经有过这样一个无可替代的批判性的维度……

有人说，近三十年来，中国学术界经历了“思想家的时代”，“学问家的时代”，而现今已然进入一个“项目主持人的时代”。这是一个“思想”不断陨落的过程，即“思想”落入“学问”的规制，进而“思想”和“学问”二者共同落入“项目”的规制。是否真的如此？如果先生在世，他会怎么看呢？

先生已然作古，我们不能用这问题打扰他。但我相信，“项目主持人的时代”只是一个表面现象的描述。透过这个表面现象，一种回归，即透过“项目”回归“学问”和“思想”的运动，必定会成为中国学术界的共识，而先生所倡导的化“学问”为“思想”的哲学探索之路必将在中华大地开花结果。在举国上下都在探讨“中国梦”的时代，我们有足够的理由相信，当代中国哲学的觉醒是可以期待的，且让我们如此期待。

在今天这个“一切都高速旋转起来”的时代，先生传授的问学之“大道”，和他常说的“笨想”方法和“说清楚”的方法一样，集中体现在“说中国话”的方法可能开出的哲学运思之路上。今天，追随先生的思想，追思先生的为人与为学，追念先生从“主体自我意识的哲学”、“类哲学”到“中国哲学”的哲学探索之路和哲学启蒙之路，我们负载一个崇高的使命：

——为了中国人的哲学觉悟，为了中国哲学的觉悟，让我们追随“思”。

高清海与当代中国思想的启蒙

邹诗鹏*

时光荏苒，岁月有痕。今年是令人崇敬的高清海先生离开我们十周年。这些日子，我坐在我供职的复旦大学的工作室里，回味和思考高清海先生及其哲学创造。

想来想去，最能从思想上定位高清海思想贡献的，还是启蒙。20 世纪 80 年代以来中国思想的主题即启蒙，对应于 20 年代五四运动的启蒙传统，可把 80 年代的启蒙称之为“新启蒙”。高清海哲学特别以哲学学术及其教化的方式表达和诠释了启蒙。实际上，在当代中国哲学界，高清海代表并且在很大程度上开创了一种基于当代中国社会生活及其转型现实、以“抓根”及直面事情本身的“笨想”为方法、推崇“治学为人，其道一也”的美德伦理、致力于发掘马克思人的学说并汲取中国传统文化资源的人本主义哲学，以哲学学术的方式，参与、影响并深刻地推进了当代中国思想的启蒙。

如下即循着高先生在新时期以来所开辟的哲学探索道路，探讨这一道路何以归属并推动了当代中国的思想启蒙事业。

一 解放思想的哲学自觉与教科书改革

80 年代初，高清海在关东腹地积极回应思想解放，并随着自身及其学术共同体的艰辛探索，卓然一家，成其学派，并反过来强力推进中国学术理论以及思维方式变革，这看上去有些令人惊异。不过，当年的东北并无今日人们常说的地域性的“落后”或“僵化”。如今人们多在谈论邓小

---

* 复旦大学哲学学院教授。

平于90年代的“南方谈话”。实际上，早在1978年，邓小平还启动了一场他自称到处“放火”的“北方谈话”，地点就在东北，核心谈话地就在长春，这场源起于东北并波及大江南北的谈话，表明在当时东北实是得思想解放的风气之先的。对时代极其敏感且早已进行哲学理论的思想解放事业的哲人，不可能不受此新风的影响与鼓舞。

新时期的启蒙最初是由官方启动。邓小平有关“解放思想、实事求是”正是新时期启蒙的标志性的话语，而有关真理标准问题的讨论，则作了很好的回应，并开启了新时期学术理论界的启蒙。最初，高清海对于思想解放的回应乍看上去有一些“迟缓”，但此“迟缓”绝非迟钝，而是一种沉着，并在沉着中寻求思想解放的哲学突破口。高先生非常确定，这一突破口就是通行的源于苏联的马克思主义哲学教科书的改革，在他看来，苏联模式教科书实际上是以马克思的新唯物主义所要超越的旧唯物主义去叙述和解释马克思的哲学，尤其严重的是，如此形成的“马克思主义哲学”，不仅束缚了当代中国几十年，而且在新时期已经成为解放思想的障碍。而这项工作本身，在很大程度上又是哲学家本人中断了十多年的有关合理理解马克思主义哲学事业的回复与重启。在一定程度上是使理论探讨回到20世纪50年代刘丹岩先生与他共同展开的对苏联模式教科书的批判；而在更大程度上，则是在一个改革开放、思想解放的新的时代背景下进一步深化并推动马克思主义哲学研究；推动教科书改革，本质上是回应时代变革要求的理论自觉。

在有关方面的支持下，从1980年开始，高清海及其团队开始了重新编写马克思主义哲学原理教科书的工作。经过六七年艰苦努力，一部完全不同于苏联教科书的《马克思主义哲学基础》（上卷1985，下卷1987）面世。《马克思主义哲学基础》以“主体——客体——主体客体的统一”为框架，自觉贯彻了实践观点和思维方式，内容、观点和范畴都有很大的革新。《基础》不仅汲取了高清海本人对马克思实践观的把握与理解，也吸收了当时有关实践唯物主义及其主体性的研究成果，因而在很大程度上是集80年代有关马克思主义哲学创新研究的代表性成果。时至今日，尽管哲学话语不断翻新或增生，但《基础》在理论实质及其思维水准上对传统教科书的超越，仍然是值得肯定和重视的，在此方向上也并未真正被超越。

抓教科书改革，实是现时代思想启蒙的关节点。西方近世启蒙思想家无疑十分重视教科书。霍布斯在《利维坦》中指出，使人们从单一的神学及其精神桎梏中区分并解放出来的最恰当方式，即编写关于人类知识及其运用的教材，至于法国启蒙学者致力的百科全书，正是关于人类知识的系列教科书。现代性是一个力图实现全民动员的工程，以教科书的方式实现启蒙自当必然。如果说，苏联教科书对于革命时代以及新中国成立之后一段时期还是合理的，那么，进入新时期以来，随着改革开放事业的持续推进，随着党和国家工作重心的转移，的确需要形成能够克服教科书的陈旧僵化形式、直抵马克思的哲学革命及其新唯物主义，并真正立足于中国道路及其世界历史意义的马克思主义哲学教科书。尽管迄今为止，教科书改革依然困难和阻力重重，但了解今日中国马克思主义哲学教化状况的同人，大都同意，教科书实是到了非改不可的程度了。高清海当年曾经主张将“论坛哲学”与“讲坛哲学”区分开，但这实是基于当年的思想状况的不得已的区分，实是等于是从制度模式上认可了两种马克思主义哲学话语体系。时至今日，如此人为的区分实际上也应该有所突破。

二　推动思维方式与哲学观念变革

教科书的改革十分重要，且构成高清海标志性的事业。不过，在其定位上，教科书改革服从于哲学家的启蒙志业。高清海不是为了批教科书而批教科书，也不是为了编写教科书而编教科书，而是借此推进思维方式与哲学观念的变革。人们注意到，改革开放初期，除了带领一批同人完成《欧洲哲学史纲》外，高清海自己的工作重点其实是在辩证法领域。这个领域高称系“自选项目”，且在其个人及其学科的学术史上有其渊源。新时期以来，高清海持续探索辩证法问题。1978—1983 年间，发表了 10 余篇这方面的论文，讨论辩证法与形而上学的关系、主观辩证法与客观辩证法的关系、自发辩证法与自觉辩证法的关系等等。随着时代的变化以及哲学家本人探讨的深入，高清海越来越认识到，他自己此前对辩证法的研究，还是“限于它在各种具体问题的个别观点”。高清海清楚地认识到，辩证法是关涉哲学的性质、对象、功能的哲学总问题，且本身就是哲学的总体性。辩证法的问题根本上就是思维方法问题即思维方式问题，由此，辩证法问题也就直接看成是启蒙问题了。实际上，高清海在辩证法问题上所用的功力，与其在教科书撰写上所花的心血是相通的，也大体同步。辩证法及认识论方面的成果，也依其启蒙意图而向纵深推进。

事实上，在编写教科书的同时，先生完成了《哲学与主体自我意识》，著作的启蒙色彩十分鲜明，已显示出其完全不满足于仅仅编写教科书。用其自己的话说，“体系革新对我来说，只不过是个‘突破口’，一开始我就有很明确的意识，我们并不想加给人们一个新框框，我们的目的只是要打破束缚思想的旧框框，为哲学认识开拓更为广阔的新领域。应该说这个目的是达到了，但随之在我的面前也就展现出更多有待深入思考和研究的新课题。”①

新的课题与任务，特别表现为对实践观的探索与阐发。这里的实践观当然是指马克思主义实践观。高清海的研究承接当时国内颇有影响的关于哲学的性质、对象与功能的探讨，也是对当时马克思主义哲学本体论研究的深化。这一深化，其实质是思维方式的深化。高清海有一个基本的判断，即理论研究总是滞后于实践，套用歌德的话说，即“理论是灰色的，但生命之树长青”，而之所以出现理论与实践的脱节，症结就在于思维方式。在高清海那里，思维方式存在于民众及其社会诸阶层，并决定着相应的思想及价值观念，也决定着不同的哲学类型。高清海依古代本体论哲学、近代认识论哲学以及现代主体哲学，从而区分了三种思维方式，即本体论思维方式、认识论思维方式与实践的思维方式，三种思维方式代表了依哲学演进的三种典型的哲学观念。因此，思维方式与哲学观念同一，以哲学观念变革推动思维方式变革，本身就昭显了高清海哲学鲜明的启蒙特征。而且，为醒目起见，有时候高清海会径直称为“哲学思维方式”，更为鲜明地体现哲学观念与思维方式的同一。高清海（连同国内若干同人）指出，实践不只是马克思主义哲学认识论的首要的和基本的概念，更是整个马克思主义哲学的首要的和基本的概念，进一步说，实践不只是一个概念，而是融思维方式、世界观与价值观于一体的全新的马克思主义哲学观。尽管高清海并不认为一定要将马克思的新唯物主义称之为“实践唯物主义”，但他显然赞同并确定将实践观看成是马克思主义哲学的总体性。

高清海越来越不满足于仅仅以唯物论与唯心论的二元模式来理解哲学

① 《山高水长》，第287—288页。

与哲学史。“唯物论和唯心论是围绕世界本原问题而形成的哲学派别，在一定认识阶段有十分重要的意义。但哲学的课题是经常转换的，哲学并不总是停留在揭开宇宙之谜、探究万物本原的阶段。哲学按其本质说，主要是探究体现着人和自然矛盾的属人世界的奥秘。因而唯物论和唯心论的争论并不具有永恒的意义。唯物、唯心的分野也不能成为决定一切的认识路线。因为自然对人、精神的本原关系只有在始初的意义上才具有不可逆转的性质，当着它们产生之后，就处在相互作用之”，[①] 而能够超越这一二分模式的，就是实践观，而实践观不仅是马克思哲学的本义，而且是其特质与实质，并且必须要在马克思所发动的现代哲学变革中进行理解。

在开展马克思主义哲学研究的同时，高清海一直在延续西方哲学的研究。80 年代后期，他主编出版了《欧洲哲学史纲新编》，其中贯穿了他本人基于马克思主义哲学革命对整个西方哲学传统的总的把握与批判。90 年代初的几年里，学术探讨的空气相对沉闷，高清海先生开创的哲学事业也处于新时期以来的低谷期，其间高先生除了做身心的调节外，更多地沉入西方哲学本体论问题的专题探讨，或可称之为对本体论思维方式的哲学史及其文本学批判，即借解读亚里士多德《形而上学》，展开对本体论思维方式的哲学史及其文本批判，标志性成果即《哲学的憧憬——〈形而上学〉的沉思》。

三　“人是哲学的奥秘”与“类哲学”的自觉

如果只以一句话来概括高清海的哲学贡献，大概是其所推崇的“人是哲学的奥秘”。

进入 20 世纪 90 年代以来，邓小平启动了当代中国的第二次思想解放运动，而当代中国哲学也进入新阶段，高清海更为明确地将哲学主题确定为人，明确提出“人是哲学的奥秘”，并开展人的哲学的系统阐发。高清海虽然并不经常提及人学或称自己的探索是“人学”，但其理论努力还是人学。依其自己的表述：“人总是从人出发，以人的态度和人的观点去看待一切事物的，哲学面对的虽是客观世界，他从中所要了解的却主要是人

① 《重新评价唯物论与唯心论的对立》，《哲学动态》1989 年第 5 期。

自己的本性、地位、价值和意义。哲学所以必须从对象世界去了解人，是因为以整个世界为对象，人就是一个世界性的存在，人属于世界、世界也属于人的缘故。"① 在类似的很多表述中，人的哲学的基本范畴、定义、生命、自然、社会、历史、价值、实践、对象性、属人世界等等，一一给出。其中，"属人世界"这一概念乃是其特别属意并大加阐发的专门性概念，打着"高清海哲学"的印迹。

"人是哲学的奥秘"，与文艺复兴及其启蒙思想有关人文主义及其人的解放的思想高度一致，而这一概括，既是20世纪80年代中国启蒙思潮的标志性旗号，是依此逻辑贯彻到整个当代中国思想解放运动的标志性话语，也当是整个现代中国在艰难而又辉煌的现代性转型及建构过程中自我确证的哲学表达。回应于邓小平有关市场经济的思想，结合马克思有关人的发展的论述，高清海特别阐发了与市场经济关联的个人主体（个人本位），并为之"正名"，由此展开的对社会发展的持续探索，直到今天仍然是中国学术理论界的主题。

高清海所讲的个人本位，与个人主义及利己主义是有着本质的区别的。高清海对个人本位的肯定与定位，是置于马克思有关个人本位到类本位的历史生成逻辑中的，高清海特别强调应把个人本位置于社会关系，即置于个人、社群、社会、国家等关系中，不仅把握个人，也合理地把握和建构社会与国家，建构现代社会秩序——这方面的工作对中国社会学、法学、政治学以及教育学等产生了很大的影响。

90年代中期，高清海明确提出了类哲学。类哲学乃以启蒙为主旨的高清海哲学的理论制高点与完成形态。"无论是了解人的未来发展还是理解哲学的未来发展，都聚焦在对于类存在即对人的'类'的本性和特征的理解上。人类在经历了群体本位、个体本位之后，正在走向类本位时代。适应人类的这种走向，哲学不但应当反映、表达这一趋向，而且应承担促进、推动和升华人对自身的本质变化的自觉意识的任务。因此，'类哲学'是具有重大意义的现实课题，也是哲学的未来状态。"② 类哲学之成立，其学理及思想根据，在于高清海对马克思有关人类解放及其人的发展思想的领会，在于他对人类社会现状及其未来命运的观照与判断。

---

① 《山高水长》，第289页。

② 《人的未来与哲学未来——"类哲学"引论》，《学术月刊》1996年第2期。

类的观念本身就是启蒙思想的历史成果。法国启蒙传统，完成了从神启的普遍主义到人本的人类历史意识的转变，具体表达为人类解放的观念。类意识也是贯彻于从康德、费希特、谢林（前期）以及费尔巴哈等德国古典哲学的理论自觉。青年马克思的人道主义与依然关注于成年马克思政治经济学批判的人类解放意识，本身显示出马克思一以贯之的类意识。马克思主义本身的类意识，同样需要得到肯定。作为一种产生于西方传统，但本质上又要求超越西方传统并向整个人类社会开放的哲学，马克思显然要谋求一种人类性的哲学，马克思的类概念也全然不同于费尔巴哈的类概念。而且，正是人类性深刻地影响着整个马克思主义历史运动，马克思主义在历史上的确表现为不同的形式，但人类性却是马克思主义的主导方向，并使马克思主义成为这一时代最有影响力的思想。在这一意义上，马克思主义属于一种追求人类共生的哲学范式。因此，在马克思主义研究强调类意识，对马克思主义本身而言，其实是一种正本清源的探索。高清海对于马克思主义哲学有着高度的科学信念，也自觉地秉承了马克思的人类解放思想。

从人理解马克思主义哲学，并确立起类意识，也是对马克思主义传统的启蒙与自我启蒙。马克思主义对启蒙的超越，的确特别表现为激进的革命逻辑对启蒙及其改良（及进化）逻辑的超越。但马克思主义不唯激进革命之一维，而且即使这一维，依然只是手段与方法，而不是目的，正如革命的目的必然要求为人民大众谋福利一样，马克思主义应当是在更为符合历史目的性的前提下谋求人的自由全面发展。就此而言，马克思主义超越的是资产阶级式的启蒙，而其自身却必然蕴含着全人类的解放及其价值的启蒙理想。而且，自身过多受制于激进革命逻辑的马克思主义传统，确实也需再度吸纳并经历启蒙的洗礼。中国 20 世纪 80 年代的人道主义以及随后兴起的人学、文化与价值论研究努力，均反映出中国马克思主义传统面向启蒙的开放与自我更新，且与中国共产党在新的历史时期的历史任务高度一致。高清海的人学及类哲学努力，当在这样一种历史情境与高度中得到理解和把握，其类哲学也当在这样的境遇中得到领会与深化。

四　追求中华民族的哲学自觉与理论创造

当代中国哲学自当表达出人类性的哲学自觉。一个伟大的民族若要完成从区域的、族群的历史向人类史暨世界历史的转化与提升，必然要表达为一种理性的且具有责任能力的类意识。面向人类文明及其世界历史重建的当代中国哲学，而应立足于中国智慧及其天命的时代开启，上溯中国传统的“天下”、“大同”及其智慧资源，切入现代性的启蒙思想，以中华民族的形式建构类意识与类哲学。

高清海先生在其生命的最后几年，以其顽强的生命意志思考着一个重大的问题，自己一生苦苦追求的哲学事业，当给祖国及其民族一个什么样的交代。先生最后发表的文章，是口授并经贺来教授整理的《中华民族的未来发展需要有自己的哲学理论》，这篇文字，孙利天教授称之为高先生的“哲学遗嘱”，并得到大家的认同。

创建与中华民族复兴相匹配的自己的哲学理论，于中华民族而言，是一个根本问题。世界历史意义上的启蒙是人类性的事业，且迄今为止仍是全人类努力的方向，但就其表现而言，则是不同民族的鲜活而多样的表达形式。纵观世界现代化进程，西方诸大国之崛起，在取得经济与政治成就的同时，也成就了相应的哲学思想及其成就，如意大利的人文主义、英国的经验主义、法国的启蒙思想及其实证主义、德国古典哲学以及美国的实用主义。这些哲学思想及其成就，承接并表述了相应的文化传统及其现代转化，是所在民族与国家现代化基本经验的理论总结，是现代性意义上的国家哲学，并在不同程度上引领着世界潮流。因此，一个现代民族国家之走上稳健与可持续的现代化道路，一定会形成相应的哲学成就。与之对应，中国道路，作为一条悠久而伟大国家的现代复兴之路，且是一条迄今为止最为成功的非西方国家现代化发展道路，理应形成相应的哲学理论。高清海的遗嘱，更是直接向当代中国哲学家提出了如此的任务。

对于中国传统哲学的人类性意义，高清海表述得十分确定：

> 中国传统哲学博大精深、内容极为丰富，它有中国特有的思维方式、理论形态、价值取向、精神意境和语言风格。我们哲学思维的个

> 性，也就是我们哲学理论的价值。我们的哲学并不仅仅是我们的，它也是人类共有的精神财富。在对待中国哲学的问题上，总有许多人为的框框限制我们的思想。我们研究中国哲学就应该从中国的历史情况和特有的文化形态出发，按照中国的思维方式去理解中国的哲学传统，这样才能真正把握中国的哲学精神，理解中国哲学的特有价值。中国哲学的价值，主要就在于思维的独特风格和理论的特有意境。发扬中国哲学的传统，认识这一点是最为重要的。①

从类哲学的构想到以中华民族自身的资源进行未来中华民族复兴的哲学自觉之间，是一个自然而然的承转。提出未来中华民族发展需要有自己的哲学理论，意义重大。我们知道，著名社会文化学家费孝通在世纪之交前后提出了著名的文化自觉，即中华文化传统依自身的力量站立起来，而哲学家，且作为满族后裔的高清海则提出了与中华民族复兴相关联的哲学自觉。而且，特别值得注意的是，高清海没有将中华文化传统自外于世界文明体系，他也没有将“新三统”分立或对立起来，明眼人可以看出，他力图将中国传统的现代转化、马克思主义中国化以及西方哲学的中国转化统一起来，意在构建属于中华民族伟大复兴的哲学精神。在高清海先生逝世十周年的今天，阐释这一哲学精神，已经成为当前中国哲学界及其学术理论界的当然课题。

五　学派与事业

在学院的意义上，启蒙便于且总是会形成学派式的共同体；在更大的意义上，具有历史意义的启蒙必然会带来并造成属于一个时代的思想运动及其思想事业。

高清海先生在成就自己的哲学成就时，也培养了众多弟子及学生，并形成了一个以启蒙为主旨的学派及其学科传统。在高清海先生的弟子中，孙正聿先生力主理论思维的前提批判，强调对常识思维的批判，力主哲学与科学的区分，并把这样一种启蒙精神贯注于《哲学导论》的成功教学，

① 《中国传统哲学属于全人类的精神财富》，《吉林大学学报》2002 年第 5 期。

实际上是将马哲教科书的改革成功地延伸到整个哲学学科，影响海内外；孙利天先生特别发扬高清海先生倡导的“笨想”法，倡导辩证法的思维方式与人生态度，通过对生活世界的领悟与直观，在会通中、西、外诸资源方面多有创获；贺来教授提出的现实生活世界概念及其对现代性及辩证法的持续探索，显然是自觉秉承和发扬了高清海先生的启蒙精神；兹不一一列举。而众多曾受教于高清海先生及其吉大哲学学科，后分布全国各地各行各业的吉大子弟，也都在不同程度上带有高清海及其吉大哲学的启蒙的精神与气质。总之，启蒙依然是吉林大学马哲乃至于整个哲学学科的鲜明特征，而就当下中国之哲学事业应当持续秉承的自我认识的思想使命看，显然需要保有这一特征，延续和发扬高清海所开创的吉大哲学事业，并对随时代之变而有所变化的启蒙状况作深入的分析，持续坚持启蒙的学术传统，并释放其思想效应。

高清海哲学的影响自不限于吉大哲学及其学派，他实际上开创了当代中国马克思主义哲学研究的新范式。这一范式至少在学术研究的意义上获得了同辈、同行及其同事的肯定与认可，新时期以来开展的主体性、实践观、实践的唯物主义、思维方式、哲学观、辩证法以及哲学的性质、对象、功能的讨论，晚近以来兴起的诸多领域哲学（如人学、文化哲学、价值哲学、社会哲学、社会认识论、实践哲学、生存哲学、生活哲学）以及持续性的历史唯物主义以及马克思哲学当代性的探索，以及中西马的对话与比较研究，均是高清海哲学为代表的启蒙哲学的后续及其拓展。而哲学上的真正创新，也总是意味着人文社会科学的总的和根本的创新，高清海的哲学创新，无疑也惠及诸多人文社会学科，且不只是一般的跨学科效应，而是实质性地影响到当代中国诸多人文社会学科的范式转换与学科内涵的创新与更新。新时期以来，很多在当时难以摆脱苏联模式教科书束缚的人文社会科学工作者与研究者，都不会忘记当初在阅读高清海先生创见时的喜悦与解放心情。

高清海的哲学也在民间。很多干部及知识分子都知道他，知道他所做的事情，他的影响遍及海内外，关内众多青年后生远赴东北，求学于他，本身即是写照。在民间他也有一定知名度，坐火车时偶尔碰到一位邻座在交谈中提及这位吉大哲学教授。长春市民素质一向较高，更是以同城拥有的这位哲学家而自豪，套用时髦的话，高清海也是长春市的一张名片。高清海先生以哲人的方式存在并发生影响。因此，在高清海先生执教50周年纪念大会上，大家送给先生的匾额题为“恩泽众生”，贴切而感人。

启蒙是需要一批理论旗手的。高清海正是当代中国的这样一位旗手。高清海确实是一位激进型的理论家，但他并非人为地选择激进的理论姿态，而是因时代之需。新时期以新启蒙为主题，势在必然，而因情势、格局尤其是理论本身的阻滞力，理论上的创新也呼唤着高清海式势大力沉、颇具力道的思想解放与理论创新。而且，启蒙是高清海一以贯之的主题，而现时代也当以启蒙一以贯之。我们知道，新启蒙思潮是 20 世纪 80 年代的主题，也止步于 80 年代。仅仅就 80 年代而言，高清海汇同于李泽厚等一批启蒙旗手。然而，此后则是中国思想文化的分化与多样化的时代，其间最重要的变化，即启蒙的淡出乃至于中断，即李泽厚所谓“学术凸显，思想淡出”，这里的“思想”，实是以启蒙为主题的思想事业。然而，90 年代以后，高先生依然在持续其启蒙事业，并且越来越积极地回应当代中国的改革开放现实实践。

高清海开创的事业仍在延续且任务更重。在高清海先生逝世时，孙正聿先生曾写《拿什么告慰先生》一文以悼。先生逝世 10 周年时，大家得以聚集，一定会做出深入反思。近十年来，中国实际上需要启动再一次的思想解放，且是难度更大的思想解放。当下，国家意志其实已开始“倒逼”哲学理论的创新。人们注意到，新一代党和国家领导人迎难而上，正以总揽全局、坚韧不拔、攻坚克难的智慧、毅力、意志，引领中华民族的伟大复兴，而改革开放事业的持续推进，也须面对愈益复杂的国内外形势，当破除体制机制上的痼疾顽疾，也亟待哲学理论有所突破，何况改革开放事业推进到今天，很多实践的问题本身就是理论上的问题，是哲学性质的问题。

对高清海先生最好的纪念是继续并发扬他所开创的事业，对此，不应彷徨，也没有理由彷徨。

在批判旧世界中发现新世界[①]

——马克思哲学方法论研究

王国坛　赵　华[*]

在研究马克思哲学的过程中，方法论是一个重要方面，它是我们坚持和发展马克思主义，以马克思的思维方式认识世界并以理论的方式推动社会发展的重要手段和途径。人们的普遍共识是，没有好的方法，就很难形成好的理论。马克思毕生以理论的方式发现人类历史的普遍规律和真理，以实现人类解放。他的理论成就举世瞩目。而他的伟大成就很重要的方面可以说是得益于采用了正确的方法。他的方法概括起来说就是“在批判旧世界中发现新世界”。这个想法在他早年给朋友的信中就做出了明确表达，他说：“新思潮的优点就恰恰在于我们不想教条式地预料未来，而只是希望在批判旧世界中发现新世界。”[②]这种通过批判旧世界来发现新世界的方法成为马克思后来哲学研究普遍遵循的思维原则。在他的一些重要著作中，都采用这种批判方法：如马克思最早的一部哲学著作，《黑格尔法哲学批判》，然后还有《对黑格尔的辩证法和整个哲学的批判》、《神圣家族》的副标题是“对批判的批判所做的批判”、《德意志意识形态》的副标题是“对费尔巴哈、布·鲍威尔和施蒂纳所代表的现代德国哲学以及各式各样先知所代表的德国社会主义的批判”、《资本论》的副标题是“政治经济学批判”，等等。马克思正是运用这种批判方法，通过对旧世界或资本主义社会的深刻批判，为人类找到了历史发展的普遍规律和未来理想。

---

* 王国坛，辽宁大学哲学与公共管理学院教授；赵华，辽宁大学哲学与公共管理学院博士研究生。

① 辽宁省社科基金重点项目“马克思主义哲学经典著作研究”（项目号：L13AZX003）研究成果。

② 《马克思恩格斯全集》第1卷，人民出版社1956年版，第416页。

就本文的主题而言，要想全面阐释马克思批判方法的具体内涵，需要讨论这样几个问题：一是什么是世界，即世界之谓世界或世界观问题。这个问题之所以必须讨论，是因为世界本身是批判的对象，而且还有旧世界和新世界的变化，所以不搞清楚世界的本质和规律，就无法对它进行批判活动，即讨论方法论问题离不开世界观问题。二是何谓批判，即批判之谓批判或理论思维的工作方式。这里讨论的是哲学上的批判方法究竟意味着什么、世界与理论的关系，即对世界进行理论批判活动何以可能等问题。显然，这些问题都是题中应有之义。基于此，人们普遍认为，批判活动是理论思维的工作方式。三是如何才能发现新世界，这里一方面需要讨论以理论的方式来表述世界时，其中要涉及哪些要素；另一方面需要讨论如何在批判活动中去发现这些要素的新内涵，由此才能确定是否发现了新世界。总之，本文希望结合马克思的经典著作对这三个方面问题做一些粗浅分析，以展示马克思批判方法的内涵和实质。

一　世界之谓世界或世界观

马克思的批判对象是旧世界，所以我们首先需要分析什么是世界，以及世界为什么会有新旧之分。这实质上是一个世界观问题。在这里，讨论世界观问题是为方法论服务的，方法论离不开世界观，也就是说，如果不首先搞清楚批判的对象是什么，就无法对对象进行批判。所以马克思的批判方法不能仅仅是一个单纯的方法论问题，其中必然涵摄着世界观问题。

世界之所以被区分为新的和旧的，说明世界不是静止不动的，而是变化发展的。这是人们所熟知的道理。但是需要进一步探讨的问题是，世界为什么能够变化发展？它的发展动力是什么？它的发展方向是什么？它是否有自己的最终目的？如果不解决这些问题，世界可能就无所谓新旧之别了。

世界有新旧之别，说明世界是变化发展的，并经历着一个自身的发展过程，我们常常把这个发展过程描述成从低级到高级、从简单到复杂的过程。既然世界是不断变化发展的，那么任何一个现存的世界都将向一个更高级、更复杂的世界发展或跃迁，这就意味着任何一个现存的世界都可能成为旧世界。从这个意义上看，所谓新世界和旧世界不是两个完全不同的世界，而是同一个世界的不同发展阶段而已。

过去我们在哲学原理教科书中把整个世界理解为由三个部分组成：自然界、人类社会和思维领域。那个时候，我们是按照整体和部分的关系来理解世界观，以为整个世界包含了三个部分，所以它的范围比三个组成部分中的任何一部分都要大，因而它的规律也就最普遍，可以运用到其中任何一个部分中去。所以才有历史唯物主义是辩证唯物主义的普遍规律在人类历史领域的具体运用的结果。这种思维方式显然不符合辩证法精神。按照辩证法的思维方式来理解，任何事物都有一个发展过程，并都表现为由低级到高级、由简单到复杂的发展过程。所以在世界观问题上就必须把这三个部分理解为在同一个世界发展过程中的三个不同发展阶段，也就是说，自然界属于世界的低级发展阶段，人类社会则属于世界的高级发展阶段，当然，人类社会本身也表现为由低级到高级的发展过程。至于思维是否是一个独立的发展阶段，这是有不同看法的。黑格尔认为思维、精神构成世界的独立发展阶段，他认为世界的本质是绝对精神，所以它的发展终点也要回归于绝对精神，哲学精神是异化的宇宙精神。① 但马克思不认为思维、精神是世界发展的独立阶段，思维、精神只是人类社会发展过程中的一个重要因素而已。世界发展的目的或使命是人向自身本质复归，向自身本质复归之后，人和物都能按照它们自身本质状态去存在和发展，而这一使命在共产主义社会中得到完成。

如果按照辩证法的思维方式理解世界，把世界理解为一个变化发展的过程，那么就必然提出这样的问题：世界的发展动力是什么？世界的发展目的和使命是什么？

对于世界的发展动力和使命问题应该从各种生命现象中得到领会。根据人自身的成长经验，身体的成长需要吸收各种外部营养（食物、阳光、水分等等）；思维的成长需要不断地学习各种知识；心理和意志的成长需要经历生活中各种事件的磨砺；等等。我们知道，各种营养的吸收、知识的学习和生活事件的磨砺，必须内化为每个人自身内在的有机组成部分，这些外部的东西才能对我们每个人的成长真正起作用；反之，各种营养没

① 马克思：《1844年经济学哲学手稿》，中央编译局译，人民出版社2000年版，第98页。

有得到消化，各种知识没有学懂，没有内化为我们的思维能力，各种生活事件没有使我们产生触动、领会或思考，那么这些外部的内容就不会对我们的成长产生任何作用。德国哲学家谢林较早地注意到这个问题，并进行了哲学思考。按照他的想法，食物、阳光、水、各种书本里的知识，只有内化为人的内部有机生命或精神，才能具有生命力。因而这些外部的东西才能真正促使一个人的成长。这样一来，探讨事物的发展动力问题就必须进入事物的内部，在事物的内部去寻找事物的发展动力。比如一个人，他为什么需要外部的东西？而且为什么能够把外部的东西消化为自己的东西？在吸收和消化外部东西过程中都有哪些力量在起作用？这些问题都只能从事物内部寻找根据。

费希特和谢林认为，自我的本质是"活动"，不活动的东西就不是自我。而能活动的自我必然在自身内部产生对立面，这就是说，自我一活动就必然出现对立面。这也是生命的本质特征。黑格尔在评价谢林哲学时认为："对立的真正和解在于达到这样一个见解……对立的东西是同一的，而永恒的生命即是永恒地产生对立并且永恒地调节对立的生命。"[①] 这就是说，生命的发展动力来自它自身的能动性，这种能动性表现为生命以对立的方式推动自身发展。但是唯心主义只是从形式上说明了自我的思维活动及其对立面的形成，与此相反，马克思则是从感性和感性活动角度来理解事物的对立统一。

马克思在《对黑格尔的辩证法及其整个哲学的批判》一文中，充分证明了抽象的自我意识的虚假性，因为它没有自己的外部对象，所以"非对象性的存在物是非存在物。"[②] 马克思认为一个现实的感性的存在物都要有自己的对象，所以任何一个事物都是对象性的存在物，而且人的感性活动也是一种"对象性的活动"。那么，强调对象性的存在物、对象性的活动，其意义何在？

这些概念的深刻内涵在于说明人及其世界为什么是在人的实践活动基础上变化发展的。就人而言，人吸收了对象的内容，这在表面上看是出于生存的需要，但实质上是为了满足自己本质的需要。这就是说，自从谢林开始就已经认识到，事物的本质都只能在它的对立面中得到反映或得到规

① 黑格尔：《哲学史讲演录》第 4 卷，贺麟、王太庆译，商务印书馆 1978 年版，第 377 页。

② 同上书，第 106 页。

定。这个含义是与所谓的“一方水土养一方人”、“事非经过不知难”这些俗语的意思是一致的。一般而言，人从外部吸收进来的东西是与自己原有的东西是有差异的，因而是对立的。比如，人通过学习活动吸收书本上的知识，从而使自己的思想得到丰富，思维能力得到提高。学习什么样的知识对自己的提高有帮助呢？就是去学习那些与自己原有知识差别大的知识，怎样才能知道其中的差异大小呢？这就是从学习的难度大小来证明。难度越大，说明差异越大；差异越大，对自己的提高帮助就越大。这是因为发展和提高是通过综合活动来实现的。综合活动就是自我吸收并消化外来的内容，使这些外来的内容变成自己的内容。所以发展提高的幅度取决于外来内容与自身原有内容的差异程度。这种自身本质与外部对象之间的差异就是一种对立，因为你感觉到了难度。如果没有任何难度，也就没有对立，那么也就不会有所发展。既然发展是通过综合那些有差异的外部对象的内容来实现的，那么人就是由对立面所规定的，而发展就意味着人自身的原有内容被外来的有差异的新内容所否定。所以否定是事物发展的必然环节，否定性是事物自身内容发展的主要特征。而这种否定性的发展之所以只能在实践基础上才能实现，这是因为一切对象中的内容即一切直接知识，只能在实践活动中才能得到有效吸收，书本知识毕竟是间接知识。

但是，如果人的包括思想在内的全部身心内容都是由对象的内容或对立面的内容所规定，那么人与对象之间岂不是没有任何差异了吗？比如，人吃了面包就变成了面包，吃了苹果就变成了苹果，苹果吸收了阳光就变成了太阳，等等，这显然与生活常识严重不符。众所周知，任何事物都有自己的个性本质，不论它吸收了何种对象的内容，它都不会变成它的对象。事物总是有意识无意识地保持自己个性本质，有理性的存在者会自觉地保持自身本质，无理性的存在者会本能地保持自己的本性。事物能够保持自己本性这方面的共性就被称为“同一性”原则。事物的同一性原则也是一种顽强的力量，是一种在事物自身发展过程中始终保持自我的一种力量。如果没有这种力量，事物在走向自己的对立面时就难以保持自身。黑格尔认为这种同一性力量是一种“魔力”，是精神力量的表现。他说：“精神只当它在绝对的支离破碎中能保全其自身时才赢得它的真实性。精神是这样的力量，不是因为它作为肯定的东西对否定的东西根本不加理睬，犹如我们平常对某种否定的东西只说这是虚无的或虚假的就算了事而随即转身他向不再闻问的那样；相反，精神所以是这种力量，乃是因为它敢于面对面地正视否定的东西并停留在那里。精神在否定的东西那里停留，这就是一种魔力，这种魔力就把否定的东西转化为存在。"① 有了这种同一性力量，某事物才能成为某物，才能赢得它的真实性。

事物的发展力量或否定性力量与同一性力量合在一起就是"对立统一规律"，在了解了对立统一规律之后，还需要进一步了解世界一般发展过程。

从宏观上说，世界发展到人类历史，就进入到了它的高级阶段，人类历史比单纯的自然演化史的不同之处在于，世界以人的实践活动为中介来实现自身发展。在人的实践活动中介之下，世界才进入到了它的高级阶段。人生活在世界之中，人在自己的实践活动中把世界的内容内化为自己的本质力量，即人的本质力量不是人自己的主观力量，而是世界的内容对象化的产物，因而它是一种对象性的力量。人在实践过程中把自己的对象性力量又外化为对象性的存在，使世界发生改变，因而这种改变不能理解为人依靠自己的主观意志所实现的改变，而应理解为世界自身的改变，是世界以人为中介所实现的改变，所以人不是世界的主体，而是世界自身发展的对象性的主体性。在这个意义上，人类历史也是世界的发展过程。因此，马克思强调说："只有自然主义能够理解世界历史的行动。""历史是人的真正的自然史。"② 从这种宏观的历史过程来看，自然界和人类社会都是整个世界发展过程中的不同历史阶段而已。而世界之所以要经历这样一个发展过程，其目的就是要把自身本质显示出来。如果把各种特殊事物都看成是同一过程的不同阶段，那就意味着它们之间有着共同的本质，而各种特殊事物之间之所以存在差异，不是因为它们各自有不同的本质，而是因为它们对同一个本质的实现程度不同，并且根据各个事物对世界本质的实现程度不同，才表现出各自的特殊性，或者根据各个事物对世界本质的实现程度不同，才表现出低级阶段和高级阶段的差别。比如，人体和猴体似乎有很大差异性，但马克思说："人体解剖对于猴体解剖是一把钥匙。"③ 总之，正是因为整个世界有了共同的本质，世界才能有"对立统

---

① 黑格尔：《精神现象学》上卷，贺麟、王玖兴译，商务印书馆 1979 年版，第 21 页。

② 马克思：《1844 年经济学哲学手稿》，中央编译局译，人民出版社 2000 年版，第 105、107 页。

③ 《马克思恩格斯选集》第二卷，人民出版社 1995 年版，第 23 页。

一”的普遍规律。

二　批判之谓批判或理论思维的工作方式

只有明确了世界观的基本内涵，理论思维才能明确自己的方向。在人类历史中，如果说世界的发展是以人为中介才得以实现的，而理论思维又是人这个中介的重要方面，那么理论思维必然是世界发展的重要环节之一。近代唯心主义把思维看成是世界的基础，[①] 因为它们把世界本质理解为绝对理性；马克思则把思维看成实践活动中的要素，因而实践才具有“‘革命的’、‘实践批判的’活动意义”，[②] 实践才是现实世界存在和发展的基础；海德格尔认为解释世界（思维活动）本身就具有改变世界的作用。[③] 这些看法都强调了思维的重要作用，把思维看成是世界存在和发展的重要环节。然而，思维是以何种方式来发挥自己的作用呢？

西方哲学在它的长期发展中，曾把理论上的抽象、分析、辩论等工作统称为思维批判活动。对于这种思维批判活动马克思给予充分承认，他不仅在自己的一些重要著作中都采用了这种批判方法，而且他也把这种理论思维的批判活动看成人们生活中不能或缺的重要方式。如他在想象未来共产主义社会的自由生活方式时曾提到过，上午捕鱼、下午打猎、傍晚放牧、晚上从事批判。显然，批判作为一种理论活动，是一种重要的生活方式，是与捕鱼、打猎、放牧这些生活方式相并列的一种生活方式。而且他还批评了当时那些社会主义者们的主要缺点就是缺少理论批判活动，他说：“然而社会主义的原则，整个说来，仍然只是涉及到真正人类实质的实际存在的这一方面。我们还应当同样地注意另一方面，即人的理论生活，因而应当把宗教、科学等等当作我们批判的对象。”[④] 鉴于此，他才提出“在批判旧世界中发现新世界”的重要方法论原则。

在批判旧世界中发现新世界，这意味着批判活动是推动世界发展的重

① 黑格尔：《哲学史讲演录》第4卷，贺麟、王太庆译，商务印书馆1978年版，第63页。

② 《马克思恩格斯选集》第一卷，人民出版社1995年版，第54页。

③ 《晚期海德格尔的三天讨论班纪要》，F. 费迪耶等辑录，丁耘摘译，《哲学译丛》2001年第3期。

④ 《马克思恩格斯全集》第1卷，人民出版社1956年版，第416页。

要环节。而批判不仅是理论上的活动，更重要的是实践活动，马克思曾强调批判的武器不能代替武器的批判，物质力量只能用物质力量来摧毁。但实践的批判活动仍然要以理论的批判为前提，正如列宁所说的，没有革命的理论，便没有革命的实践。但是理论的批判对象依然是理论，马克思希望把宗教和科学等等作为自己的批判对象，也正说明了这一点。这意味着世界的发展首先需要理论上的创新发展，通过对代表旧世界观的各种理论进行批判来发现新世界观，在新世界观的指导下，才能有改变世界的实践活动。从他的毕生工作来看，也主要在从事理论的批判工作。他通过批判德国古典哲学来实现哲学变革；通过批判英国古典经济学来实现政治经济学变革；通过批判法国空想社会主义或各式各样“粗陋的共产主义”来实现社会主义理论变革。显然，这些理论变革作为新世界观，它们成为世界社会主义革命实践的理论先导。然而，马克思是怎样进行理论思维的批判工作呢？

马克思的批判工作一方面是分析已有理论自身的局限性或逻辑矛盾，这是发现问题的过程；另一方面是解决问题，以确立新的世界观。在发现问题的过程中，重点研究已有理论逻辑矛盾产生的根源。按照理论自身的逻辑推演过程，导致逻辑矛盾的根源通常在于理论思维的前提，一种理论思维的前提是一个理论体系得以确立的基础，如果发现一种理论思维前提具有虚假性，那么代表旧世界观的理论体系也就难以确立。所以理论思维批判工作的重点就变成了理论思维的前提批判，而发现新世界观的重点也就在于确立新的理论思维前提。马克思正是按照这种思路去从事他的批判工作。

马克思在哲学的批判中首先指出以往哲学的局限性，认为从前的一切唯物主义（包括费尔巴哈在内）的主要缺点是：对对象、现实、感性，只是从客体的或直观的形式去理解；唯心主义的优点是发展了能动的方面，其缺点是抽象地发展了能动的方面，因为唯心主义是不知道现实的、感性的活动本身的，所以马克思提出以感性活动作为自己哲学的基础，即对对象、现实、感性，当作人的感性活动，当作实践去理解。[①] 马克思的感性活动观点不仅为马克思哲学奠定了新的理论思维前提，而且也为他的政治经济学变革奠定了新的思维方向。他在批判古典政治经济学以建立自

---

① 参见《马克思恩格斯选集》第一卷，人民出版社 1995 年版，第 58 页。

己的政治经济学的过程中同样采用了这种批判方式。他在揭露原有理论体系自身矛盾时说："我们是从国民经济学的各个前提出发的。我们采用了它的语言和它的规律……我们从国民经济学本身出发，用它自己的话指出，工人降低为商品，而且降低为最贱的商品；工人的贫困同他的产品的力量和数量成反比；竞争的必然结果是资本在少数人手中积累起来，也就是垄断的更惊人的恢复；最后，资本家和地租所得者之间、农民和工人之间的区别消失了，而整个社会必然分化为两大阶级，即有产者阶级和没有财产的工人阶级。"① 对国民经济学自身矛盾的揭露，就为理论创新找到突破点。国民经济学产生上述矛盾的根源在于把资本家的利益当作最终原因来理解资本主义社会，而对资本家的利益即私有财产的本质却没有做出阐释。与此相反，马克思正是从分析私有财产的劳动本质以及商品价值的劳动本质入手，才确立了以劳动为主题、以新的价值观为基础的新的理论思维前提，并在这种理论前提下建立了新的政治经济学理论体系。马克思的政治经济学与哲学在理论思维前提上是一致的，因而在立场、观点和方法上也是一致的，这就为科学社会主义思想的形成奠定了重要基础。马克思在批判空想社会主义和那些粗陋的共产主义思想时认为，他们要么僵化地套用别人的现成公式，像蒲鲁东那样机械地套用黑格尔的逻辑学体系；要么缺少理论分析，缺乏对人的本性的深刻认识，只是在一些粗陋的理解认识基础上做一些个别的共产主义实验工作，而没有深入系统的理论研究工作。基于哲学和政治经济学的基本结论，马克思认为共产主义只能通过劳动来实现，人的解放必须以劳动解放为前提，等等。这些科学社会主义理论如果没有马克思哲学和政治经济学的解释前提，就难以获得正确理解。

从马克思主义理论的创新发展来看，理论的批判活动是理论创新的主要途径，但是为什么对已有理论的批判就同时意味着对旧世界的批判呢？也就是如何理解思维与存在、逻辑与历史之间的关系呢？

恩格斯认为理论思维是历史的产物，他说："每一个时代的理论思维，从而我们时代的理论思维，都是一种历史的产物，它在不同时代具有完全不同的形式，同时具有完全不同的内容。因此，关于思维的科学，也和其他各门科学一样，是一种历史的科学，是关于人的思维的历史发展的

---

① 马克思：《1844 年经济学哲学手稿》，中央编译局译，人民出版社 2000 年版，第 50 页。

科学。”① 这一方面是说，理论思维有自己独立的发展过程，不然就不能作为一门科学来研究了；另一方面，思维的发展是历史的产物，这意味着思维不是超然于社会历史之外的一种绝对存在，因而思维的独立发展过程不像黑格尔等唯心主义哲学所理解的那样，历史是绝对理念自身运动所展开的历史；与此相反，思维是以概念和逻辑的形式反映着现实的历史过程，只是因为现实的历史按照某种规律运动，因而，思维的历史是现实的历史过程的逻辑展开。这就是历史与逻辑相统一的观点。

我们在讨论世界观时，曾批判了黑格尔的唯心主义。在他的哲学体系中包括自然哲学、历史哲学、精神哲学，在他那里，精神不仅是一个独立的发展过程，而且是世界实现的最高形式。因为他把精神看成是世界的本质，因而世界在实现它自身本质的过程中，就必然在它的最高阶段出现一个向思维本身复归的过程，所以精神史、哲学史就成为世界本质的表现形式。马克思恩格斯是把思维看成世界发展过程的本质环节，正如认识是实践的环节，而实践也是世界本身发展的环节一样，人类的认识史是世界历史的重要环节。世界是在人的思维的中介下实现自我发展的。正如马克思所说的：“理性向来就存在，只不过它不是永远以理性的形式出现而已。”“意识则是应该具备的东西，不管世界愿意与否。”② 没有理性和意识，世界将变得盲目发展。

世界中有理性，并在理性的中介下实现发展，但这并不妨碍理论思维有自身相对独立的历史。思维的历史是人的一些先天机能促成的，比如，学习的机能和认识的机能等。恩格斯把理论思维看成人的才能方面的一种生来就有的素质，经过后天的学习培养就会形成一种获得性遗传，会使个体思维获得巨大的历史感。另外，每个时代的理论思维，随着历史的发展进步，都是在更高的水平上认识世界。每个时代的最高认识成果都是这个时代的本质的反映。正如马克思所说的，每个世纪都有自己的原理，“任何真正的哲学都是自己时代的精神精华。”③ 这些认识成果经过学习、通过获得性遗传，而形成认识的历史。认识的历史就是一种思想内容的逻辑或辩证逻辑。列宁在研究黑格尔逻辑学时，也形成了同样的结论：“逻辑

① 《马克思恩格斯选集》第四卷，人民出版社 1995 年版，第 284 页。

② 《马克思恩格斯全集》第 1 卷，人民出版社 1956 年版，第 417、418 页。

③ 同上书，第 121 页。

是对世界的认识的历史的总计、总和、结论。”①

既然理论思维的历史有自身发展逻辑，那么思维的历史逻辑与现实存在的历史规律是否一致呢？就是说，每个时代的理论思维能否反映那个时代的历史规律呢？恩格斯认为：“我们的主观的思维和客观的世界遵循同一些规律，因而两者在其结果中最终不能互相矛盾，而必须彼此一致，这个事实绝对地支配着我们的整个理论思维。这个事实是我们的理论思维的本能的和无条件的前提。”② 这一发现表明了这样一个道理：每个时代的理论思维都以发现该时代的现实世界的本质和规律为己任，并以能够用一种终极的理论视野、最高的理论眼光去洞察世界的深层奥秘为自豪。理论思维努力趋于现实世界，并力争与现实世界保持一致，这是科学精神的表现，是理论思维的本能。经过客观的评估，我们就会发现，任何时代的最高理论成就或“任何真正的哲学”都是那个时代的现实本质和规律的反映，即达到世界观认识。基于这样一个基本认识，我们可以说，如果我们的主观思维和客观的世界遵循同一些规律，这说明我们的主观思维达到了世界观认识的高度。客观世界与世界观的差别仅仅在于，在客观世界中，“偶然性发挥着作用，而在辩证的思维中就像在胚胎的发展中一样，这种偶然性融合在必然性中。”③ 这就是说世界观作为一种理论形式，它排除偶然性因素而直接反映客观世界的本质规律。在此基础上，我们可以说，对旧世界观的批判就同时意味着对旧世界的批判。

如果说任何时代的理论思维都有其本能的和无条件的前提，那么任何时代的理论思维都以某种世界观为前提。从这个意义上看，对理论思维的前提进行批判就是对这种理论思维所立足的世界观进行批判。如笛卡尔以“我思”为基础所建立的唯心主义哲学，他的世界观就是把人的抽象思维看成世界的本质，或者把人的抽象思维理解为认识世界和构造世界的基础；洛克以“感觉”或“直觉”为基础所建立的感觉论的经验论，他的世界观就是承认客观世界的优先地位；黑格尔在绝对理念的基础上所建立的客观唯心主义，他的世界观就是承认绝对理念是世界的本质，整个现实世界无非是绝对理念的自我展开；费尔巴哈在直观的自然人基础上所建立的与人道主义相吻合的唯物主义，他的世界观只不过是反对神学的自然主

① 《列宁全集》第55卷，人民出版社1990年版，第77页。

② 《马克思恩格斯选集》第四卷，人民出版社1995年版，第364页。

③ 同上书，第331页。

义和人道主义；等等。如果说哲学的发展史是通过理论思维的前提批判来实现的，那么哲学史就是世界观的认识史。从这个意义上说，马克思正是对黑格尔、费尔巴哈和古典政治经济学等等的世界观批判基础上，才发现了自己的新世界观，完成了现代哲学革命。

三　如何从旧世界中发现新世界？

理论思维的前提批判是理论思维创新发展的基本方式，也是人们发现新世界的基本方式。但是，理论思维的前提批判如何去发现新世界呢？发现新世界首先是发现新的世界观，发现新的世界观是一个理论任务，发现新世界观的理论任务只能从批判旧世界观中去完成。而这一理论任务之所以要通过理论思维的前提批判来完成，是因为理论思维的前提无非就是世界观。一种世界观作为对特定发展阶段的世界本质和规律的认识，它奠定了特定历史阶段的理论思维的基本前提。但是由于现实世界是不断发展的，在发展中，世界本质得到了进一步实现，所以旧的世界观与新的现实之间就必然存在不相适应之处，所以就需要确立新世界观，以确立新的理论思维的前提。确立新世界观当然离不开新发现的事实材料，但是确立新世界观的理论任务首先离不开批判旧世界观，一方面，用于发现新世界观的理论思维是旧世界观的理论成就，没有历史成就的理论思维无法完成发现新世界观的理论任务；另一方面，批判的对象没有发生改变，世界还是那个世界，封建主义社会与资本主义社会都是同一个世界，只是这个世界发生了一些性质上的变化而表现为不同发展阶段。所以理论思维在认识不同发展阶段的时候需要新旧对比，新思维与旧思维的对比是理解新思维的必要前提，这是思维规律的基本要求，不然人们就不知道新思维新在哪里了。通过理论思维的前提批判所形成的理论思维的历史就是世界观的发展史，世界观的发展史与现实世界的发展史应该基本一致，因为世界观的理论任务无非是认识世界的本质和规律，而思维对世界本质和规律的认识又取决于世界对自身本质的实现程度。没有超出自己时代的理论思维。所以如何在批判旧世界中发现新世界，如何进行理论思维的前提批判，仍然需要回到世界观的讨论中。

前面说到，世界是一个自身发展过程，从自然界到人类社会，以及人类社会的各个历史阶段，都是世界这个同一个过程中的不同阶段，马克思说："历史本身是自然史的即自然界生成为人这一过程的一个现实部分。"① 这意味着马克思把整个世界——既包含自然界又包括人类历史——都看成是一个自然史的过程，因而在这个自然史的过程中，既然有其现实的部分，那么就可能有其潜在部分。如果说人类史是自然史的现实部分，那么自然史的潜在部分是什么呢？是单纯的自然演化过程？这还需要进一步讨论。但是，既然人是从自然界中产生出来的，那么人与自然界之间必然有着某种共同的本质：如果二者没有共同的本质，它们就不会隶属于同一个自然史的过程。另外，我们从世界自身发展动力的角度也可以看到这一点，世界发展的动力在于世界自身内部的矛盾性，这个矛盾性就是同一性与差异性的对立统一。而同一性就是保持自身本质在自己的整个发展过程中始终不变的力量。由此可见，世界必定有着某种共同的本质。如果世界没有共同的本质，那么世界就不会遵循着某种普遍规律去发展，世界就会成为一个漫无目的的过程，也无法区分哪个是低级阶段、哪个是高级阶段，而人可能也无法在自然界中生存。

世界作为一个过程之区分为低级阶段和高级阶段，这是由世界本质的自身实现造成的。世界发展的目的和使命在于实现其自身本质。中国古人讲"天命之谓性"，又讲人生目的在于"各正（证）性命"。这是说，每个人的秉性都是世界本质的不同表现，每个人用自己的整个生命过程，从不同角度展示着世界的共同本质。这才有人生五十知天命的说法。其实，动植物都以自己的方式展示着世界本质的发展过程，比如植物从种子开始到最后成熟的果实，这一过程较为直观地展示了世界的发展过程。植物生长的目的就是为了实现自己种子里的本质规定，它的根、茎、叶、花朵、果实以及果实的从小到大、从不成熟到成熟，都是种子中的本质规定的不同表现形式或实现形式，待到把自己的本质全部实现出来之后，果实就自动瓜熟蒂落，这是宣告自己的使命已经完成。整个世界发展也是如此，它有纯粹的自然演化的低级阶段，也有由有意识的人类所实现的高级发展阶段。自然演化过程之所以是低级阶段是因为世界本质的实现程度较简单贫乏，而高级阶段意味着世界本质的实现程度复杂丰富。那么，世界是否像植物那样有一个自己的完成阶段呢？黑格尔和马克思都承认这一点，黑格

① 马克思：《1844 年经济学哲学手稿》，中央编译局译，人民出版社 2000 年版，第 90 页。

尔认为世界的完成形式是向绝对理念回归，是通过他的逻辑学方式实现的；马克思则认为世界的完成形式是向人的自身本质复归，表现为共产主义社会中人的自由全面发展，而这一历史使命的实现是在人类历史中完成的。马克思说："这种共产主义，作为完成了的自然主义 = 人道主义，而作为完成了的人道主义 = 自然主义。"[①] 这即是说，共产主义既是人类历史的完成形式，也是整个世界或整个自然史的完成形式。如果说共产主义是人的自由全面发展，那么共产主义社会中，每个人的社会存在方式必然是"自由人的联合体"。共产主义这种人的存在状态就是世界本质的全面实现，这说明世界本身的目的和使命已经实现。这里需要说明的是，完成不是停止，而是人能够按照自身本质的状态去生活。

由于世界有自己的本质，并为实现自己的本质而展开一个有规律的过程，所以世界才成为一个有自身本质和规律的客观存在。既然世界有自己的本质和规律，那么如何运用理论思维去把握世界的本质和规律就成为一个重要方法论问题。对此，马克思做出了具体解释。他说在思维中把握客观世界的基本方法可以概括为"具体—抽象—具体"的思维过程。这一思维过程中包含研究过程和叙述过程两个方面。研究过程是在充分占有各种材料的基础上，分析它的各种发展形式，探寻这些形式的内在联系；而叙述过程是把各个思维规定按照一定的逻辑重新组织起来，以达到在思维中再现具体。[②] 这里的重点是研究过程，其中涉及分析和抽象两种思维方式。所谓分析就是把一个整体事物要素化，即对事物整体的各个要素、各个环节做出思维规定，从而把一个混沌的表象具体转化为不同的简单的思维规定。但仅仅完成要素化的分析活动还不能完成研究工作，还需要思维的抽象活动。思维的抽象活动是对一个混沌表象整体进行抽象，去除各种偶然性和杂多性，使之变得越来越稀薄的抽象，直至达到最简单的规定，马克思把这个最简单的规定称为"最一般的抽象"，[③] 这个"最一般的抽象总只是产生在最丰富的具体发展场合，在那里，一种东西为许多东西所共有，为一切所共有。"[④] 在这个意义上，最一般的抽象就是对事物本质的总体性反映，它决定着事物的出发点和发展方向。这个对事物总体性反

---

① 马克思：《1844 年经济学哲学手稿》，中央编译局译，人民出版社 2000 年版，第 81 页。

② 参见《马克思恩格斯选集》第二卷，人民出版社 1995 年版，第 111 页。

③ 同上书，第 22 页。

④ 同上。

映是整个认识活动中最重要，也是最困难的工作。只有经过分析和抽象的思维活动，才能使我们全面描述一个事物的整体，以达到在思维中再现具体内容。

既然把握世界本质和规律的思维要素包括最一般的抽象及其诸多思维规定，那么我们在批判旧世界和发现新世界的时候，就应该从这些思维要素入手去批判其不合理性，并在现实的新材料中去发现这些要素的新内涵。这是世界自身发展的要求，世界总是不断地把自身本质实现出来，这就要求我们的理论思维不断更新我们的认识。哲学史上出现的哲学体系更迭也正说明了这一点。比如笛卡尔试图以“我思”为基础来说明整个世界的普遍规律，但由于我思的主观片面性的缺点，他没能完成这一理论任务，最终导致二元论。这才出现斯宾诺莎一元论的精神实体，不仅精神世界的本质是神，而且整个自然界的本质也是神。但由于他的神缺少能动性，所以难以把整个世界连为一体。费希特虽然发挥了“自我”的能动性，但他与笛卡尔有着共同的局限性。只是到了黑格尔，他吸收了以往形而上学的经验教训，把斯宾诺莎与费希特的自我结合起来，去阐释整个世界的普遍规律。他认为整个世界的本质是绝对理性，这个绝对理性在自然界中表现为“玩冥的理性”，只有发展到人这个有理性的存在者这里，也就是，只有到了笛卡尔这里，才以哲学的方式让世界回到自己的真正基础之上：理性思维。① 所以黑格尔以人的纯粹自我意识来表达和实现绝对理性的自我实现过程。这样，他第一次把整个世界普遍地联系了起来。

近代唯心论的发展史可以看成是世界观的发展史，是通过单纯的理论批判活动使世界观理论不断完善。马克思对黑格尔的批判不仅有理论上的批判，而且还要回到现实社会和国家生活中去加以批判。马克思年轻时在给朋友的信中还带着唯心主义的色彩说道：“理性向来就存在，只不过它不是永远以理性的形式出现而已。因此，批评家可以把任何一种形式的理论意识和实践意识作为出发点，并且从现存的现实本身的形式中引出作为它的应有的和最终目的的真正现实。”而理性形而上学的现实形式就是国家，国家把自认为是世界的理性确立为自己的使命和理想，君主以世界真理的化身来构建国家。所以国家“它到处意味着理性已经实现。但同时它又到处陷入理想的使命和各种现实的前提的矛盾中。”“所以从政治国

---

① 参见黑格尔《哲学史讲演录》，贺麟、王太庆译，商务印书馆1978年版，第63页。

家自身的这个冲突中到处都可以引出社会的真理。”① 从这里可以看到，国家总是以特定世界观作为自己的思想基础或意识形态基础，在这种世界观基础上，确立自己的国体和政治法律制度，使理性变成现实。但是人类社会却是不断发展着的，这种变化意味着世界有新的本质被实现出来，所以原来所形成的世界观与新的变化了的世界之间必然不相一致，这种不相一致具体表现在国家自身的理想使命与各种现实前提的矛盾冲突。这就要求人们必须回到现实生活中、回到人们的社会实践中去探索新的世界观，即从现实的社会生活中引出新的社会真理。

新的世界观或新的社会真理并不意味着要与原来的世界做出严格区分，而是对那些过去没有认识到的世界本质进一步加以认识理解而已。对世界本质和规律的认识，既取决于认识对象即世界自身本质的实现程度，又取决于人的认识能力的发展水平。马克思认为，全部历史运动，既是它的现实的产生活动，同时又是认识它的意识的生成运动。马克思说：“历史的全部运动，既是它的现实的产生活动——它的经验存在的诞生活动——同时，对它的思维着的意识来说，又是它的被理解和被认识到的生成运动。”② 这两个运动可以理解为具有同时性或同步性：世界自身本质实现到何种程度，即现实历史发展到何种程度，则对它的认识和理解才能达到何种程度。赫拉克利特曾有句名言：自然喜欢躲藏起来。自然躲藏起来意味着自然的本质处于潜在状态，尚未实现出来，对于尚未实现出来的世界本质，人们是无法认识它的。所以不存在超出自己时代的思想。正如“每个原理都有其出现的世纪”③。就世界观而言，每个时代必然有其特殊理解和认识。比如世界在它的自然界发展阶段里，自然科学研究发现自然界是依靠它自己的自然力推动它的进化或演化，于是便形成自然本体论的世界观；而世界发展到人类社会阶段，世界的发展就主要依靠人的力量来推动，自然力成为人力的从属力量，于是便形成人类中心主义或人本主义世界观；当然，对人类历史不同阶段的认识也不一样，封建主义时代人们认为是依靠地主阶级的力量推动世界发展，因为其他人都只能依靠地主阶级才能生存；而资本主义时代人们认为是依靠资本的力量才获得发展；等等。这些认识都是特定时代、特定历史阶段所形成的世界观，这些世界观

① 《马克思恩格斯全集》第 1 卷，人民出版社 1956 年版，第 417 页。

② 马克思：《1844 年经济学哲学手稿》，中央编译局译，人民出版社 2000 年版，第 81 页。

③ 《马克思恩格斯选集》第一卷，人民出版社 1995 年版，第 146 页。

就它们所处的特定时代而言，可以说是有其自身合理性的，因为世界本身在它的生成和发展的不同阶段里都有不同的特殊本质表现，马克思把这种特殊本质比喻为“普照光”，马克思说：“在一切社会形式中都有一种一定的生成决定其他一切生产的地位和影响，因而它的关系也决定其他一切关系的地位和影响。这是一种普照的光，它掩盖了一切其他色彩，改变着它们的特点。”① 这就是说，这种特殊本质作为普照光决定着它所在的时代的其他一切事物，于是对这种特殊本质的认识，就是特定时代的世界观。在这个意义上，世界观必将随着世界自身的不断发展而有所新的变化。

以往世界观理论的局限性不在于人们对于世界本身认识上的片面性。在特定历史阶段里，对于世界产生这种片面性认识，是不可避免的，这是因为一方面，世界本身处在一种片面的发展阶段，对于片面的世界形成片面的认识，这正是世界本身片面性的表现；另一方面，这种认识上的片面性是来自于后一代人所作的评价，只是对于后一代人来说，这种认识才是片面的。一般来说，在某个时代所形成的所谓片面认识，对于那个时代来说，都有其合理性，只是这种世界观在与现实前提发生矛盾的时候，才显现它的不合理性。那么以往世界观理论的局限性是什么呢？主要在于人们把这种特殊世界观凝固化了。当人们僵化地对待某种特殊的世界观时，即把它看成永恒真理时，也就阻止了探索真理的脚步。这种僵化的认识论态度与世界本身的发展之间是相矛盾的。马克思一方面批判了这种僵化静止的形而上学观点，另一方面他发现了以劳动为主题的新的世界观理论。在他看来，世界既不是单纯地依靠自然力去发展，也不是依靠地主阶级或资产阶级去推动发展，而是依靠物质生产劳动来实现发展，物质生产劳动才是历史发展的根本动力。他之所以能形成这种世界观，是因为世界在他的时代里即资本主义获得了充分发展的时代里，劳动已经扬弃了以往各种特殊劳动形式而达到了它的一般劳动形式，这种一般劳动的具体表现就是社会化大生产，这种劳动形式被马克思看成是劳动的完成形式。而且这种劳动形式已经能够为每个社会成员的自由全面发展提供必要的物质基础，因而这种劳动形式也是共产主义社会的物质基础。

新世界观的形成之所以需要批判旧世界，是因为世界观作为对世界本

① 《马克思恩格斯选集》第二卷，人民出版社 1995 年版，第 24 页。

质和规律的认识，它必须从世界本身的现实历史中获得认识资源和理论证明。如果说世界本身表现为一个过程，那么世界观理论必须从现实历史中获得认识资源，这种认识资源同时就是世界观理论的证明。事实上，马克思的历史唯物主义理论正是通过对人类历史的考察，才发现了生产劳动对历史发展的根本作用，历史上一切其他现象都是在生产劳动的基础上形成的。所以世界观理论如果脱离了对旧世界的批判考察，就很难使新的世界观得到确立，很难形成一种规律性认识。马克思通过对旧世界的批判，发现人类历史的每个时代都是生产劳动在起着决定性作用，从而提醒人们要重新认识历史，不仅要依靠劳动人民，而且还要尊重劳动人民。所以马克思感慨地说："我们是从世界本身的原理中为世界阐发新原理。""问题并不在于从思想上给过去和未来划下一条不可逾越的鸿沟，而在于实现过去的思想。而且人们最后就会发现，人类不是在开始一件新的工作，而是在自觉地从事自己的旧工作。"①

① 《马克思恩格斯全集》第 1 卷，人民出版社 1956 年版，第 418 页。

情境性概念与悟觉思维

——中国哲学思维特质略论

张艳辉*

从西方哲学的视野看，近代以来科学从哲学的母体中脱离并自立门户之后，哲学的研究领域自愿或不自愿地发生了变化。探索世界是什么、世界的结构和运作方式如何，是科学的分内事；哲学则研究我们理解世界的方式、概念方式。用分析哲学的话说，哲学的工作是（不脱离事情的）语言分析或概念考察。就此而言，一种哲学形态用什么样的概念来思考，决定了它的思维方式和特质。自觉探究传统中国哲学使用什么样的概念，它与西方哲学的概念相比有何特色，它有何种思维特质，应该是理解我们自己的哲学传统、寻回依稀以“痕迹”的形态存活于我们头脑中的“哲学自我”的必由之路。在西方哲学传统思想资源耗尽并陷入相对沉寂的今天，我们能不能说出点不一样的东西、有启发的东西，全赖这条路走得如何，怎样清晰界定那些依稀“活着的传统”，并让它们重新跃然呼吸在我们自己的哲学文本中。

按照高清海老师晚年的思考，中西方哲学的差别在于“西方关注的主要是成就人的生命活动价值，完成人性的生存使命，这使它从一开始就把‘智慧’引向了认知的方向，从‘对象意识’走上概念化的逻辑思辨之路；中国关注的是完善人的生命本性，开发生命的内在价值，由此中国发挥了注重义理性的悟觉思维”①。他认为，“重要的是把握中国哲学的总体精神和独特风格”②，并清晰地将中国哲学的思维方式界定为“悟觉思维”，认为这是中国哲学的特色。在本文中，我将结合自己的学习体会，

---

* 吉林大学哲学基础理论研究中心暨哲学社会学院博士研究生。

① 高清海：《高清海哲学文存续编》卷一，黑龙江教育出版社 2004 年版，第 197 页。

② 同上书，第 190 页。

尝试将中国哲学的概念界定为情境性概念，相应地，将西方哲学的概念界定为知识性概念。笔者认为，中国哲学思维的特色在于以情境性概念来达成悟觉思维，情境性概念在思考框架、施指方式、以言取效的方式、论证方式等方面，都不同于知识性概念。选择这样一个题目，对于笔者的学力和积累来说犹蚊负山，这是实然；但作为一个受惠于高老师的思想和他留下的学术传统的学生，参照自己的兴趣交出一份作业，则是应然。至于这份作业完成得好不好，反倒是其次的。

一　知识性概念的内在困境

按照高老师对西方思维模式的总结，“西方哲学注重于生命的外向价值，讲求‘知物’，认识物的存在本性，所以它们就着重发挥了‘理性’的认知功能，发展了知识论的对象意识，由此形成了‘存在论’形态的哲学。”[①] 这种“知识论的对象意识”所发展出的概念，可以合理地称为知识性概念。

即便不将视野局限在认识论哲学的范围内，西方哲学的知识性取向也是很明显的，这就是对确定性的寻求。“本体”作为这种确定性的承载和表达，有着内在的理论困境：第一，本体作为对象，“大于”甚至完全异于对它的意向活动，于是对它的认识就成了问题；第二，如果取消了这种差异而将一元论彻底化，人就成了本体认识和实现自身的工具。这种本体之学的困境，也就是知识性概念的困境。近代认识论哲学出于对直接断言本体的怀疑（如笛卡尔的“普遍怀疑”），要求首先反省人的认识能力。在这里，对象意识的内在矛盾在于，如果对象和认识主体是两个不同的、根本异质的东西，而认识活动则是沟通两者的中介的话，那么知识就无法达到最终的确定性。因为中介和对象之间的异质性问题依然无法解决，又需要一个中介的沟通，这会形成无穷的倒退。康德的解决办法是，将对象和认识主体的差异转化为感性、想象力和知性三种认识机能的内在差异，将先验想象力界定为感性和知性之间的沟通媒介来形成知识。至于想象力与知性和感性作为不同的机能如何沟通的问题，康德则只是语焉不详地说

① 高清海：《高清海哲学文存续编》卷一，黑龙江教育出版社 2004 年版，第 209—210 页。

想象力同时具有知性和感性的性质而能起到连接作用①。这是《纯粹理性批判》中“先验演绎”部分的内在矛盾，由此发展出的两条截然不同的哲学路径即是明证：以费希特、谢林和黑格尔为代表的德国唯心论继承发展的是具有“范畴派生能力”的先验统觉或先验自我，将它作为具有生产能力的本原而逻辑地演绎出来；海德格尔则抓住先验演绎中非逻辑的先验想象力来发展自己的“存在”思想，为此还写了一本厚厚的“康德书”。

对这种知识论困境的解决，一条可能的路径是将认识过程发展为“同一个东西”的自我认识，以此彻底排除“相异则不可知”的困难，这是黑格尔的路子。换言之，知识如果不是自我知识，那么它就是没有意义的。众所周知，黑格尔的《精神现象学》是从与传统认识论的对话中发展出来的，依黑格尔之见，“把认识活动看作是我们借以把握绝对者的一个工具，或我们借以观审真理的一个媒介等等，都是一些没有出息的想法和说法，而它们的归宿是假定这样一种关系：这边是一种脱离了绝对者的认识活动，那边是一个脱离了认识活动的绝对者。”② 黑格尔用一种与怀疑论的对话（“辩证法”）作为动力来扬弃对绝对者的各种不充分规定及其对应的诸多意识形态，最终达到“绝对知识”，即“绝对者”对自身的充分认识。总体而言，这是对西方传统的本体论哲学和认识论哲学的完成，或者说是以认识论的方式完成的本体论哲学，它已经穷尽了古希腊开出的哲学视轨的可能性。

从文明形态多样性的视野看，西方哲学思维的倾向也在黑格尔《精神现象学》里明晰地揭示出来，不管作者本人是否明确地意识到了这一点。按照他对精神本身的规定，在绝对知识之前的精神形态可以一般地称为对象意识，对象意识的天然倾向在“知性”阶段表现得最为淋漓尽致。知性的工作方式在于从现象世界中抽取各种法则，并最终将之合并为一个规律（“力的规律”），然后认为这个规律是整个现象世界的本质并以此取消现象世界存在的真实性。③ 这样一种运作方式作为意识形态，“自在地”看来就是欲望，即把对象世界吞噬掉、消除对象之他异性的意识形态——

① 康德：《纯粹理性批判》，邓晓芒译，杨祖陶校，人民出版社2013年版，第103页。

② 黑格尔：《精神现象学》，人民出版社2013年版，第49页。

③ 参见黑格尔《精神现象学》“力与知性’章，先刚译，人民出版社2013年版，第84—107页。

自我意识①。这种知性的思维运作是西方哲学的标志性倾向，其最终的完成形态不外乎两种。一是海德格尔所总结的，传统西方哲学已经在现代的科学技术中最终完成。科学已经成功地将整个自然，甚至人本身都予以规整划齐，并填入知性运作所划定的"架格"。二是上面提到的黑格尔哲学，这种"作为基督教的哲学定义"的哲学形态，唯一合乎逻辑的结论就是将有限事物作为绝对者的"自身区分"和"自我分裂"，是绝对者达到自我认识、自我实现的环节和工具，而它们本身则没有真理性。由此得到的让人最不安的结果，用德国学者霍斯特曼的话说，就是"作为人类我们不再能够恰当地将我们自身思考为认识的主体"，从而"成了理性之过程的牺牲品"。②

知识性概念造成的这两种结果是后黑格尔哲学反思的起点。首先对第一种结果提出反思的是胡塞尔，他将这种彻底的科学主义、客观主义的思维倾向追溯到伽利略"将自然数学化"的科学构想。自然科学过度沉迷于"将科学的理念还原为纯粹事实的科学"而将与其主题无关的因素和维度，如实践、伦理、审美等全部排除和抽象掉，这导致它丧失了对生活的意义和科学世界对人们生存于其中的生活世界的掩盖和遮蔽，这就是胡塞尔所谓的欧洲科学危机。③ 按照胡塞尔晚年的助手欧根·芬克（Eugen Fink）的理解，胡塞尔的先验自我即是针对科学主义立场的"治疗性概念"，尽管可能有些矫枉过正。对上述第二种西方哲学的完成路向的批判，则是后现代主义哲学家努力的共同方向。按照德里达的论证，自亚里士多德一直到黑格尔哲学所提出的本原（arche），即使存在也已经处于延异中，也是一个"非本原的本原"、"没有自身的自身"——"德里达因而反对所有对差异化过程的本原加以定位的尝试，因为它们要寻找差异化过程的原因或支配性原则。他拒绝延异中的任何'本原性'。换言之，我

---

① 黑格尔：《精神现象学》，先刚译，人民出版社 2013 年版，第 112—113 页。另外，美国学者昆汀·劳尔直接将黑格尔的"欲望"翻译为"食欲（appetite）"，即将对象吃掉的倾向，参见 Quentin Lauer：*A Reading of Hegel's Phenomenology of Spirit*，Fordham University Press，1993，p. 108。

② 洛夫—佩特·霍斯特曼：《黑格尔的遗产》，罗久译，见 http：//www. douban. com/group/topic/49100143/。

③ 参见胡塞尔《欧洲科学的危机与超越论的现象学》，王炳文译，商务印书馆 2012 年版，第 58 页。

们总已被卷入了差异化过程了，并且那个过程没有单一的逻辑。”①

综上所述，如果不完全贯彻确定性的寻求并将世界同化为知识，就会造成现象和物自身分裂的痛苦；如果将确定性的追求贯彻到底，将事物看作唯一的实体性原则实现和认识自身的环节和工具，则势必面临将人本身虚存化的危险，这就是知识取向和知识性概念的内在困境。

二　情境性概念与中国哲学的思考框架

从不同哲学形态的视野看，对形而上对象的规定的微妙差异，可能会造就各民族的整体精神取向的差异，甚至可能规定着这个民族的伦理实践倾向。德里达将自己的解构思想当作一种伦理和政治姿态、一种对权威和霸权的反抗，这可以看作是对传统西方哲学知识取向的产物——唯一的实体性原则及其造成的实践后果的反应。“可以有一种思考理性、思考人、思考哲学的思想，它不能还原为其所思者，即不能还原为理性、哲学、人本身，因此它也不是检举、批判或拒绝。”② 这本身就标示着对知识性概念因追求彻底的确定性而必然带来的同质化倾向的反动。可以合理地认为，既保持哲学对象的形而上本性，又防止将这个对象固定化为一个将所谓“有限物”或他者收归己身并降低为环节的“自为存在”，可能是未来哲学的合法形态。

上文中德里达“非本原的本原”、“没有自身的自身”的提法，实际上与中国哲学对道的规定是类似的③。老子对道的最为形象的描述就是“散”——“朴散则为器”④，考虑到三十二章“道常无名，朴”的经文，可确定朴就是道的另一种说法。不论从道的“散”的形象，还是从老子对王侯的教导“道常无为而无不为，王侯若守之，万物将自化”⑤，都可以看出，道的作用是让万物“自化”，而没有一个将万物收归于己的“自身”，或者用高老师的话说，“道不属于西方式的本体，但具有化育万物、

① Dermo Moran: *Introduction to Phenomenology*, Routledge, 2000, p. 467.

② 德里达：《书写与差异》，张宁译，生活·读书·新知三联书店2001年版，第15页。

③ 参见孙利天《论辩证法的思维方式》，吉林人民出版社2006年版，第189页。

④ 《老子》二十八章。

⑤ 《老子》三十七章。

终极本原的性质和作用。"[1] 我们再来看《易传》对天的描述：

> 大哉乾元，万物资始，乃统天。云行雨施，品物流形。大明始终，六位时成，时乘六龙以御天。乾道变化，各正性命。保合大和，乃利贞。首出庶物，万国咸宁。[2]

《彖传》围绕天与万物的关系来解释乾卦卦辞“元亨利贞”。这里以“万物资始”，即天对万物的起始作用释“元”；以“云行雨施，品物流形”，即万物依赖天的施云布雨而得以流布成形释“亨”；以“乾道变化，各正性命”，即万物在天的变化中获得其本性释“贞”；以“保合大和”，即天确保万物不相害释“利”。在《彖传》给出的这幅宇宙论图景中，天唯一的作用即是化生万物。

从上面两例对中国哲学形而上概念的粗略勾勒，大体可以看出，不论道家还是儒家，都是从形而上对象与万物（包括人）的作用关系中对之加以界定。天润以雨露，化以四时，万物品类繁盛而不相碍，人赖天时变化的提示来耕息，所谓“天生烝民，有物有则”[3]，可能是先民的生活图景。由这幅图景反推出来的天或道的观念，只能是一个提供井然秩序的“虚位概念”，比附地说，也可以叫作“没有自身的自身”。在这样的视角下，中国哲学发挥主要作用的概念都是那些穷究“天人之际”的概念，这些概念在天、地（及其承载的万物）、人的框架下思辨人的行为以及人如何修养自身以更好地完成这种行为。这种将人自身也一并抓取在情境中的概念不同于对象取向的知识性概念，因而可称为情境性概念。《易传·系辞传》说：

> 《易》之为书也，广大悉备，有天道焉，有人道焉，有地道焉。兼三才而两之，故六。六者非它也，三才之道也。

这里，《易传》已经剥去了《周易》占筮的外壳，而以阐释卦象的形式表达哲学的思考：一个六爻卦中，上边两爻示天（阴与阳），中间两爻示人（仁与义），下两爻示地（柔与刚）。在这种以三才为要素的思考框

---

① 高清海：《高清海哲学文存续编》卷一，黑龙江教育出版社2004年版，第198页。

② 《周易·乾·彖传》。

③ 《诗经·大雅·烝民》。

架中，天和地为人的行为划定了一个“可能性空间”，要求做出恰当的选择，所以三四爻多忧患之辞。

这种以天、地、人（在有些哲学家那里，也将地与天合称为“天”）为要素的思考框架，特色鲜明地标志了中国哲学的特色。“天人之辨”、“天人之分”、“天人之际”经常是中国哲学争辩的重要话题，例如，荀子就批评庄子“蔽于天而不知人”，[①] 如果套用同样的句式，他可能也会批评孟子“蔽于人而不知天”。[②] 这里，天与人的分辨及它们各自在一个哲学学说中占据的地位，甚至隐然成为评价概念合法性的参考标准。

孔子虽然多次谈到天或天命，如“君子有三畏，畏天命，畏大人，畏圣人之言”，“不怨天，不尤人。下学而上达，知我者其天乎！”[③] 却没有对天的观念作系统的讨论，“对于孔子来说，其最重要的问题乃是礼乐秩序的重建，但有关礼之本的追问却更多地通向了人心”。然而，在孔子思想中却或隐或显地存在着天道人心的紧张关系，他的后学通过对《诗》和《易》的解释重新使天道成为儒家讨论的重要主题[④]。儒家直到《中庸》的“天命之谓性”，通过“性”这个概念既明确了天人（心）之间的分际，又建立了天人的直接联系，并由孟子的“尽其心者，知其性也。知其性，则知天矣”[⑤] 进一步发展。对道家而言，人所得于天（道）者称为“德”，这在“孔德之容，唯道是从”、“道生之，德畜之”、“德充符”等说法中均有体现。显然，这里的“德”，与儒家“为政以德”[⑥] 的含义是不同的。在对天所赋予者的态度上，道家也与儒家有别：道家对德采取保全的态度，人为对德的破坏，在老子那里是“伪”，在庄子那里是“天刑”[⑦]。

讨论天人关系，从根本上说就是辨析人身上得之于天或天命之于人的东西。在此基础上，儒家希望将之发明、发展和发挥出来而成“圣人”，道家则希望予以保全而成为“真人”。这种实现的方向，显然取决于对

① 《荀子·解蔽》。

② 参见王博《中国儒学史·先秦卷》，北京大学出版社2011年版，第542页。

③ 见《论语·季氏》和《论语·宪问》。

④ 参见王博《天道之两维——早期儒家〈诗〉与〈易〉学的变奏》，《中国文化》第三十二期，第53页。

⑤ 《孟子·尽心上》。

⑥ 《论语·为政》。

⑦ 参见《庄子·德充符》。

"天"的价值预设；这种实现的具体落实，必须还原到一个囊括了天、地（万物）、人的情境中，这是各家哲学提出概念的真实土壤。高老师说："如道、仁、义、理等概念，它们也是思维高度抽象的结果，但并不脱离它们所由来的血肉根基，而且只能从它们的来处才能体证、把握其思想内涵。"[①] 立足于这种土壤或"血肉根基"，各派哲学所提出的情境性概念，就是为天之所赋的实现所提供的标准，看它在何种意义上实现了对天的价值预设。在这个意义上说，中国哲学对天（包括地）和人的界定，都是情境性概念的组成部分、要素或者说"环节"——"逍遥游"（真正的情境性概念）必然包含"大宗师"、"德充符"和"齐物论"（分别是对道、德和人的用心的讨论）等等，反之则不然。

三　情境性概念与悟觉思维

高老师对西方哲学思维方式作出如下反思，"表面看来，西方以概念逻辑体系形式给出的本体世界是很明确、很实在的，甚至可以标榜那是'绝对真理'的发现，而在实际上，它愈是'明确、实在'，愈是显露出了矛盾。本体作为超验性的自在存在，它与现象世界即经验存在逻辑地分割成的不同世界如何去沟通，人们如何去把握这个世界，本质世界又怎样对现实生活起作用，这些就成为可以说根本无法解决的难题。"[②] 对比而言，中国哲学从道、天、理等形而上对象对人和万物的作用的角度，将之定位为"虚位概念"，这样就避免了将这些对象过度知识化、固定化的倾向。这也更有利于将它们作为要素抓取在情境性概念中，并在具体情境中保持与现实生活的一气相通，这可能是中国哲学思维方式的优长之处。

语言哲学家奥斯汀将语言行为分为三类：以言表意、以言行事和以言取效。以言行事主要指建立、命令、要求、宣告等施行式的语言行为；以言取效则偏重于对听者所产生的影响，例如说服、欺骗、使进步等等。[③] 这种分析框架对澄清中国哲学情境性概念及其悟觉思维特色是有帮助的。与西方哲学的知识性概念相比，中国哲学情境性概念的施指方式、以言行

① 高清海：《高清海哲学文存续编》卷一，黑龙江教育出版社2004年版，第199页。

② 同上书，第188—199页。

③ 阿尔斯顿：《语言哲学》，生活·读书·新知三联书店1988年版，第76—77页。

事和以言取效的方式都有自己的特色．特别是以言取效方面，是以悟觉思维达成的。

西方哲学的知识取向，决定了其概念主要是关于对象的知识，不论这个对象是一个物还是自然、精神，例如黑格尔《精神现象学》的描述。与此不同，中国哲学概念的施指方式是抓取一个情境，这个情境允许有一组行为，这组行为中正当恰好的那一个，就是这个概念所拣择和标举的行为。这个“正当恰好”，在儒家那里大概有中庸、仁、义、忠、恕、孝、致良知；在道家那里，大概有游、寓诸庸[①]（庄子）、无为、柔（老子）；在佛家那里，可能有外离相[②]等等这样一些概念来标示。不同哲学派别对天、地（万物）、人三种要素的价值设定不同，对情境留给人为的罅隙理解不尽一致，他们所标举的行为也是不一样的。尽管如此，他们都用这些概念来“以言行事”：对天人关系作出自己的回答，并以此示范一种理想的生活方式。

对一个情境的理解，不可避免地牵涉到对世界（天）、万物和人本身的理解。这种理解和紧随而来的行动标示着一个人的心灵达到的高度。对儒家来说，这种理解程度的提高，是对自身生命进行自觉培育和发明、扩充的结果。至于觉解到什么程度，检验标准还是落实到具体情境中：对事物和世界达到了何种不同的理解，以及在这个情境中的实践能不能达到比如“仁”这个概念所标举的那个恰当正好的要求。众所周知，《论语》中“仁”字出现了110次，这个数字一方面表明仁在孔子思想中的重要地位，另一方面也说明孔子依照情境说仁，而没想给它一个明确的定义。夫子自道的“吾十有五而志于学，三十而立，四十而不惑，五十而知天命，六十而耳顺，七十而从心所欲不逾矩”[③]和“不知命，无以为君子”[④]等说法表明，要做到“仁”的要求，不仅需要对自身的砥砺琢磨，而且要求和对天和命的思考结合起来。这些思想线索在《中庸》和孟子那里的发展，上文已经作出说明。孟子所谓“尽性”，《大学》所谓“明明德”，形象地说，就是将天之命于人者从一个“点”拉成一条“线”，让它沿着这条线往高处提升，这是一个由悟而达觉，即悟觉的过程。这可以说就是

---

① 《庄子·齐物论》。

② 慧能：《坛经》：“外离相为禅，内不乱为定。”

③ 《论语·为政》。

④ 《论语·尧曰》。

儒家学说的“以言取效”，至于“修齐治平”则是远一些的事情了。

《吕氏春秋·不二》说：“老聃贵柔，孔子贵仁”，我们可以说“柔”或者“无为”是老子的情境性概念，因为它们显然是对人与世界和万物的相处所提出的要求。老子对柔或无为的偏爱从他最喜欢以水作喻这一点最为明显地体现出来。另外，由对道和天的论说过渡到对圣人或侯王的训诫，几乎可以看作《老子》的言说习惯，如“天地不仁，以万物为刍狗；圣人不仁，以万物为刍狗”[①]、“道常无为而无不为。王侯若能守之，万物将自化”[②] 等等。王侯或圣人“不折腾”、不以自己的私欲去干扰百姓和万物的“自化”，就是“无为”，就是“柔”。另一方面也可以看出，老子对道的思辨不论如何玄妙，最终还是要落实到对他的言说对象的行上来——对道和天的思考，是情境性概念的“环节”。

对道家的另一位代表人物庄子，我们也可以有把握地说，他的情境性概念是“游”。“逍遥游”、“恢恢乎其游刃也必有余地焉”、“不谴是非以与世俗处”、“是以圣人有所游”、“游心于淡，合气于漠”[③] 等，都是在述说这样的生活状态：“游”在浑浊沉重的“人间世”，“物物”而不“物于物”——就像他和惠子在濠梁之上看到的“出游从容”的鱼一样。最终就能“应物而不伤”，做自己的帝王，所谓“应帝王”。道家喜欢以镜喻心，老子的“涤除玄鉴”，关尹的“其动若水，其静若镜”[④]，庄子的“鉴明则尘垢不止，止则不明”，都可以看作道家的修养功夫，最终达到的“虚室生白”就是道家情境性概念的“以言取效”。这单靠《齐物论》那样的概念思辨是达不到的，必须由悟而达觉，在自己的心上用力——“悟”的构字本来就是用心于我。这种“悟”的外在表现，就是对世界的理解不同，就像《逍遥游》中庄子讲的那个“不龟手之药”的小故事：同一个方子，宋人只能靠它在水中漂洗丝絮，那个游客却用它换来吴王的割地封赏。

由情境性概念达成的悟觉思维，也表现为“以类知之”、“以事知理”，这也决定了中国哲学特有的论证方式。“中国哲学论著缺乏严整的概念系统，多用格言、比喻、例证的方式表达思想，使用的概念又都没有

---

① 《老子》五章。

② 《老子》三十七章。

③ 分别见《庄子》“逍遥游”、“养生主”、“天下”、“德充符”、“应帝王”。

④ 《庄子·天下》。

明确定义，只能靠人们自己去领会和体悟。”[①] 荀子以蚯蚓之喻论为学："蚓无爪牙之利，筋骨之强，上食埃土，下饮黄泉，用心一也。”[②] 这里事疏理一，所以能贯通得起来。所以，高老师不仅说中国哲学“发挥了‘心性’的悟觉作用”[③]，也称中国哲学的思维方式是一种“注重义理性的悟觉思维”。

套用《易传》的说法，世界即便有一个自身，它也是“圆而神”的。不测谓神，我们中国的方块字和卦象，只是在这个圆而神的东西上面固定一个架格，所谓“方以知”。追求彻底的确定性的困境，上文已经揭示，也许我们人类应该满足于一种有限的知识观。抓取世界一个截面，同时将天、人、万物思考在内的情境性概念的思维方式，理应出现在我们自己的哲学文本中，将来，我们说不定能向西方人说出点“有意思的东西”。

谨以此文向高清海老师致敬。

---

① 高清海：《高清海哲学文存续编》卷一，黑龙江教育出版社 2004 年版，第 200 页。

② 《荀子·劝学》。

③ 高清海：《高清海哲学文存续编》卷一，黑龙江教育出版社 2004 年版，第 191 页。

三　高清海哲学与人的哲学反省

人与世界的否定性统一[①]

——高清海对人与世界关系的理解

孙正聿[*]

如何理解人与世界的关系？对这个根本性问题的理论回答，构成哲学的世界观。20 世纪 80 年代，在当代中国解放思想、改革开放的第一个十年，高清海先生振聋发聩地提出，人对世界的关系，不是动物式的肯定性的统一关系，而是人在自己的实践活动中所实现的否定性的统一关系。因此，作为世界观理论的哲学，只有以实践观点的思维方式去理解和对待人与世界的关系，才能从哲学上坚持和发展马克思主义哲学，从战略上推进中国的解放思想和改革开放，从思想上塑造和引导新的时代精神。把人与世界的关系理解为否定性的统一关系，把马克思主义哲学阐释为实践观点的思维方式，这是高清海哲学思想的核心观点，也是高清海先生对哲学作出的重大贡献。

一　人对世界的否定性统一的实践观

“实践”，这是 20 世纪 80 年代中国哲学界使用频率最高的哲学范畴，也是中国哲学界重新理解和阐释马克思主义哲学的核心范畴。然而，如何理解“实践”，怎样用“实践观点”阐释马克思主义哲学，则不仅是哲学界长期争论不休的问题，而且是关系到如何重新理解马克思主义哲学的根本性问题。

通常认为，“在马克思主义哲学中，实践是指人能动地改造物质世界

---

* 吉林大学哲学基础理论研究中心教授。

① 本文系国家社会科学基金重点项目“改革开放以来的当代中国哲学史”（项目号：11AZD054）的阶段性成果。

的对象化活动”。对“实践”的这种理解和解释，凸显了实践的能动性、对象性和物质性，既揭示了实践活动与消极地适应自然的动物的本能活动的区别，又揭示了实践活动与以观念的方式把握世界的精神活动的区别，因而合理地表达了“实践”的本质。但是，在对“实践”的这种理解和阐释中，却隐含着两个未予揭示的根本性问题：其一，实践作为人能动地改造世界的对象化活动，如何从实践的观点去揭示人与世界关系的本质？其二，从实践的观点看待人与世界的关系，是否构成具有世界观意义的新的思维方式？高清海先生所提出和论证的“实践观点的思维方式”，就是对这两个根本性问题的揭示和回答。

“实践观点的思维方式”，从根本上说，就是以实践的观点去看待人与世界的关系，并由此构成理解和阐释人与世界关系的思维方式。在高海清先生看来，这种实践观点的思维方式，就是马克思主义哲学的世界观和方法论。高先生的这个根本性观点，直接地源于马克思在《关于费尔巴哈的提纲》中所阐述的基本思想：“从前的一切唯物主义”之所以“只是从客体的或者直观的形式去理解”“对象、现实、感性”，唯心主义之所以“只是抽象地发展了”“能动的方面”，就在于他们不了解“革命的”、“实践批判的”活动的意义；而“社会生活在本质上是实践的”，“凡是把理论引向神秘主义的神秘东西，都能在人的实践中以及对这个实践的理解中得到合理的解决”。[①] 在高先生看来，对“实践”的“合理的解决”，就是“实践观点的思维方式”。

关于“实践”，高清海先生首先不是给出定义式的回答，而是从人与世界的关系出发，对“实践”进行“合理的解决”。高先生提出：“人所面对的现实世界，是由于人的活动已经两重化了的世界”。“现实世界的两重化就是指：一方面具有自然的本质，同时又有属人的本质。”[②] 对于两重化的现实世界，以往的哲学家们“或者把属人世界简单归结于自然本质，或者把自然世界简单归结于属人本质”，“都不能从否定性统一的关系中去把握现实世界的两重化本质”。[③] 正是从现实世界的两重化的根源和基础出发，高清海先生提出了对“实践”的根本性理解：实践，内蕴着马克思所说的“物的尺度”和“人的尺度”这两种“尺度”，既是

① 《马克思恩格斯选集》第一卷，人民出版社 1995 年版，第 54－56、60 页。
② 高清海：《高清海哲学文存》第 1 卷，吉林人民出版社 1997 年版，第 133 页。
③ 同上书，第 134 页。

依据“物的尺度”的“合规律性”活动，又是依据“人的尺度”的“合目的性”活动，因此“实践”构成人对世界的否定性统一；在这种否定性统一的活动中，实践“既是造成世界两重化矛盾性质的根源，又是解决这一矛盾实现它们统一性的基础”；因此，对实践的“合理的解决”，“也就是理解自然世界与属人世界否定性统一关系的基础”。①

高清海先生所概括的人对世界的否定性统一关系，其重大的哲学意义首先在于深刻地揭示了“实践就是主观见之于客观的活动”的思想内涵：“实践既是消除主观性与客观性各自的片面性、使主体与客体达到统一的活动，又是发展主观性与客观性的对立、造成主体与客体新的矛盾的活动”。因此，“在实践活动中不仅蕴藏着人类社会生活的一切秘密，也蕴藏着人的对象世界的一切秘密。它是人类面对的一切现实矛盾的总根源，同时又是人类能够获得解决这一切矛盾的力量和方法的源泉和宝库”。②因此，只有以“实践观点”去理解和阐释人对世界的关系，才能构成马克思所说的“合理形态”的世界观。

正是从对实践的“合理的解决”出发，高清海先生突破了理解“实践”的狭隘视域，明确地提出“实践观点的思维方式”问题。他指出：“马克思主义哲学立足于实践基础，自觉地以实践作为观察和处理一切问题的出发点，自然就会引起思维方式的根本变革”，并“必然会引起全部理论观点的深刻变革”。因此，高先生进一步明确地提出，“对于马克思主义的实践观点，我们决不能把它看作仅仅是用来回答认识的基础、来源和真理的标准等认识论问题的一个原理，而必须把它看作马克思主义用以理解和说明全部世界观问题、区别于以往一切哲学观点的新的思维方式。只有认识到这一点，才能把握马克思主义哲学全部内容的实质”。③

二　人对世界的否定性统一的真理观

人对世界的关系，之所以不是动物式的肯定性的统一关系，而是人所特有的否定性的统一关系，就在于人的实践活动既是依据“物的尺度”

① 高清海：《高清海哲学文存》第1卷，吉林人民出版社1997年版，第134页。

② 同上书，第125页。

③ 同上书，第125、126、114页。

的“合规律性”的活动，又是依据“人的尺度”的“合目的性”的活动，“合规律性”与“合目的性”在人的实践活动中是相互规定、对立统一的。从实践的观点看，人所追求的真理，就不仅仅是“对客观事物及其发展规律的正确反映”，而且必然包含着人的“合目的性”的追求。因此，高清海先生不仅以人对世界的否定性统一去解释“实践”，而且以人对世界的否定性统一去揭示“真理”，从而突破了“真理论的传统狭隘视界”。

事实与价值的关系问题，“合规律性”与“合目的性”的关系问题，或者通俗地说，“对不对”与“好不好”的关系问题，一直是哲学中莫衷一是，争论不休的问题，并经常被分割为关于“对不对”的真理问题与关于“好不好”的价值问题。这就是高清海先生所指认的“真理论的传统狭隘视界”。正是针对这个“狭隘视界”，高先生振聋发聩地提出：“人们不懈地追求真理，究竟是在追求着什么、要去追求什么?”① 这个追问，构成高先生探讨真理的文章的题目：《突破真理论的传统狭隘视界》，并把对真理的理解引向对人与世界关系的追问。

人们为何要追求真理？高先生颇具深意地提出：“人们通常所说求真、讲真、较真，以及‘要为真理而奋斗终生’这些话，决不仅仅是要使自己去适应或符合于外在的客观、客体和对象的意思，它们具有的内涵明显都超出了科学认知真理的那种意义。一种需要并值得人们为之奋斗终生，甚至不惜贡献生命而去争取的真理，是一个神圣而伟大的目标，其中必然体现着人们的某种理想和追求，寄托着人们对于未来莫大的美好期望。这样的真理，只能属于人自身创造本性的实现，不可能仅仅是回到事物已有的预先规定。”② 由此，高先生提出要从哲学的理论特性去重新理解哲学意义的真理：“哲学本是来自于生活的，理应去表现生活、理解生活、说明生活、批判生活、引导生活。哲学的真理论是教人分辨真假、追求真理的专门性理论，它应当具有宽广的视野和高超的意境，全面去表现生活中的求真活动，不仅要说明实然性的、手段性的、理论性的真理活动，也应说明应然性的、目的性的、实践性的真理追求以及它们之间的相互关系，决不能够也不应该把自己的视野仅仅局限于某一种真理的问题

① 高清海：《高清海哲学文存》第2卷，吉林人民出版社1997年版，第98页。
② 同上书，第100页。

上面。”①

在高先生看来，在哲学的意义上理解真理，从根本上说，就是从人的存在方式去理解真理，也就是从人对世界的否定性统一关系去理解真理。在《哲学笔记》中，列宁深刻地指出，“人给自己构成世界的客观图画”，“世界不会满足人，人决心以自己的行动来改变世界”。② 正是基于列宁的上述思想，高清海先生提出，“实践本性意味着，人是一种自我创造性的存在”，③“人在自身的创造性活动中，通过本性外投的方式，在把自身本质对象化于外部存在的同时，也就使对象人化，把自然事物变成了‘为我的存在’”。④ 由此，高先生富于洞察力地提出与“真理”相对的“假理”问题：“人之所以需要追求真理，这意味着人能制造一种假理，而且人也总在那里不断制造着假理。由于人经常为假理所诱导，又为假理所迷惑，常常是假中有真真中有假，假假真真真假难分，所以才需要去追求真理、分辨真假”。⑤“事情往往是这样，真中有假假中有真，假的可以变真的，真的也可变假，正所谓真变假时假即真、假作真时真亦假。如果不是这样，人就失去了创造能力，也就不再是人。”⑥ 高先生说，“按照这样的理解，人的求真就不简单是一种认知活动，而且是一种实际的创造活动；人所追求的真理也不单纯是为了适应自然、认同客观，而是贯注着人的理想、追求的一个创造性目标。为此，我们就不能不去调整、改变过去从单纯认知真理所形成的那种真理观念和理论框架。”⑦ 高先生提出，从人对世界的否定性统一的实践观点去看“真理”，“人所追求的真理，在它身上所体现的统一性就决不只是单纯趋向客观性的那种客体本有的统一性，而应是以人的方式所建立的人与客观、人与对象、人与世界的新的更高的统一性，这样的真理必然是体现着人的理想和追求的真善美的统一性”。⑧ 这就是高先生的人与世界否定性统一的真理观，也就是高先生的真善美相统一的哲学真理观。

---

① 高清海：《高清海哲学文存》第2卷，吉林人民出版社1997年版，第101页。
② 列宁：《哲学笔记》，人民出版社1974年版，第229页。
③ 高清海：《高清海哲学文存》第2卷，吉林人民出版社1997年版，第101页。
④ 同上书，第101—102页。
⑤ 同上书，第102页。
⑥ 同上书，第104页。
⑦ 同上书，第104页。
⑧ 同上书，第108页。

三 人对世界否定性统一的哲学观

人对世界的否定性统一，不仅是高清海先生的实践观和真理观，而且是高先生的哲学观——理解和阐释全部哲学问题的“理论硬核”或“解释原则”。高先生把自己的这个“解释原则”概括为“实践观点的思维方式”，并凝练成一个精辟的哲学命题——“人是哲学的奥秘”，从而提出了关于“哲学”的根本性观点——“哲学是理论形态的人类自我意识”。

按照通常的解释，“哲学”是“理论化、系统化的世界观”，而“世界观”是“关于整个世界的根本观点”，因此，“哲学”就是“理论化、系统化的关于整个世界的根本性观点”。依照这样的理解和解释，怎么能说“人是哲学的奥秘”，并且把“哲学”定义为“理论形态的人类自我意识”？高先生从人对世界的否定性统一关系出发，以实践观点的思维方式对自己的哲学观作出了系统的、深刻的理论论证。

高先生首先提出这样的问题：人为什么要研究“世界”？他的回答是：“人是出于关心人才去关心外部世界”，“为了理解人而研究世界，这应当是‘哲学’研究世界与‘科学’研究世界在任务、视角和方法上的根本分野”；因此，“把‘世界观’说成应当提供有关世界整体知识图景的看法，并不符合哲学理论的本性”；如果“要求哲学去提供关于世界的客观知识”，不仅有“越俎代庖”之弊，而且也是“无能为力”的。① 高先生的上述思想，不仅把哲学的“世界观”与凌驾于科学之上的作为“科学的科学”的哲学区分开来，而且为重新理解和阐释哲学的“世界观理论”奠定了基础。

正因为哲学的“世界观理论”离不开人的“视角”和“方法”，所以高先生提出进一步的追问：为什么“世界是同样的那个世界，哲学家们从它却创造出了不仅彼此不同甚至完全相反的无数种世界观理论”？他的回答是：“哲学家们不仅总是从对人的关系中去认识世界，他们在其世界观理论中所贯彻和表现的也只是人的观点”，“他们是怎样的人，是怎样理解人的，是怎样期望于人的，他们所创立的世界观也就属于怎样的理

① 参见《高清海哲学文存》第1卷，吉林人民出版社1997年版，总序第1—2页。

论。”“这样的世界观理论，作用并不在于给人们提供知识，提供知识乃是科学理论的任务；哲学的任务是要为人们提供升华自我精神世界的意境，向人们提供能够以人的方式对待世界事物的人的观点和方法。”“哲学理论根本地说来，只是一种‘价值理想’和‘思维方式’，它的作用也只在于推动人的自我超越、自我提升和自我解放”。[①] 正是基于对“哲学”，特别是直接地基于对“哲学”与“科学”关系的上述理解，高清海先生明确地把作为“世界观理论”的“哲学”定义为“理论形态的人类自我意识”。

哲学作为“理论形态的人类自我意识”，它的“理论形态”是千差万别的，其根源就在于以怎样的“原则”和“方法”去看待人及其与世界的关系。高先生认为，马克思的“实践观点的首要的和根本的意义就在于”，“它为人们理解人自己的本性，提供了一种崭新的原则和方法”。[②] 这个“原则”和“方法”，就是要以“实践”的观点“确立起把人理解为自身创造者的思维方式”，[③] 从“否定性统一”的观点去理解人与世界的关系。因此，只有以“实践观点的思维方式”所构成“理论形态的人类自我意识”，才是在对实践的“合理的解决”中所构成的“合理形态”的哲学观。

四　“实践观点的思维方式”的“真实意义”

高先生所强调的以“实践观点的思维方式”重新理解和阐释马克思主义哲学，不同于学界所说的以“实践唯物主义”或“实践本体论”重新理解和阐释马克思主义哲学。认真比较这几种“研究范式”，我们能够更为深入地理解“实践观点的思维方式”及其“真实意义”。

一是对实践范畴哲学意义的不同理解。从实践出发去理解人的社会生活，并以人的实践活动的观点去批判“把理论引向神秘主义的神秘东西”，这是“实践唯物主义”和“实践观点的思维方式”等解释模式的共同之处。但是，“实践唯物主义”所理解的“实践”和所强调的“实

① 高清海：《高清海哲学文存》第1卷，吉林人民出版社1997年版，总序第2—3页。

② 高清海：《高清海哲学文存》第2卷，吉林人民出版社1997年版，第7页。

③ 同上书，第7页。

践”，是人的实践活动本身，也就是从人的实践活动的特性——诸如实践的客观性、历史性、能动性、目的性等——出发去解释人的实践活动。这就是说，在“实践唯物主义”这里，“实践”是一个被描述的对象，是一个实体性的哲学范畴，尚未构成一种哲学意义的解释原则。正因如此，“实践唯物主义”既试图把实践作为核心范畴而贯穿于各种哲学问题之中，又无法把实践作为解释原则而重新解释全部哲学问题。与“实践唯物主义”不同，“实践观点的思维方式”所理解的“实践”和所强调的“实践”，并不仅仅是人的“实践”活动，而主要是马克思所说的“对这个实践的理解”，也是把“实践观点”作为一种“思维方式”来理解人、理解人与世界的关系，从而构成一种可以称之为实践论的世界观。正因为是把实践的哲学意义理解为“实践观点的思维方式”，所以这里的“实践”既不是一种经验对象的“实体”范畴，也不是客体意义上的“关系”范畴，而是一种哲学意义上的解释原则。这种解释原则，就是从人的内在矛盾以及由此构成的人与世界之间的内在矛盾出发，去理解和解释全部哲学问题。

二是对实践范畴的本体论意义的不同理解。由于“实践唯物主义”是从“实体”意义上理解“实践”范畴，因而合乎逻辑地认为，马克思的哲学变革“首先在于把实践引进了本体论，把实践提升到世界本原的行列中去”。这种解释表明，“实践唯物主义”作为一种解释原则，尚未跳出传统哲学寻求世界本原的形而上学窠臼，只不过是把作为世界本原的“物质”或“精神”替换为“实践”。正是这种本质上属于传统哲学的解释原则，使得“实践唯物主义”陷入了难以自拔的窘境之中。这就是：如果把作为人的存在方式的“实践”视为“世界的本原”，如何解释人类产生之前的世界的存在？“实践唯物主义”迫不得已地作出这样的解释：“马克思并没有用实践把物质从本体论中排除出去，并没有用实践本体论去取代物质本体论。”这种解释，显露了“实践唯物主义”内在的理论的不彻底性。这就是，在马克思主义的哲学革命中，实践范畴的哲学意义到底是什么？如果可以用“实践”和“物质”这两种本体论解释马克思主义哲学，又如何解释马克思实现了哲学史上的革命性变革？与“实践唯物主义”不同，“实践观点的思维方式”不是把“实践”当成作为“世界本原”的“本体”，恰恰相反，是从“实践观点”作为“思维方式”的哲学革命来阐释马克思主义哲学。这应当是“实践观点的思维方式”

与“实践唯物主义”这两种解释模式的原则区别。在“实践观点的思维方式”看来，寻求“世界本原”的“本体论”，其哲学意义并不在于把某种存在视为“本体”，而在于它以寻求“本原”或“本体”的方式而构成一种哲学意义上的思维方式，即传统哲学的形而上学的思维方式。高先生指出，这种寻求“世界本原”的思维方式有三个根本性的思想前提：就其思想本质来说，是把存在本身同存在的现象割裂开来，对立起来，把“本体”视为隐藏在经验现象背后的超验的存在；就其思想原则来说，是把主观和客观割裂开来，对立起来，把“本体”视为排除掉主观性的纯粹客观性；就其追求目标来说，是把绝对与相对割裂开来，对立起来，把“本体”视为排除掉相对性的纯粹绝对性。与这种思维方式相反，马克思的哲学革命是从“现实的人及其历史发展”出发去理解人与世界的关系，彻底变革了这种把本质与现象分离开来、把主观与客观割裂开来、把相对与绝对对立起来的思维方式，从而构成了重新理解人及其与世界关系的“实践观点的思维方式”。如果我们仍然以寻求“本原”的思维方式去解释马克思的实践范畴，并把“实践”解释成作为“世界本原”的“本体”，就难以避免地从马克思这里倒退回传统哲学意义上的形而上学。

三是对马克思所实现的“实践转向”的不同理解。学界通常是以“实践转向”来标志马克思的哲学革命。那么，“实践转向”的真实内涵和真实意义是什么？是指马克思把哲学的对象“转向”人类的“实践”活动吗？如果把“实践转向”理解成哲学对象的改变，那么，这里作为哲学对象的“实践”，就仍然是“实践唯物主义”所指认的实践活动本身，而不是理解人与世界关系的思维方式；如果把“实践转向”理解为思维方式的转变，则会以“实践观点”的思维方式去理解人与世界的关系，从而形成具有革命意义的马克思主义哲学的“世界观”。“实践观点的思维方式”即“实践论的世界观”，是一种新的哲学解释原则：它以实践自身的矛盾性为基础，深刻地揭示了人对世界的否定性统一关系。在人对世界的否定性统一关系中，既显现了现实世界的自然性与属人性的二重化，又揭示了人类自身的自然性与社会性的二重性，还凸显了社会历史的创造性与规律性的二象性。由“实践观点的思维方式”或“实践论的世界观”所构成的马克思主义哲学，正是恩格斯所说的“关于现实的人及其历史发展”的哲学理论。由此我们可以更深层地发现，“实践观点的思维方式”，就是马克思用以揭示人类历史发展、探索人类解放的世界观和方法论。

哲学的发展史，是探究和反思人与世界关系的历史，是塑造和引导新的时代精神的历史，因而是变革和更新人的世界图景、思维方式、价值观念和终极关怀的历史。哲学对人与世界关系的探究和反思，对时代精神的塑造和引导，对人的观念的变革和更新，是通过哲学观念自身的变革而实现的，是通过赋予哲学观念以新的时代内涵而实现的。哲学观念的变革和更新，构成了人类文明进步的“阶梯”和“支撑点”。在哲学发展史上，高清海先生以人对世界的否定性统一关系为“理论硬核”和“解释原则”而构成的实践观、真理观和哲学观，为推进哲学发展提供了具有建设性的“阶梯”和“支撑点”。这是高清海哲学思想的“真实意义”，也是研究和阐发这一思想的“真实意义”。

高清海“人的哲学”的延展逻辑

邹广文*

高清海先生离开我们已经10年了，春秋十载，恍如昨日，先生的思想一直在伴随着我们前行。高先生作为我国新时期马克思主义哲学改革和哲学观念变革的最有力的推动者，在相当长的时期内引领了中国哲学的发展。提到新时期中国哲学基础理论的发展与创新，我们无法回避高先生所做出的杰出贡献。这10年间，先生“哲学的奥秘在于人”、“找回失去的‘哲学自我’”的哲学呼唤，成了鼓舞我们哲学研究前行的最强音。

回首新时期以来的中国哲学所取得的发展与进步，最为突出的当属“人”的发现。今天，我们的社会生活倡导“以人为本”发展理念，不能不说哲学界做出了突出的贡献。而综观高清海哲学的思考路向，无论是哲学观念的变革，还是哲学体系的改革，“人”是一直“在场”的，“人”的问题始终是其不变的哲学“主旋律”。如果用最简明的方式概括高清海哲学的突出特征，则我们可以说，高清海哲学是一种关于“人的哲学”。① 今天，“哲学是人学”日渐成为学术界的共识性命题，这与以高清海等哲学先辈的艰辛学术努力密不可分。

一　由“物的哲学”走向“人的哲学”

高先生是新时期我国哲学观念变革的主要倡导者，哲学观念变革为何如此重要？在高先生看来，这一问题关乎哲学健康发展的未来。而哲学观

---

* 清华大学哲学系教授。

① 高先生生前所审定的《高清海哲学文存·续编》（第3卷）具体定名为《“人”的哲学悟觉》，可谓意味深长。这既可视为晚年高先生对其哲学致思的系统性阐释，同时也是先生一以贯之的哲学价值诉求的简约性表达。

念变革的实质在于确立人在哲学研究中核心地位，要而言之，“人”的观念的变革是关涉哲学全局的根本性变革，要为创建当代中国哲学发展奠定基础和铺平道路，必须从这里入手。尤其是在哲学致思的根本方向上，要实现由“物的哲学”向“人的哲学”的转变，因为“哲学的奥秘在于人”。

众所周知，在我们传统的马克思主义哲学教科书中，哲学所贯彻的基本理念就是“物质第一性”、“物质是世界万物之基石”。以此为前提所展开的哲学理解则是“物质是运动的，物质运动是有规律的，认识是对物质存在的反映，社会历史是受物质生产方式支配的”等。这种哲学模式的特点是把自然和社会看作一个纯粹受客观必然性支配的发展过程，把自然解释为与人无关的纯自在运动，并进而把社会理解为“无主体”的自然历史过程。我们可以把这种只见物不见人的哲学称之为客体化的“物的哲学”。这种哲学观念的直接理论来源是苏联的哲学模式，根本不能充分体现马克思哲学的本质精神。高先生认为，哲学理解的确要坚持唯物论，但是“唯物论学说集中到一点，就是要求我们必须从实际出发，实事求是”。[①] 因为“毫无疑问，自然世界是属人世界的根源、基础、前提，没有自然界，不可能出现人的世界”。[②] 大自然是人类的母亲，自然是人类文化创生与成长的物质前提，但是我们坚持唯物主义，却不能因此消解人在自然世界面前的能动性地位，人与一般动物的根本性区别就在于人不是消极地适应外部自然界，而是要通过自己的能动实践活动去创造自己所需要的生活资料，进而维持自身生存，实现自身发展的。正是由于人的主体能动性，人才从芸芸众生中脱颖而出，创造出人的文化与文明。高先生将其称之为“属人世界”。

而“属人世界”的形成，意味着人的主体意识的确立，也标志着哲学的诞生。高先生认为人不仅是人自己的对象世界的创造者，而且同时也是人自己的存在的创造者，“在人的实践活动中，当人把自己从自然界中提升出来变为主体，而把自然物变成‘为我存在’的客体，同时也就使世界自身两重化，出现了属人世界与自然世界这一崭新的矛盾关系。”[③] 我们讲世界的统一性，必须着眼于“自然世界”与“属人世界”

① 高清海：《找回失去的“哲学自我”》，北京师范大学出版社2004年版，第106页。

② 同上书，第104—105页。

③ 同上书，第112页。

这一“二重性前提”予以展开。高先生特别强调，世界的统一性内涵有两个方面，其一是在自然世界中主体从属于客体的统一性，其二则是在属人世界中客体从属于主体的统一性。我们在讲“世界观”时，既要讲以物质为主的自然世界的问题，又要讲以人为主的属人世界的问题。

高先生认为“实践”是“自然世界”与“属人世界”得以统一的中介环节，所以“应该用实践观点按照人的本来面目回复人的具体性”。①的确，人对世界的实践参与改变了自然世界的原有面貌，随着人类实践能力的大幅度提高，“属人世界”越来越成为人的“生活环境”，在属人世界中，人越来越确立了自身的主体性地位，自然物质也日渐成为属人的需要，“人是人自己活动所构成的世界的创造者和主宰者。”② 高先生认为，明确“属人世界”在哲学思考中的重要位置，这对于建构“人的哲学”是至关重要的，我们只有“从自然与属人的矛盾去研究世界，是就世界与人的关系去研究世界，它要解决的是如何对待世界的态度和观点的问题”。③ 总之，实践打通了“自然世界”与“属人世界”的二元对立，“在马克思的观点看来，人的实践性也就是人性、主体性，即构成人作为主体的基本规定性。”④ 人的实践在确立人的主体能动地位的同时，也现实展开了属人世界的“人的哲学”。

“哲学不能没有人，不能不讲人。”⑤ 曾几何时，人在马克思主义哲学研究的视野中被湮没了，我们只见物而不见人，结果导致以人为核心的相关哲学价值体系淡出我们的哲学视野，取而代之的是以“物质”、“规律”、“必然性”为核心要素的“物的哲学”理解，人只是永恒物质运动的一个环节。但人永远是哲学的“主语”，人有人的世界，人只能以“人的方式”去表达哲学。人通过自身的社会生活实践，划定了人性的圆周——“属人世界”。反过来“属人世界”印证着人之为人的本性。因此高先生认为：“只有从属人世界与自然世界的矛盾去理解世界观的内容，

---

① 高清海：《找回失去的“哲学自我”》，北京师范大学出版社2004年版，第118页。

② 同上书，第105页。

③ 同上书，第113页。

④ 同上书，第135页。

⑤ 同上书，第118页。

才能正确把握并深刻理解马克思主义哲学在理论观点上变革的实质。"①哲学的秘密在于人，而人的秘密就在实践之中。实践一方面创生了人的"属人世界"，另一方面实践又打通了"属人世界"与"自然世界"。所以，人的实践活动，是人的一切认识的实际出发点，实践划定了"属人世界"的圆周，建构以人的实践为核心的"人的哲学"，乃是哲学致思的基本方向。

那么，"人的哲学"究竟要关注什么？高先生给出了哲学认识"人"的方法论原则："对人只能按照'人的方式'、不能运用'物种'观点去认识。"② 这里所讲的"人的方式"就是指关于人的世界观，即人的哲学。"哲学不过就是人对自我本性的自觉意识"③。高先生指出："认识人的关键，在我看来，主要不在于把人看作什么，而在于如何去看人。"人与动物的最根本的区别不在于其生理性，而在于其精神性。人是一种追求意义创造价值的"可能性存在"，文化哲学家卡西尔讲"人是一种文化的存在"，文化赋予人以各种发展的可能性。从传统哲学向现代哲学的转变，其最本质的意义就是要把人在哲学中失落的本质归还于人，即从抽象的人回到现实的人，从超人的彼岸世界回到人的现实世界。所以，我们的哲学研究就应该立足于人的现实去憧憬人的"可能世界"，即关注人的解放，关注人的生存与发展，关注人的精神家园，关注人的未来，力图为人们提供生存理念和价值导向。

在这种哲学的观照下，人类的生存问题不再局限于生命的存在，也不仅是物质世界，更重要的是精神世界。"人有物性，又有超物性，人是生命存在，又具超生命本质。"④ 人的这种特殊的"超物之物"、"超生命的生命"之境遇，表明了人的生存不是简单地活着，而是要拥有更多、更深层次的生存价值，"人已跨越了自然的物种规定，人作为人的本性应该说是属于人的'自为本性'。"⑤ 人不能离开物质世界而活着，也不能仅仅活在物质世界之中。人不仅要活着，更要在生存世界中坚守着生活的价值，活出更高的人生质量，活出更有意义的人生。

① 高清海：《找回失去的"哲学自我"》，北京师范大学出版社2004年版，第114页。

② 同上书，第203页。

③ 《高清海哲学文存》第2卷，吉林人民出版社1997年版，第43页。

④ 高清海：《找回失去的"哲学自我"》，北京师范大学出版社2004年版，第203页。

⑤ 同上。

二 从“抽象的人”走向“具体的人”

在高先生的哲学致思中，从“物的哲学”走向“人的哲学”是哲学拨乱反正的第一步，那么哲学进一步的工作则是从“抽象的人”走向“具体的人”，即实现对“人”的思考的具体性、丰富性与全面性，“哲学研究的目的也主要是为了理解人，理解人的地位、价值和意义”。①哲学的这种从“抽象的人”走向“具体的人”的努力，才真正“意味着哲学世界观和思维方式的根本变革”。②

如果说哲学是人学，那么对“人的哲学”的理解与建构则是一项艰苦的课题。我们知道在马克思主义哲学产生之前，对人的理解存在着各种观点，但共同特征是脱离人的社会实践和社会关系去考察人，把人变成了抽象的观念、自我意识或“主观性”，变成“抽象的人”。但是马克思则认为现实的人是社会的人，具有社会性，其真正的本质是在各种社会关系中进行的劳动，人是社会动物，在其与恩格斯合著的《德意志意识形态》一书中写道：“这里所说的个人不是他们自己或别人想象中的那种个人，而是现实中的个人，也就是说，这些个人是从事活动的，进行物质生产的，因而是在一定的物质的、不受他们任意支配的界限、前提和条件下活动着的。”③从此，马克思就开辟了从“抽象的人”走向现实、具体的人的历史道路。高先生认为，马克思的劳动、生产和实践观点对于“具体的人”的生成具有首要和根本的意义，“它为人们理解人自己的本性，提供了一种崭新的原则和方法。”④对此“崭新的原则和方法”，高先生具体从五个方面做了系统阐发：

（1）要从人之为人的自身根源去理解人、把握人，确立起把人理解为自身创造者的思维方式。按照这种认识方式，人之为人的本性不是给予的和前定的，而是在人的生成过程中自己创生的；人是自己活动的主体、主人、目的，也是自己活动的创造者；人的命运不是操在上帝手中，也非

① 高清海：《找回失去的“哲学自我”》，北京师范大学出版社2004年版，第245页。

② 同上。

③ 《马克思恩格斯文集》第1卷，人民出版社2009年版，第524页。

④ 高清海：《找回失去的“哲学自我”》，北京师范大学出版社2004年版，第245页。

单纯自然所能决定，而是主要由人自己左右着自己的命运。

（2）要从人的生存方式的历史变化中去把握人的历史的和具体的本性，也就是要把人理解为处于自我追求中的不断否定自身、超越自身的“自由自觉的存在”。

（3）要从人与对象的双向的主导作用去理解人的生存活动，自然对象制约人的活动但不限定人的活动，人要尊重对象规律但目的是为了改造对象。

（4）要从两重化的观点去理解人的本性，把人理解为多重性、多义性、多面性、多层性的存在体系，克服那种一味追求单一本性、绝对本性，因而总是陷入两极化的观点和倾向。

（5）要从“否定性统一”的观点去理解人与自然的关系。人与自然既不是直接的统一关系，像古代哲学所理解的原始人那样，也不是简单的否定关系，像近代哲学所理解的与自然完全对立的那种关系；而是肯定自然于否定，否定中寓有肯定，经过肯定走向否定进入更高的肯定即否定之否定的关系。①

在这里，高先生其实是在对“抽象的人”与“具体的人”的比较分析中，表达了自己的“人的哲学”观。依笔者的理解，人作为一种历史的、文化的存在，其实践活动的确赋予人以诸多“生成”性特质。首先，我们不能总是试图从“实体”的角度给人下定义，试图一劳永逸地找到人的某种单一的本质；更不能用人的一种属性去否定另一种属性，或者把一种属性消溶于另一种属性之中，因而陷入片面性。现实的人是完整的、不可分割的，人不是单质的存在物，而是物质与精神、自然与社会、理性与非理性、思想和行为的统一体。其次，人也并不存在一种先验的、前定的形而上学本质，更不存在某种企求把握人的绝对本质、永恒本性并形成关于人性的公理，人在现实生活的实践中去丰富完善自己的人性规定性，这其中既有先验的（遗传）因素，又有后天经验的因素。人一方面生活在现实世界，另一方面又向着理想的、可能的世界行进，人是确定性存在和不确定性存在的统一。最后我们不能离开了人的实践活动来把握人，就使得人或者在思辨中成为精神的、抽象的东西，或者在感性直观中以自然的、生物学上的人出现。实践是人所特有的生存方式，只有从人的实践活

---

① 高清海：《找回失去的“哲学自我”》，北京师范大学出版社2004年版，第244页。

动中把握人的本质和人性，才能把人的具有对立统一性质的多种规定性统一起来，避免理论自身的矛盾，才能把人看作是既受自然、社会环境制约又自我创造的社会历史主体。

高先生进一步强调，基于“实践”所生成的“具体的人”，是具有健全“自我”的人：在这里，“自我，并非仅指生命的个体性，生命个体都有我性，个体的‘我性’属于生命本能，这还不能称为自我。唯人才会有自我。人的‘自我’是作为生命活动的主宰者而生成的，那是一种超越于生命本能、富有独特个性并具有自我意识的存在。按照自觉的特性，自我可以等同于‘自我意识’。”① 我们知道马克思在《1844 年经济学哲学手稿》中曾经特别重申“个体是社会存在物。因此，他的生命表现，即使不采取共同的、同他人一起完成的生命表现这种直接形式，也是社会生活的表现和确证。”唯因人的特殊性才“使人成为个体，成为现实的、单个的社会存在物”。② 这表明人在创造历史的同时，也成就了自己。这是一个“个体”与“历史”一同前行的过程。“自我”的生成是“具体的人”生成的基本标志，人以真正的“自我”去面对外在世界，才会真正创生出“属人世界”即文化的世界，“人由于通过自己的生产劳动去创造自己所需要的生活资料，这样就改变了生命本身的生存方式，改变了生命和外部环境的关系，由此开始才生成了人性，这样的人性当然就不能再还原了，不能按照转换以前的物的本性去理解，应当从一个新的方式、新的观点去认识，这样才能把握人的具体性。”③

今天，在全球化时代，人的文化实践进一步展开了人性的丰富性、全面性，对于“人”的关注也呈现出多学科、多视角的研究特点。笔者认为，我们对“具体的人”的研究和阐述可以从两个维度来展开：一个维度是从人的生存方式的总体性实践性活动出发，通过对人与自然、人与社会、人的灵魂与肉体的关系的分析，揭示人的存在、人性和人的本质。这一维度是从现实的人和社会的人，具体到人性的理论抽象的行程，这一行程要以人类文化，包括科学、语言、历史、文学艺术、道德、宗教等对人的具体认识结果为参照；另一维度是用前一行程所获得的对人性的诸多思想观点，进一步形成分析人的理论工具和框架，结合当下具体的社会发展

① 高清海：《找回失去的“哲学自我”》，北京师范大学出版社 2004 年版，第 51 页。

② 《马克思恩格斯文集》第 1 卷，人民出版社 2009 年版，第 188 页。

③ 高清海：《找回失去的“哲学自我”》，北京师范大学出版社 2004 年版，第 267 页。

现实，说明和解释特定时空条件下人的行为及其趋向性，力求从人性的角度提出建立合理的社会制度、管理机制、行为规范、价值取向和文化氛围的方法论和理论依据，从而有效地规范、教育、塑造人，调动人的积极性和创造性，促进人的自由而全面的发展。

三　类哲学："人的哲学"之未来指向

勇于超越自我、探求理论创新，这是高先生一生哲学追求的最真实写照。早在 20 世纪 80 年代末，高先生就明确提出"哲学的生命在于创新"，认为当前人类正处于重大的历史转折时期，这要求我们对于人和人类社会都应该有一个总体的、本质的、更符合于时代发展精神的理解。"马克思主义要永葆其青春，必须紧密地与现实生活相结合，必须不断地实现自我更新和自我发展。"高先生进一步强调，和平与发展就是中国与世界"最大的现实"，基于这一判断，"我们的哲学应放眼世界，分析当今时代的矛盾，把握当今时代的本质，分析当今时代的历史发展趋势，以助于我们民族更好地汇入世界文明发展大潮，对人类做出我们的哲学贡献。"①

在 1996 年第 2 期的《学术月刊》杂志上，高先生发表了《人类的未来与哲学的未来——"类哲学"引论》一文，第一次发表公开阐发了自己的"类哲学"构想。1997 年在《长白论丛》第 2 期高先生又发表了文章《人的类生命、类本性与"类哲学"》，在该文中高先生坦言："时代需要升华'人'的自我观念，关于'类'的问题，我思考已经很久了。"高先生的这句话传递出两个信息：第一，对"类哲学"问题的思考，是对于"人的哲学"思考的逻辑延伸；第二，建构"类哲学"是其多年的哲学夙愿，或者说是基于时代呼唤的哲学探索。

据此我们可以说，高先生"类哲学"思想的提出，是基于理论与现实的双重关切。在"类哲学"视域，"哲学研究世界的目的也主要是为了理解人，理解人的地位、价值和意义，而且，这是'哲学世界'与'科学世界'的根本区别之点"。一方面，"类哲学"注重理解人及其地位、

---

① 高清海：《找回失去的"哲学自我"》，北京师范大学出版社 2004 年版，第 39 页。

价值和意义；另一方面，以实践观点为基础的“类哲学”从来就没有忘记对人的未来生成提供真正的价值引领。因为，“面对今天我们所遇到的大量棘手的社会和文化难题，人文学科究竟开出了多少有效的药方？要改变这种被动局面，首要的当是从哲学那里援引精神资源。因此，类哲学所昭示的哲学与人学沟通，将为哲学赋予人文学科以逻辑预设，开辟学理上的可能性。”①

对于“类哲学”，高先生的基本表述是：人是超越了“种”存在的“类”存在，而“类哲学”则是这种独特的“类”存在的理论形态的自我意识。

可以说，高先生关于“类哲学”的这一基本表述仍然是基于对“人”的境遇思考而做出的。对于“人的哲学”的合理性建构，“是否应该从理解人的方式上去寻找原因，而不单是对人给出什么样的定义的问题”。沿着这一思路，高先生认为，我们必须改变以往那种用认识“物”的方式去把握人理解人的思维定式。因为按照这种思维定式，人就被把握为绝对化的两极对立性的存在——人或者被“物化”或者被“神化”，人要么是“魔鬼”，要么是“天使”。总之，人被抽象化地认识和把握了。而要改变这一现状，就需要“确立一种能够反映人类整个发展本质的关于‘人’的全新的观念方式，具体地说，就是要破除认识人的‘物种’的思考方式，确立‘类’的思维方式”。②

在“类哲学”的具体展开上，高先生认为首先“必须确立人的双重生命、双重本质，也就是‘类本性’的观念”。③ 人是双重生命的存在，即是“种生命”与“类生命”的内在统一，人的存在的独特性境遇即在于此。人的双重生命即人的“种生命”与“类生命”。就人的“种生命”而言，体现的大自然赋予人的“既定性”事实，即要受生物法则的支配，这是人与其他动物相同性的规定性，“在动物身上，种的生命就是它的一切”④，因此，“种生命”是有限的；但是，就人的“类生命”而言，人是一个自由的存在物，其本质并非是前定的，而是自我创造与生成的，是

① 高清海：《人类的未来与哲学的未来——“类哲学”引论》，《学术月刊》1996 年第 2 期。

② 高清海：《找回失去的“哲学自我”》，北京师范大学出版社 2004 年版，第 263 页。

③ 同上。

④ 《高清海哲学文存·总序》第 1 卷，吉林人民出版社 1997 年版，第 7 页。

自为生命的本质，更是人类漫长的历史文化积淀之成果。人通过其生命活动，“实现整个存在的一体化，发挥存在本身蕴涵的内在潜能，进而赋予自然存在以生活意义，把宇宙渐渐变成生命的活物即类化的存在，这才是人的生命活动的最高目标和价值。”① 如此来看，人作为人的生活意义正在于其“类生命”。人的“类生命”是无限的、向未来敞开的，它赋予了生命以“全新的功能、价值和意义，生命的生存已不再仅仅是为生命本身，而是成为使整个存在走向活化的一个必要环节。”②

高先生把“类生命”看作是对“具体的人”的逻辑延伸，而“类”这个概念在最广泛的意义上含有自身统一性、自身统一体之意，即事物自身与他事物的统一性、一致性。宇宙间每个物种内部都体现出“类”属性。而人是宇宙生命世界的人格化身，“人属于自然，自然也属于人，人即是世界，世界也即是人，人天融合为一体，成为普遍的类存在”。③ 由于“类”性，宇宙间万事万物才呈现出一种终极秩序与终极和谐状态。高清海先生之所以用“类”来表征人性，是因为唯有人才有“类”本性，“类”在人那里才具有本质意义。高先生通过比较物的类属性（种性）与人的类本性对此做出了说明。他分析说，体现在物种之间的类联系，是由物种内部固有的本性所规定的一种天然性和本然性，它只是作为外在力量对物种起作用的，并不构成物种的活动对象和活动原则。因此，事物既无“类”的生活，也无“类”的意识。④ 人是有意识的类存在物，人的类本性成为人意识的活动对象，同时也是人活动的原则。也就是说，人既有“类”的活动，又有“类”的意识。

显然，“类哲学”所彰显的是人的后天自为性，人作为自由自觉的类存在物，是一种未完成的存在，正是通过自己的“类”特性完成了对芸芸众生的超越，划定了“人性的圆周”（卡西尔语），对于自己关于“类哲学”的构思，高先生曾充满信心地表示：“类哲学，就是哲学的现实和未来。”⑤ 毫无疑问，“类哲学”是高先生哲学境界的表达。以“类”观

① 《高清海哲学文存·总序》第1卷，吉林人民出版社1997年版，第7页。

② 同上书，第7页。

③ 《高清海哲学文存》第2卷，吉林人民出版社1997年版，第32页。

④ 高清海：《人类的未来与哲学的未来——“类哲学”引论》，《学术月刊》1996年第2期。

⑤ 同上。

点看人、看世界，使人达到自觉、自为状态，使世界逐步地“类化”——这就是“类哲学”的思想主旨。

笔者以为，高先生的“类哲学”作为一种崭新的思维方式，新就新在它是着眼于当今人类的生存境遇，并试图解决当今人类所面对的“全球性问题”，赋予人这个“族类”新的时代使命而提出的。从这个意义上说，“类哲学”不啻是当今全球化时代人类企求破解其生存困境的一种重要的思维方式和价值选择。通过“类哲学”的呼唤，唤起人的“类”意识，培育人的极限意识，以切实缓解今天人与自然之间、国家与国家之间、民族与民族之间的尖锐矛盾与冲突。它昭示着“人”、“世界”和哲学可以预见的未来：人类从“个体”本位向“类”本位的转换乃是一种必然的历史趋势。从这一视角来看高先生的“类哲学”观念，其重要的参照意义是显而易见的。

行文至此，我们大体可以勾勒出高先生“人的哲学”的逻辑延展脉络：其一，拨乱反正，变革哲学观念，从“物的哲学”走向“人的哲学”，确立“人”在哲学研究的核心地位；其二，通过对“抽象的人”哲学观念的自觉清理，由“抽象的人”走向“具体的人”，在现实的、历史的坐标系中达成人的“自我”及“自我意识”的实现；其三，从“具体的人”走向人的“类存在”，建构面向人类未来发展的“类哲学”。哲学家康德曾经讲“人是目的”，这也许应该是每个有使命意识哲学家的共同持守。这一点，我们在恩师高清海先生的哲学思考路向中感受得更为真切、直接。先生将“人”的旗帜举得如此坚定、执着，这对吾辈是一种鞭策。哲人已去，但哲学之魂不死。

高清海哲学思想当代拓展的理论指向

叔贵峰*

回顾先生毕生的哲学创造，其哲学成就有效地推动了中国当代哲学理论研究范式的创新与变革。反思先生留下的哲学遗产，至今仍然带给我们取之不尽的思想资源。先生过早地辞世让我们无比悲痛，痛定思痛，如何秉承先生创立的哲学思想应当成为我们认真思考的理论任务。在我看来，在先生业已开创的哲学道路上继续拓展其哲学思想，积极探索并最终确立适合中国现实需要的哲学新形态，或许是当前我们对于先生所能提供的最好纪念。

一　高清海哲学思想的时代价值

高清海先生是新中国成立以来在我国哲学界“最富有创造力和影响力的哲学家之一”①，他一生中为我国哲学界培养了一大批卓越的哲学精英和理论骨干，这些人不仅用自己的方式秉承、传播和弘扬高清海先生的哲学思想，而且也凭借他（她）们的学术努力成为当前中国哲学界中一支重要的学术力量。同时，高清海先生坚持走中华民族自我的哲学原创之路，其思想生成与中国时代进程始终保持着同步的发展，正是其哲学的时代价值才让先生的哲学至今保持着旺盛的思想生命力。

1. 实现了对“传统教科书”哲学的理论反思和突破

高清海先生对于中国当代哲学重要的学术贡献是对于长期禁锢人们头脑的教科书哲学进行了深刻反思，特别是改革开放以来，教科书哲学已经

---

* 辽宁大学哲学与公共管理学院教授。

① 孙利天：《高清海教授的哲学思想与当代中国哲学的发展》，《社会科学战线》2002 年第 5 期。

不适应我国社会主义市场经济发展的内在要求，成为人们思想解放的理论障碍，充分发挥人们的主体能动作用成了哲学时代变革的理论诉求。经过30多年的不懈努力，批判和反思“传统教科书哲学”主要理论成果已成为学界普遍接受的理论共识。诸如“教科书哲学”理论来源和形成过程中“苏联模式”化、“教科书哲学”中片面强调“物质规律”和“物质本体论”的理论缺陷以及“传统教科书”将哲学作科学化甚至常识化的理解等。现今，“传统教科书”的理论、观点和思维方式已贴上了“旧哲学”的理论标签，成为“落后哲学”的代名词。更为可喜的是，这些反思“传统教科书”的重要思想已经形成了具有标志性的重大学术成果——孙正聿教授出版的《哲学通论》。这部著作从出版至今，在国内哲学界产生了重大的学术影响，它成为继高清海先生之后继续推进反思教科书的理论急先锋。这部著作现已成为国内众多大学哲学专业使用的教材，成为我国目前培养哲学人才的专业教科书。同时，正是在这部著作的巨大影响下，如“哲学不是科学”、“世界观不是观世界”①等许多重要理论观点已被《辩证唯物主义和历史唯物主义原理》新版哲学教科书所吸收、采纳。另外，现行全国新教改高中政治课教材中“哲学”的定义受此影响也得到了进一步的修订，将“反思性”和哲学不是“科学”而是“学问”充实到对于“哲学”的定义之中。“哲学是人类对自然、社会和思维的各种哲学进行概括、总结和反思的一门学问”。② 这些反思教科书所取得的理论成果不仅是中国哲学时代发展的重要理论标志，而且让中国哲学研究摆脱了教科书哲学的思维方式，实现了中国当代哲学领域的思想解放。

2. 创造性地尝试了主体性哲学的理论建构

高清海先生在批判传统教科书的同时，一直在努力尝试对传统教科书哲学的理论突破，建构更加适合中国实际的时代哲学新形态。20世纪80年代高清海先生主持出版的《马克思主义哲学基础》，以主体性为根基开启了马克思主义哲学新形态的理论建构，让中国哲学走出了用经济决定论来理解马克思主义哲学的理论局限，实现了中国马克思主义理论研究向主体性哲学的时代回归。80年代中期，高清海先生进一步以实践的思维方式来理解马克思哲学变革的理论实质，将我们对于哲学理解还原到整个西

① 参见李秀林、王于、李淮春主编《辩证唯物主义和历史唯物主义原理》（第五版），中国人民大学出版社2004年版，第3—4页。

② 《生活与哲学》，人民教育出版社2008年版，第8页。

方哲学思想演变的历史中去审视，从而推动国内哲学界实现了“朝向哲学本身”的研究范式转换。对此刘放桐指出：“从批判和超越近代哲学思维方式说，从建立一种撇开对关于绝对的物质或精神体系的追求，而以强调人的现实生活和实践以及发挥人的自主能动性和创造性为特征的适应现代社会的时代精神的要求的新的哲学思维方式说，马克思在哲学上的革命变更与西方的现代转型具有某种程度的共性。二者以不同形态和不同彻底性体现了现代哲学思维方式。”① 90 年代高清海先生在深化主体性理论研究的基础之上，开始尝试建构中国当代哲学体系——“类哲学”。用人性来分析哲学的本性，尝试用“人的奥秘”来诠释“哲学的奥秘”。高清海先生“新哲学”的目的不再为“世界是什么”去提供所谓“科学”知识，而是要为“人是什么”提供生活智慧。至此，高清海先生创造性地完成了其主体性哲学建构的“三部曲”，将中国当代原创性哲学逐步提升与世界哲学接轨的现代哲学的思维水平之上，并为我们未来的哲学理论研究提供了广阔的空间和明确的方向。

3. 直面“时代问题”的哲学精神品格

我国知名学者杨耕教授曾指出：“任何一个有成就的哲学体系都或直接或间接、或多或少地解决了它那个时代的迫切问题。‘时代迫切问题’反映的实际上是人类在特定时代的生存困境，并与人心向背密切相关，反过来说，人心向背体现的就是‘时代迫切问题’。”② 可以说，高清海先生的哲学思想与中国的时代发展同步，客观地反映了时代主题的发展轨迹，深刻地表达了人们在现实生活中所遇到的精神困境。高清海先生从 60 年代开始对原苏联式的教科书哲学进行理论反思和批判，是因为他意识到这种哲学带给社会的是思想的僵化和理论的教条，其最大的社会危害是对于人性的时代压制；80 年代开始建构主体性哲学的理论体系，是他认识到社会主义发展市场经济的内在要求就是对于人的主体性和独立性的时代确立；90 年代打造实践思维方式，将自我生成和自我塑造的“后天”本性作为“人之为人”存在的根据，是为已经解决了温饱的人们提供了追求生活意义和存在价值的生存论指向；2000 年开始思考建造具有中华民族特色的哲学形态，也正是他意识到没有中国自己哲学作为时代精神的支

① 刘放桐：《马克思主义与西方哲学的现当代走向》，人民出版社 2002 年版，第 6—7 页。

② 杨耕：《哲学的本性与位置》，《哲学动态》2012 年第 11 期。

撑，中国文化、中国理论以至中国传统文明将在世界一体化进程中逐步地失去民族自我。从高清海哲学思想的时代转换我们可以看出其哲学具有强烈的问题意识、原创性的思考和勇于担当的时代使命感，哲学面对人们的现实生活，哲学切入人们时代的精神世界，哲学观照和回应人们生存困境，一直以来是先生哲学坚守的重要精神品格。

二　高清海哲学思想的时代推进

高清海哲学之所以充满了生命力是因为其哲学思想回应了时代，同样，要让高清海先生的哲学思想与时俱进，我们就不能停留在其思想中的“时代”和时代中的“思想”。而是要结合时代发展的主题转换，继承先生哲学思想的优秀品格，寻求先生哲学思想时代推进的理论向度。

1. 继续推进对于教科书哲学的反思与批判

30 多年以来，我们在高清海哲学思想的引领下，对于国内传统教科书哲学进行的理论批判和反思已然取得了长足进步和可喜的理论成果。但我们必须清醒地认识到，这些成果还只是局部的和有限的，由先生最先发起的对教科书哲学批判的终极任务还远没有完成。主要表现在以下三个方面：一是批判教科书的理论成果主要体现在“论坛哲学”之中，而广大的“讲坛哲学”仍旧讲授教科书哲学，教科书哲学还是当前广大青年学生接受哲学教育的主渠道；二是虽然当前的教科书哲学吸收了部分理论成果，但教科书的整体结构、理论核心和基本观点仍然是“传统”的本体论思维模式，新行通用教科书与旧教科书在基本理论上并无实质性的区别；三是教科书哲学仍然是我国主流意识形态的理论代表，其一统天下的局面并没得到根本性的改观。这表明，在我国反思和批判传统模式的教科书哲学仍然还是一项未竟的理论事业。但我们必须看到支撑这项事业走向最终成功的客观要求和时代发展已日趋成熟，这便是现行的传统教科书哲学中陈旧的思维模式、常识化的思维水平不仅远远地滞后于世界哲学的时代发展，而且也落后于中国社会主义市场经济发展的伟大实践。只有完全破除了教科书哲学的思想禁锢，才能在思想上确立真正的属于民族自我的中国特色哲学。“‘哲学’是民族之鬼魂，哲学标志着一个民族对它自身自觉意识所要达到的高度和深度，体现着它的心智发育和成熟的水准。”①因此，在现有的基础上，继续反思和批判教科书哲学，从“批判旧哲学中发现新哲学”依旧是我们应该担负起的也必须担负起的时代理论任务。

2. 继续推进适合中国实现需要的新型哲学教科书的时代建构

要真正完成对传统教科书哲学的批判，就需要建构一种适合中国时代发展需要、反映中国现实生活实际的新型哲学教科书，新型哲学教科书的建构在我们今天大力弘扬“文化兴国”时代背景下显得尤为重要。因为建构一个属于中国自己的哲学本身就应该是中国先进文化的核心和代表，也应该是中国全面实现“理论自信”的思想基础和根据。可以说，高清海先生在20世纪80年代主编的《马克思主义哲学基础》完成了对于建构新型教科书哲学的最初尝试，将马克思主义哲学确立在实践的基础之上，实现了中国哲学从物质决定论向主体认识论的理论提升。孙正聿教授的《哲学通论》完成了对传统教科书哲学的系统批判和全面反思，鲜明地提出了“哲学不是科学”的理论命题，将中国当代哲学的发展和基础理论研究提高到一个新的水平。然而，建构新型教科书的理论工程并没有就此结束和真正意义上的完成。因为这两部“新型”时代教科学都是基于对传统教科书批判的基础之上，都是反思苏联僵化哲学模式的理论产物。从理论意义上讲，它所担负的正面批判和回应教科书哲学理论缺陷的时代使命已经完成，“哲学不是科学”就是批判旧教科书哲学的最后理论归宿。未来新教科书建构的理论指向要从现有的“哲学不是科学”进展到“真正的哲学是什么”的理论建构，要从超越科学的视阈去回答哲学究竟是一种什么样的“学问”。因此，未来新型教科书哲学理论内容要向哲学自身回归，研究对象要面向中国的现实问题，思维方式要与当代世界哲学发展同步，理论样态要具有中国民族的自我个性。

3. 继续发扬哲学面向现实问题和引领时代理念的哲学品格

高清海先生的哲学遗产中极为宝贵的是其哲学始终关注现实、契合实践和回应时代主题的哲学精神品格。人类历史发展进程的事实证明，落后于时代的哲学对于现实社会只能起到解释的作用，与时代同行的哲学是对社会现实起到的回应作用，而超越时代的哲学才能起到引领时代的理论作用。改革开放30多年来中国经历了深刻的社会变革，特别是党的十八大

① 高清海：《中国民族的未来发展需要有自己的哲学》，《吉林大学学报》2004年第2期。

以来，全面市场化的社会主义市场经济体系进一步完善，社会各项改革进入了最为关键的“深水区”，“平等”、“自由”、“公正”等社会先进理念已成为了社会主义核心价值观的有机组成部分。这些令世界瞩目的“变化”意味着中国社会正在经历着一场向现代社会转型的深层次变革。哲学面对这场时代变革，更要担负起哲学回应现实和哲学引领时代的理论重任。正如马克思所说的：“理论在一个国家实现的程度，总是决定于理论满足这个国家的需要的程度。”① 要让中国哲学承担引领时代的伟大使命，就要充分弘扬高清海先生哲学思想中所具有的时代精神品格。这些优秀的精神品格给未来中国哲学发展的启示意义在于：一是要客观冷静地观察社会，保持哲学理论创造与中国的实际发展同步；二是坚持独立思考，捍卫坚持真理的科学精神，坚守哲学的反思社会和批判现实的理论功能；三是中国未来最大的现实问题仍然是人发展的问题，哲学应该通过提升主体性来回应中国的现实问题；四是中国哲学的未来发展应该坚持哲学的自我民族特性，用自己的哲学理论解决社会生活中重大现实问题。应该说，中国当前的哲学界不缺少现成的古今中外哲学理论和学术资源，但恐怕缺少的是哲学应该具备的哲学品格和学术精神，未来的中国哲学要真正地实现面对现实问题的理论转向，坚持以上的哲学精神品格是关键。

高清海先生哲学的时代价值表现在其哲学思想始终与中国存在的时代问题结合起来，其哲学理论始终与中国的具体实践内容结合起来，其哲学创造始终与时代的精神困惑结合起来。反思旧教科书哲学是告诉我们“哲学不是什么”，建构新型时代教科书哲学是告诉我们“哲学是什么”，让哲学创造面对中国现实问题是告诉我们“中国需要的哲学是什么”。这三个最基本和最重要的哲学问题构成了中国当代哲学的“哲学基本问题”，其中后两个“基本问题”还需要我们结合时代主题的转换给出确切的回答，因此，高清海先生开启的创造具有中国民族特色和民族个性的哲学之路并没有因他的离世而终结；相反，沿着这条道路继续前行才是中国未来哲学最终走向成功、走向世界的根本途径。

在先生离开我们十年之后的今天，驻足于先生创建的哲学思想大厦之前，对于先生我最大的感悟是：秉承是最佳的纪念，拓展是最好的传承！谨以此文深深缅怀我敬爱的导师高清海先生！

---

① 《马克思恩格斯选集》第一卷，人民出版社1995年版，第11页。

本体的奥秘在于人

——高清海教授的本体观

白　刚*

本体论问题是事关哲学本性的重大基本理论问题，是哲学的“理论硬核”，按黑格尔的说法是“问题中的问题的核心”。在这一意义上，一个哲学家是如何理解本体论的，也就是如何理解哲学本身的。高清海教授作为“我国最富有创造力和影响力的哲学家之一”，他深刻而有力地推进了当代中国马克思主义哲学的变革与创新，在“中国马克思主义哲学的发展中起到了不可替代的特殊作用”。[①]而他所理解的马克思主义哲学变革与创新的集中体现，就在于他对传统“本体思维方式”的破解和“实践观点思维方式”的确立，也即他的马克思主义哲学“本体观”的根本变革。

一　“哲学形态”还是“思维方式”：高清海对“本体论”的定位

正是由于本体论问题事关哲学本性的根本理解，所以在当前国内关于马克思主义哲学根本性质的理解中，必然关涉到本体论问题。而事实上，高清海教授对马克思主义哲学本性的理解，也是从这一问题入手的。但是，讨论马克思的本体论，无法回避的理论前提是对“本体论”本身的理解，即对本体论作何种理解，我们才能够提出并讨论马克思的本体论?

*　吉林大学哲学社会学院教授。

①　孙利天：《高清海教授的哲学思想与当代中国哲学的发展》，《社会科学战线》2002年第5期。

反过来说，对本体论作何种理解，我们又必须拒绝把本体论硬“塞给”马克思哲学?[①] 因此，对马克思哲学与本体论的关系问题，高清海教授也首先是从限定本体论的基本内涵开始的。高清海教授认为，本体论作为探究存在作为存在所具有的本性和规定的一种理论，经历了一个从形成、演变、发展到衰落的过程，它在历史上曾经表现为各种不同的“理论形式”。但本体论概念在演变中实际有着两种不同的含义：它可以作为研究的领域和对象概念去理解和应用；也可以看作对待事物和问题的一种特定的理解方式和认识方法。[②] 也就是说，本体论在哲学史上既是一种特定的理论形态，即由柏拉图奠基而为黑格尔所完成的那种“万物归一”的理论形态（国内有不少学者也如此理解，但他们仅仅局限在“哲学形态”这一个方面，而没有上升到“思维方式”这一更本质的方面[③]）；也是一种哲学思维方式，即从初始本原、先定本质出发来解释世界的“还原论”的思维方式。而且其作为一种思维方式，比其作为一种理论形态在哲学史上更具制约作用和影响力。所以自近代晚期以来，“本体论作为一种理论形式虽然走向衰落”，但“本体论的思维方式却仍然支配着人们的哲学思考”。[④] 应当说，从哲学形态来理解本体论，虽然能够把握“本体”在哲学史上的不同“形态”，区别出各种不同形态的本体论，但仍受制于“本体”本身，就本体来论本体，跳不出传统本体论形而上学的理论窠臼；而只有从思维方式的视角来把握本体论，才能跳出本体论，用不同于本体论的思维方式来反观和透视本体论，抓住本体论作为思维方式的理论实质。在高清海教授这里，本体论既外在地表现为一种哲学理论形态，更内在地体现为一种哲学思维方式，他称之为“本体论思维方式”。可以说，高清海教授是国内最早将本体论划分为“哲学形态”和“思维方式”来区分所谓的不同“本体论”的，从而为我们透过哲学史上两千多年的形而上学迷雾来理解和透视“本体之谜”，提供了不同于以往的思维视角和理论维度。在高清海教授看来，“把存在的事实和存在的本体分离开来、

---

① 孙正聿：《解放何以可能——马克思的本体论革命》，《学术月刊》2002 年第 9 期。

② 高清海：《哲学的憧憬——〈形而上学〉的沉思》，吉林大学出版社 1995 年版，第 234 页。

③ 代表性的有俞宣孟：《本体论研究》，上海人民出版社 1999 年版；杨学功：《传统本体论哲学批判——对马克思哲学变革实质的一种理解》，人民出版社 2011 年版。

④ 高清海：《哲学的憧憬——〈形而上学〉的沉思》，吉林大学出版社 1995 年版，第 149—150 页。

对立起来，是本体论思维的基本前提”。[①] 因而本体论这种“理论形态”实际上也就是“一种由预设本质去解释现存世界的前定论、先验论的思维方式，从初始本原去说明后来一切的预成论、还原论思维方式，从两极对立去追求单一本性的终极论、绝对论思维方式”。[②] 所以说西方传统哲学虽然是以“本体论”为核心的理论，但它的理论实质却不在于“本体形态”的历史转变，而在于“本体论思维方式”的根深蒂固。也就是说，以“本体论”为核心的西方传统哲学，在本质上是“本体论思维方式”的哲学。

正是如此，由于长期受西方传统哲学“本体论思维方式”的潜在影响，西方及国内一些学者往往难以突破传统本体论思维方式的强制性和隐匿性的约束和影响，总是就本体而谈本体，很难跳出本体来反观本体，因此他们只是不断更换了对“本体”的不同“称谓”，而没有也不可能真正理解“本体之谜”的实质。从西方哲学史上看，对本体论就有“宇宙本体论”、“上帝本体论”、“精神本体论”、“物质本体论”及“语言本体论”等不同观点。而对马克思主义哲学的本体论，则有“物质本体论”、“实践本体论”、“人学本体论”、“社会存在本体论”、“社会关系本体论”及“生存论本体论”等不同理解。由此看来，仿佛“本体”本身是永恒不变的，而不断变化的只不过是本体的具体形态和演进方式。正是针对这一点，高清海教授从哲学思维方式的视角一再强调：马克思主义哲学的革命主要是在于“哲学思维方式”的变革，而不在于“本体形态”的转变，因此，用某种唯一的“××本体论”来标示哲学的理论特征，这对区分不同的哲学派别有意义，但并不适合于马克思的哲学。[③] 马克思主义哲学作为哲学史上最伟大的哲学革命，其实质并不在于抛弃了本体论或转变了本体论的历史形态，而在于从根本上彻底转换了哲学的思维方式，即从传统的“本体论思维方式”转向了现代的“实践观点的思维方式”。马克思主义哲学的革命，说到底是一场“思维方式”的根本性变革。

但不管是作为“哲学形态”还是“思维方式”，传统的“哲学本体

---

① 高清海：《哲学回归现实世界之路——评哲学本体思维方式的兴衰》，《高清海哲学文存》第 1 卷，吉林人民出版社 1997 年版，第 141 页。

② 高清海：《重新理解西方的哲学历史》，《高清海哲学文存 · 续编》第 3 卷，黑龙江教育出版社 2004 年版，第 170 页。

③ 高清海：《马克思对“本体思维方式”的历史性变革》，《现代哲学》2002 年第 2 期。

论”表现的也是人从人的观点去理解和把握对象世界的一种方式。其最终目的，也是为了说明人，为人的思想和行为提供最终的根据、标准和尺度，只不过它“只能以非人的形式去表达人的关系”。① 在这一意义上，当前国内关于马克思哲学本体论的争论，并不在于本体自身不同形态之争，即就本体而论本体，而在于如何来理解人的本性之争，即通过人的本性来看本体。也就是说，我们应从人出发来理解本体，而不是从本体出发来理解人。正是在此意义上，国内有学者认为“马克思真正终结了以往历史上本体论的知识论向度，使它重新回到了人学视角”。②“本体之谜”就是“人之谜”，这应是我们在当代探讨本体论问题时最为根本的前提和出发点。高清海教授正是立足于这一根本前提和出发点，最终揭示出了“本体的奥秘在于人”，从而开辟了一条从人的自为本性解答“本体之谜”，进而理解“哲学之谜”的新道路。

二　本体的奥秘在于人：高清海对“本体之谜”的解答

高清海教授在当代中国哲学界，特别是马克思主义哲学界之所以如此有建树，最主要的是他经过多年坚持不懈地对哲学的研究和思索，形成了自己理解哲学的一个核心理念——“人是哲学的奥秘”。③ 高清海教授认为，哲学作为“世界观”的理论，面对的虽是外部世界，表达的却是对人自己的观点。人是哲学的真正主题和核心内容，哲学的宗旨就是要探索人之为人的奥秘，哲学本质上就是“人作为主体的自我意识的理论表现”。④

人之所以为人，正是由于人在宇宙间的独特的生存本性所致。按照高清海教授的理解，在一切存在物中，人是最为特殊的一种“存在”。人的

① 高清海：《哲学回归现实世界之路——评哲学本体思维方式的兴衰》，《高清海哲学文存》第1卷，吉林人民出版社1997年版，第141页。

② 何中华：《试论马克思的本体论思想及其特征》，《学习与探索》2004年第1期。

③ 高清海：《哲学的奥秘》，《高清海哲学文存》第1卷，吉林人民出版社1997年版，第43页。

④ 高清海：《哲学与主体自我意识》，中国人民大学出版社2010年版，第4页。

特殊就“特”在：人来自于物，原本也就是物，却不能把人归结为物，人同时又具有超物性。也就是说，人与动物的不同在于，动物只有一种本性，即它所属的物种的本性，而人却具有双重本性，既具有物种的本性，即“自在本性”，又具有超物种的本性，即人所独有的“自为本性”。而人之为人的“自为本性”并不是被给予的，它与我们通常所了解的物种的本性不同，人的本性既不是前定的、单一的，也不是固定的、永恒的。人从来不会满足于既有的生活、既得的性质，总是在追求更新的生活、更高的本质。人的本性是历史的、发展的和不断超越的。这就是人不同于动物的自我创生、自我发展和自我超越的“自为本性”。[①] 正是在这个意义上，马克思强调人的本性是“自由的有意识的活动”，“动物只是按照它所属的那个种的尺度和需要来构造，而人却懂得按照任何一个种的尺度来进行生产，并且懂得处处都把固有的尺度运用于对象；因此，人也按照美的规律来构造”。[②] 人的本性如此，哲学作为人的自我意识理论，当然也就只能以多样化的形式并在历史的变化中去把握并表达不断发展的人的本性。所以我们也可以说，哲学的历史就是人的自为本性的理论表征史，也是人的自为本性的理论自觉史。

但是，从哲学的发展史来看，西方哲学从早期到近代的发展历程中，人之为人的本性却并没有得到充分的张扬，而是经常处在“本体”的压制或遮蔽之中。也就是说，在哲学史上，人之为人的根据、标准和尺度，常常不是内求于人“本身”，而是外求于“他物”，这样就造成了西方传统哲学中人受外物统治的“他治的本体论”哲学。[③] 而这一本体论哲学，实际上也就是人的本性以异化形式存在、发展的哲学。在古希腊时期，先哲们是以寻求万物的“始基”或“本原”的方式，开始哲学本体论的探索的。当时，虽然也有哲人提出“人是万物的尺度”、“认识你自己”等彰显人性的口号，但这只是当时人从原始神话的自然神论中自我觉醒的一种萌芽状态的表达，人并不能真正自己主宰自己，所以人根本上仍受治于外在的“本体”（始基或本原）。而到了中世纪，这一作为“始基”或

① 高清海：《“人”的哲学悟觉》，《高清海哲学文存·续编》第3卷，黑龙江教育出版社2004年版，第2—3页。

② 《马克思恩格斯文集》第1卷，人民出版社2009年版，第163页。

③ 白刚：《自治的本体论——马克思哲学本体论的真实内涵》，《人文杂志》2005年第2期。

"本原"的"本体"，又演化成了具有人的形象和人格精神的全能的"上帝"，上帝代表一切又统治一切，成了具有主宰和支配地位的最高的本体，而这一"上帝本体论"，实质上也就是人的自为本性的异化的极端表达。经过文艺复兴，人性又重新觉醒。发展到近代，人性得到了高扬，上帝走向了自然化、理性化、人本化，人们是"先理性后信仰，先自我后上帝"，人的理性开始取代上帝，成为最高的本体，而这种"理性本体论"在黑格尔的"绝对精神"中达到了顶峰。对此，高清海教授将之称为"本体论的高峰和绝境"。[①] 当然，这一顶峰也为本体论哲学最终走向瓦解，创造了条件。正是在这个意义上，恩格斯宣布"哲学在黑格尔那里完成了"，并强调黑格尔"（虽然是不自觉地）给我们指出了一条走出这些体系的迷宫而达到真正地切实地认识界的道路"。[②] 由此看来，从古希腊到近代的整个西方传统哲学，是以"本体论"为核心的理论，但其实质则是人之为人的超越本性的异化表达，不同的本体论表达的其实是人不同的生存本性。

人是一种从不满足于既有存在，总在追求未来理想存在的一种存在，这通常被称作人的"形而上学"本性（在这一意义上，有学者认为高清海教授的"类哲学"实质上就是在当代哲学语境下自觉建构而成的一种"人的形而上学"[③]）。抛开可见的现存世界，去追求一个不可见的本体世界，这是只有人才会具有的特性。本体论就是以探寻对象之外和之上的本真存在这种方式，来表达人的形上追求的。所以哲学本体论的最终目的也是为了说明人的存在的性质和规定。历史上不同的本体论哲学家，实际都是按照对人的理解去确立他们的本体观点的。而哲学史上关于本体不同观点的争论，实质上也只是关于人的不同观点的分歧。因此，哲学本体论就其本质而言，不过是以本体形式表达人的本性和观点的一种理论。而这一理论形式作为人的超越本性的理论表达，虽然是以异化的形式，却对促进人的自觉、升华人性意识、充任人的精神支柱、推动历史进步，具有积极意义和重大影响。

---

① 高清海：《哲学的憧憬——〈形而上学〉的沉思》，吉林大学出版社1995年版，第225页。

② 《马克思恩格斯文集》第4卷，人民出版社2009年版，第273页。

③ 贺来：《用哲学追求和创造希望——纪念高清海先生逝世一周年》，《天津社会科学》2005年第5期。

但是，在高清海教授看来，本体论作为哲学史上一种表达人的本性和观点的理论，不仅仅是一种理论形态，更是一种思维方式。本体论在哲学发展史上的重要性，不但表现在它在很长一段时期占据了哲学的核心地位，还表现在它对哲学思维所发生的重大而深刻的影响上面。本体论本来是人们用以观察和把握世界人生的理论方式，但却反过来成了支配人的哲学思维方式。本体论以本体的形式去表现人，以本体世界的形式去表现人的现实世界，结果却把人变成了非人，把现实世界变成了抽象世界，人被融化于本体之中，人不能主宰自己，而是受制于异于人的外在力量。这就是为什么本体论哲学本来是从人出发、要贯彻人的观点，结果却敌视人、失落了人；本来想深入现实世界、把握它的底蕴，结果却走进了彼岸世界的原因。对此，国内持相同观点的学者也认为："本体论最大的弊害在于它对人自身的忽略和漠视。本体论本来为人所固有，表达了人超越现实的深邃和觉醒。但是，它在形上的沉思中完全抛开了人，不是从人的本质和人的视野去看世界，探求世界之为人存在的本性，而是把世界视为与人无涉的纯粹自在的彼岸，在人之外设想出某种先在的本体，由它来外化人、规定人、人成了本体的玩偶，人及其主体性彻底失落了。"[①] 所以说，哲学本体论的问题主要并不在于"本体"本身的悬设、虚构性质，而在于这种理论失落了人、瓦解了人的现实世界，这才是"最根本的"。[②] 因此，本体论哲学的主要出路并不在于转换本体论的历史形态，而在于彻底转变本体论的思维方式，这正是马克思的哲学所完成的历史使命。

三　"本体思维方式"的终结与"实践观点思维方式"的确立：马克思对"本体思维方式"的历史性变革

对马克思主义哲学革命性变革实质的理解，一直是马克思主义哲学界探讨和争论的焦点和热点问题，也是高清海教授一直关注的根本和核心问题。学者们从不同的视角和观点，对马克思主义哲学的实质作出了不同的

① 张奎良：《马克思的本体论思想及其当代意义》，《现代哲学》2002 年第 2 期。

② 高清海：《哲学回归现实世界之路——评哲学本体思维方式的兴衰》，《高清海哲学文存》第 1 卷，吉林人民出版社 1997 年版，第 142—143 页。

理解和解释，比较有代表性的观点就有“辩证唯物主义”、“历史唯物主义”和“实践唯物主义”等。而即便同是坚持实践唯物主义的理解，又有“实践唯物论”、“实践本体论”、“实践一元论”和“实践生存论”等不同说法。不管学者们的观点如何、分歧多大，这些理解和解释都在新的历史时期对促进马克思主义哲学走向当代、拓展其理论视野、发挥其理论价值，起了重大的推动作用。但在高清海教授看来，国内对马克思主义哲学实质的这些不同理解，更多的是从区别于传统哲学的“哲学形态转换”的视野出发，来理解马克思主义哲学如何转换了哲学的“历史形态”，而没有抓住马克思主义哲学革命性变革的根本实质——“哲学思维方式”的历史性转变。而高清海教授与“实践唯物论和实践本体论的理解不同，他强调马克思的实践观点是一种哲学思维方式，而不是某种新的世界本质和本原的发现”，“寻求世界终极本质的本体论思维方式至马克思已经终结”了。① 因此，对当前马克思主义哲学革命性变革实质的理解，问题不在于用什么“名称”来“称谓”它，而在于抓住思维方式变革这一“阿基米德点”，从“实践观点”作为“思维方式”的反本体论的哲学革命来阐释马克思主义哲学。②

高清海教授认为，西方传统哲学从古希腊到黑格尔，是以本体论为核心的，西方传统哲学的发展史实质上也就是本体论的演变史，而之所以如此，其根本原因不在于本体形态的历史转换，而在于本体思维方式的根深蒂固和一脉相承。也就是说，西方传统本体论哲学，虽然其本体论在不同时期其具体内容不同，但其本体论的思维方式却是一致的，都是一种“引人缅怀过去的思维方式，注重先定的思维方式，走向空幻理想的思维方式，从抽象原则出发的思维方式，消解对立和瓦解矛盾的思维方式，到对象后面去的思维方式，追寻彼岸世界的思维方式，远离现实存在的思维方式，否弃真实生活的思维方式”。③ 这实际上也就是一种预成性的“实体思维方式”。对此，高清海教授把传统本体论哲学的实质归结为“一个实体一统天下”。④

---

① 孙利天：《高清海教授的哲学思想与当代中国哲学的发展》，《社会科学战线》2002 年第 5 期。

② 孙正聿：《怎样理解马克思的哲学革命》，《吉林大学社会科学学报》2005 年第 3 期。

③ 高清海：《哲学的憧憬——〈形而上学〉的沉思》，吉林大学出版社 1995 年版，第 257 页。

④ 同上书，第 220 页。

正是在此基础上，高清海教授认识到作为创新时代的哲学理论，马克思的哲学必须彻底否定和突破传统本体论哲学，特别是作为传统哲学"灵魂"的那个"本体论思维方式"，从而根本改变传统哲学"敌视人"的性质和方式，把人的生存、解放问题提到哲学的核心地位。对这一点，国内亦有学者认同："从批判和超越近代哲学思维方式说，从建立一种撇开对关于绝对的物质或精神体系的追求，而以强调人的现实生活和实践以及发挥人的自主能动性和创造性为特征的适应现代社会的时代精神的要求的新的哲学思维方式说，马克思在哲学上的革命变更与西方哲学的近现代转型具有某种程度的共性。二者以不同形态和不同彻底性体现了现代哲学思维方式。"① 但马克思的哲学与西方其他哲学的不同之处在于，它是从实践观点的基础去理解和确立人的哲学地位和否定本体论思维方式的。在人类思想史上，马克思恩格斯第一次把"人的思维的最本质和最切近的基础"② ——"实践"提升为哲学的根本原则。按照马克思的理解，实践是人创造自己需要的生活资料即人的对象世界，把自己创造为人即人的自我创造的一种活动方式。它是一个自觉的创造价值的目的性活动。在实践活动中，既体现着自然物质的本原性作用，又体现着人及其精神的能动创造作用。实践是理解自然世界与属人世界否定性统一关系的基础。马克思把实践作为理解一切哲学问题、解决各种哲学纷争的立足点和出发点，这就意味着突破了传统本体论的思维方式，确立了一种崭新的实践观点的思维方式。"这种思维方式既不是单纯从脱离人的自然出发，也不是单纯从脱离自然的人出发；既不是单纯以本原存在为依据，也不是单纯以超越形态为依据，而是从人和自然、主体和客体、主观性和客观性在现实活动中的相互作用关系出发，以本原存在和超越形态在现实活动中的统一关系为依据，去观察各种事物、理解现实世界、回答两重化矛盾的思维方式"。③因此，实践观点既超越了抽象的自然观，又超越了抽象的人本观点，是一种真正人的观点和人的思维方式。

高清海教授认为，哲学的秘密在于人，而人的秘密在于实践。实践既是造成世界两重化矛盾性质的根源，又是解决这一矛盾实现它们统一性的

---

① 刘放桐：《马克思主义与西方哲学的现当代走向》，人民出版社 2002 年版，第 6—7 页。

② 《马克思恩格斯文集》第 9 卷，人民出版社 2009 年版，第 483 页。

③ 高清海：《再论实践观点的思维方式本质》，《高清海哲学文存》第 1 卷，吉林人民出版社 1997 年版，第 135 页。

基础。只有抓住了实践，才能抓住人与世界否定性统一的总根源。从这一意义上说，当前流行于西方的许多哲学学派，尽管他们对传统本体论哲学展开了批判与抨击，但不能自觉地把理论奠立于实践基础上，结果仍然只能落入以一种片面性去否定另一种片面性，要彻底克服传统本体论的思维方式是根本不可能的。而实践观点的思维方式，说到底也就是人的理解方式，“它是从人的历史和现实的真实本质出发，在对待世界和自己的方式上应予贯注的人的观点和态度”。① 运用这样一种思维方式，就意味着人作为人已经开始进入自觉地发展自己的历史阶段，世界对人的“本体关系”已转化为以人为主导的“价值关系”。② 它不仅仅提高人的地位和作用，而且找到了从抽象的人转向现实的人、把人加以具体化的现实基础和解放道路。如果在这一意义上来理解和定位马克思哲学的本体论内涵，可以称之为“自治的本体论”。③ 可以说，这一实践观点和思维方式的确立，是马克思的哲学优于其他各派哲学的根本所在，也是马克思对人类作出的最伟大的贡献。

从哲学史上看，马克思不同于他同时代的其他哲学家，仅仅去否定传统哲学某些方面的特征，改变“本体论哲学”的某种理论形态，而是从传统哲学的思想要害入手，从根本上否定了传统本体论借以立论的那种“绝对化”的基本思想原则和主导思维方式。对此，高清海教授强调指出，“马克思解决的不是哲学中的某种具体观点和理论形态问题，而是哲学的思维方式和哲学观问题”；马克思“实践观点”的意义主要是在“哲学思维方式”的变革，而不在于“本体形态”的转变。④ 由此可以看出，对于马克思的哲学理论，我们决不能再以传统哲学的尺度去衡量，更不能从本体论的思维方式去理解它的实质。马克思从来没有称呼自己的哲学为“本体论”，甚至在他论述自己哲学观点的著作中，我们几乎看不到“本体论”这个词，他只在讲到以往的哲学理论时才使用这个术语，而那都是在批判的意义上谈及的。这就表明，在马克思哲学的实践观点中，关注

① 高清海：《哲学的憧憬——〈形而上学〉的沉思》，吉林大学出版社 1995 年版，第 252 页。

② 同上书，第 248 页。

③ 白刚：《自治的本体论——马克思哲学本体论的真实内涵》，《人文杂志》2005 年第 2 期。

④ 高清海：《马克思对“本体思维方式”的历史性变革》，《现代哲学》2002 年第 2 期。

的已不是什么世界的本原或建构世界的绝对原则，而是人类的命运、前途及其历史发展问题。如何把人的关系、人的世界归还给人，以促进人类的不断解放，这才是马克思哲学的核心内容。（马克思曾强调：“任何一种解放都是把人的世界和人的关系还给人自己。”①）

但是，高清海教授也指出，否定了传统哲学意义上的“本体思维方式”，并不等于否定对“本体”问题的理论研究，这是有区别的两个问题。马克思否定的是传统的以“绝对化”为基本特征的本体思维方式，并没有简单地抛弃本体论（正是在这个意义上，有学者指出：马克思的本体论既是从“思维方式”上与传统本体论的“断裂”，又在从“人的解放何以可能”的求索中开辟了本体论的现代道路②）。而且在高清海教授看来，否定了绝对化的本体思维方式，正好是对“本体论”的“解放”。③ 去掉了本体“绝对性”、“先验性”、“还原性”的外衣，本体的性质就发生了变化，不再具有以往那种至高无上、唯我独尊的绝对权威的地位和意义，而是有了确定的范围和限度（这一点也得到了国内一些学者的共识④）。这样，本体论在当代哲学中已失去了其“终极本原”的意义，而只能在特定领域、特定关系中具有相对意义。所以有学者认为，“当代本体论”应是绝对与相对的统一，是“关于绝对的相对真理”。⑤ 在这一意义上，马克思的本体论思想是与其“革命的和批判的”辩证法相统一的。传统哲学的辩证法特别是黑格尔的辩证法，是依附于其本体论的（阿多尔诺就认为本体论体系是黑格尔“辩证法的源泉”⑥），从而把自发的本体论批判变成了非批判的本体论信仰；与之相反，马克思哲学的本体论却是依附于其辩证法的（本体论批判的辩证法⑦），因而在哲学史上真正自觉实现了对传统本体论的批判，完成了本体论的现代革命。

---

① 《马克思恩格斯全集》第1卷，人民出版社1956年版，第443页。

② 孙正聿：《解放何以可能——马克思的本体论革命》，《学术月刊》2002年第9期。

③ 高清海：《马克思对“本体思维方式”的历史性变革》，《现代哲学》2002年第2期。

④ 参见贺来《马克思哲学与“存在论”范式的转换》，《中国社会科学》2002年第5期；孙麾：《本体论的限度与改变世界的哲学》，《哲学研究》2003年第7期。

⑤ 孙利天：《论辩证法的思维方式》，吉林人民出版社2006年版，第202页。

⑥ 阿多尔诺：《否定的辩证法》，重庆出版社1993年版，第158页。

⑦ 参见孙正聿《本体论批判的辩证法》，《哲学研究》1990年第1期。

现实的人的发现与马克思的哲学变革

王晓红*

伴随人自我意识的觉醒，人就开始了对自身的追问，产生诸多关于自我的理解，如人是理性动物、人是政治动物、人是感性存在、人是情感动物等，进而形成各种关于人的理论。仔细分析，不难看出这些关于人的理论都有一个共同的思维方式，即都离开人的现实生活去追究、寻找永恒不变的人的普遍本质。在此意义上，这些人性理论都是抽象人性论。马克思哲学认为，人是生活在黑格尔所说的“市民社会”中从事实践活动的人。具体地说，人是在一定社会历史条件下、一定社会关系中从事感性活动的人。这样的人是与以往哲学不同的，真正是“现实的人”、“具体的人”。从现实的人的活动出发去理解实践范畴，才能真正理解和把握马克思实践思维方式的哲学变革的内涵及其意义。

一

“现实的人”表现出来的是各不相同的“具体的人”。黑格尔对“具体”范畴的内涵给予了逻辑的思辨的阐释：具体是指在事物发展过程中，事物的自身内容中出现了这样的环节和那样的环节，这种规定性和那种规定性，导致了丰富的“具体”的内容。尽管黑格尔表述的是概念的具体性、思想的具体性，但其内涵是深刻的。

第一，“具体”是不同的规定之统一，是包含多样性于自身之内。任何事物都有着多样的性质，而不是单一的规定性。其中每一个特性都不可少，多样的规定性构成一个整体，每个规定性都是与整体有特定的关联。

* 辽宁大学马克思主义学院副教授。

多样性同时还意味着差异性，因为多样性一定是质的多种不同的规定，这样，质的多样就包含质的差异性，这种差异是必然的。黑格尔强调，具体是差异规定性的统一，只有“包含有区别在内的具体的东西才是实在的”。马克思充分肯定了黑格尔的“具体”是“不同的规定之统一”思想，他说：“具体之所以具体，因为它是许多规定的综合，因而是多样性的统一。”①

第二，具体是发展的整体，过程的集合，是在过程中形成的综合和全体。黑格尔认为，行为本质上是一个整体，而整体就是具体，不只行为是具体的，而且潜在，那开始活动的主体，也是具体的，那活动的产物，一如活动和开始活动也同样是具体的。“真正的自由的思想本身就是具体的，而且就是理念；并且就思想的全部普遍性而言，它就是理念或绝对。关于理念或绝对的科学，本质上应是一个体系，因为真理作为具体的，它必定是在自身中展开其自身，而且必定是联系在一起和保持在一起的统一体，换言之，真理就是全体。全体的自由性，与各个环节的必然性，只有通过对各环节加以区别和规定才有可能。”② 他强调把事物看作一个整体，一方面是为了说明事物的本质是具体的统一，在事物发展的全过程中，历史地形成的各种规定性的统一构成了事物的具体的本质。另外，事物只有在有机联系和统一中才有其本来的性质、意义和真实面貌，“真正哲学的识见即在于见到：任何事物，一孤立起来看，便显得狭隘而有局限，其所取得的意义与价值即由于它是从属于全体的，并且是理念的一个有机环节。”③ 现象固然是多种多样、各个特殊的，然而在多样性的现象中却贯穿着联系性、统一性、整体性，这就是本质和规律性的东西。所以，只有对事物的一切方面及其复杂联系有个统一的和完整的了解，如实反映事物的“多样性的统一”，才能得到揭示事物本质和规律性的具体真理。

第三，具体作为“整体”是发展的，是活动着的。“具体”的首要意义就是发展，我们称之为不同的规定之统一的整体事物中的各种规定，作为事物的各个环节并非是从来就有的，也不是一下子产生的，而是在事物发展过程中形成的：如果事物是静止不动的，僵死的，就不会有各个环节的存在。当我们说“真理只是一个”的时候，恰恰意味着“真理是一个

① 《马克思恩格斯选集》第二卷，人民出版社 1995 年版，第 18 页。

② 黑格尔：《小逻辑》，商务印书馆 1980 年版，第 56 页。

③ 同上书，第 423 页。

过程”，即从原则到体系的发展过程。从逻辑上看，一个原则即使是真的，如果仅仅停留于当前的存在，就已经是假的了，“因为它仅只是共相或本原或开端”①，对它的发展即是否定它，否定它作为开端的抽象性、片面性。然而彻底的否定乃是自否定，即通过原则的自我运动从原则自身中产生出新内容，其结果表现为原则的展开和实现的体系。

从黑格尔对具体性的思辨解释中可以看出，他强调思想的具体性是在其发展过程中呈现出来的，没有运动发展，就没有真正的具体规定。思想、概念的生命力在于通过自身运动能够获得自身具体内容的规定性，其自身的能动运动是“绝对理念”的客观活动。“绝对理念”统领一切，人也不例外，在绝对理念展开为客观精神的生命活动阶段，才出现了人，人只是绝对精神辩证发展的一个环节。从这一前提出发，黑格尔认为：“精神——人之所以为人的本质——是自由的。”② 人的本质在于精神，人的精神是自由的，这正是人不同于和高于动物的本质，“禽兽没有思想，只有人类才有思想，所以只有人类——而且就因为它是一个有思想的动物——才有自由。”③

在《精神现象学》一书中，黑格尔还肯定了劳动在人的自我形成中的作用。他认为，人类的原始状态是一切人之间的生死斗争，人必须在同别人的生死搏斗中得到统治对方的权力来肯定他自己。在斗争中取得胜利因而赢得了尊严的人成为主人，失败者便只能为别人所奴役，成为奴隶。前者是“独立的意识”，后者只是为对方而存在的“依赖的意识”。奴隶不是人而是降为物，也就是说，主人是目的，奴隶仅仅是达到实现主人目的的手段。但是，因为主人只让奴隶从事劳动，自己只顾享受劳动果实，事情就发生了相反的转化：主人就成为对奴隶依赖的意识，而奴隶却在劳动的陶冶下重新意识到他自己作为人的力量、本质和尊严，意识到自己独立本性。黑格尔说：“因此正是在劳动里（虽说在劳动里似乎仅仅体现异者的意向），奴隶通过自己再重新发现自己的过程，才意识到他自己固有的意向。”④ 当然，黑格尔对劳动的理解完全是抽象的，劳动只是抽象的精神活动，是精神的样式。在他看来，只有精神、思维才具有最本原的能

① 黑格尔：《精神现象学》上卷，商务印书馆1979年版，第14页。

② 黑格尔：《历史哲学》，生活·读书·新知三联书店1959年版，第56页。

③ 同上书，第111页。

④ 黑格尔：《精神现象学》，商务印书馆1961年版，第131页。

动性和创造性，因此，只有思维活动和精神的劳动，才是推动一切、创造一切的源泉和基础。至于实际的、物质的、感性的劳动，在他看来只不过是能动的理性、精神借以实现自身的一种方式而已。所以，黑格尔称劳动为“精神的样式”。

可见，在对人的认识上，尽管黑格尔提出了一些非常可贵的思想，但始终没有跳出抽象思辨的框架。

二

作为德国古典哲学的最后一位哲学家，费尔巴哈对黑格尔抽象的思辨哲学给予了无情的批判，一语道破黑格尔思辨哲学的本质：“神学的秘密是人本学，而思辨哲学的秘密则是神学。思辨哲学将普通神学由于畏惧和无知而放到彼岸世界的神圣实体移植到此岸世界中来了，亦即将它现实化了，确定了，实在化了。”① 黑格尔哲学的绝对精神和神学中的上帝一样，是人的本质的异化，是一个“幽灵”。彻底反对思辨哲学，就必须把异化了的人还给人本身，重新确立人在哲学中的地位。因此，费尔巴哈重新把人的本质建立在人的自然本性的基础之上，“现实的人”是感性的、“类”的存在。

费尔巴哈认为：“人在世界上之最初的出现，只归功于感性的自然界”，② 完全与动植物一样，人也是一个自然本质。人作为一个自然的存在物，有着自然的需要与机能，人通过自身的生命活动将自然的东西纳入到自身，变成人的一部分，从而也就将自然的本质变成了人的本质。“我所吃的喝的东西是我的第二个自我，是我的另一半，我的本质”。③ 因此，人与自然是统一的。但是，在动物的类与人的类之间，的确有某种根本的区别：“人的形象不再是一个局限的、有限的形象……它是多种多样的动物的类，但是这个类在人中间不再是作为‘属’，而是作为‘类’而存在

① 费尔巴哈：《费尔巴哈哲学著作选集》上卷，商务印书馆 1984 年版，第 101 页。

② 同上书，第 214 页。

③ 费尔巴哈：《费尔巴哈著作选》上卷，生活·读书·新知三联书店 1962 年版，第 530 页。

的。"[①] 即人的类是一种无限的、普遍的类，"作为类的类"。"作为类的类"与动物的根本区别是具有类意识。"只有将自己的类、自己的本质性当作对象的那种生物，才具有最严格意义上的意识。动物固然将个体当作对象，因此它有自我感，但是，它不能将类当作对象，因此它没有那种由知识得来的意识……只有将自己的类、自己的本质性当作对象来对待的生物，才能够把别的事物或实体各按其本质特性作为对象。所以，动物只有单一的生活——外在生活，而人却具有双重的生活——内在生活和外在生活。人的外在生活，是和物打交道；人的内在生活，是对他的类、他的本质发生关系的生活。人思维，其实就是人跟自己本人交谈、讲话……思维、讲话是真正的类的职能，人本身，既是'我'，又是'你'；他就能够将自己假设成别人。"[②] 类意识正是"把自己的本质当作对象来看待"的那种意识；类意识使人具有了外在的和内在的双重生活；类意识使人对他的类、他的本质发生了思想关系；只有人能够自言自语、自我咀嚼，把自己假设为别人。那么，人自己意识到人的本质究竟是什么呢？或者，在人里面形成类，即形成本来的人性的东西究竟是什么呢？就是理性、意志和心。

可见，费尔巴哈的"现实的人"是以自然为基础的"现实的人"，尽管他看到了人所独有的内在生活。吴晓明在《思入时代的深处——马克思哲学与当代世界》一书中写道："为了谋与抽象理智的对抗，为了谋与思辨推理的对抗，一句话，为了谋与近代形而上学对抗，费尔巴哈诉诸感性，诉诸对象性，对于费尔巴哈来说，同时就意味着诉诸直观，亦即诉诸感性直观和对象性直观（直观的感性和对象性）。"[③] 感性直观和对象性直观既是费尔巴哈的功绩，也是费尔巴哈思想的限度。因为，在感性直观和对象性直观方式下，不可能从主体方面去理解自然，从而把自然看作是人实践活动的产物。

---

① 费尔巴哈：《费尔巴哈哲学著作选集》上卷，商务印书馆1984年版，第83页。

② 费尔巴哈：《费尔巴哈哲学著作选集》下卷，商务印书馆1984年版，第26—27页。

③ 吴晓明：《思入时代的深处——马克思哲学与当代世界》，北京师范大学出版社2006年版，第149页。

三

马克思最初也是从黑格尔哲学出发，在自我意识范围内考察人的本质的，人的本质在于人类普遍的理性自由。马克思还以此为出发点去考证现实生活中的人，希望现实生活中的人符合人类普遍理性的要求。但在《莱茵报》的工作经历，让马克思逐步认识到，在绝对理性范围内的人的本质与生活在现实社会中的人的本质是不一致的，绝对理性范围内的人的本质在社会现实生活中并不存在，现实社会中的人都是一些站在不同立场上，代表不同等级利益的人。也就是说，现实社会中的人是处在物质利益关系中的人，是不惜一切去捍卫自身物质利益的人。所以，要想把握人的本质，必须跳出黑格尔思想具体性的框架，进入社会现实生活之中，到人的实际生活过程之中去寻找。人的本质不在思想的具体性之中，而是存在于人的实际生活过程中。

人的实际生活过程是历史地展开的，所以，要想全面了解人的实际生活，就要深入到人的生活的历史之中。经过历史学和法学的研究和考证，马克思确证了人的具体规定性、人的内在矛盾就存在于人的实际生活过程之中；确证了在人的实际生活中存在着不以人的意志为转移的物质利益和物质关系，它构成了具体的人的主要内容。用黑格尔的话讲，人的实际生活就是“市民社会”。马克思借用了黑格尔的“市民社会”概念，并重新对之进行了分析。马克思认为，如今的市民社会不是黑格尔意义上的“市民社会”，而是一个经过资产阶级政治革命而消灭了政治性质的市民社会。它是一个特殊性与普遍性相分裂的私人活动的领域，这一领域的特征是特殊性、利己主义和个人主义。马克思说，国家是抽象的、形式上的普遍性，市民社会是具体的、实质上的特殊性；在市民社会中，实际的欲求和利己主义是驱动市民社会前进的动力，市民社会从政治中获得解放，意味着市民社会成员仅仅成为利己主义的人；市民社会的人被政治国家夺去了自己的类本质、共同性和普遍性，沦为利己的孤立的个人，他把别人看作工具，把自己也降为工具，人的世界就像原子一样完全消融在相互对立的个人世界中。这就是说，市民社会是具体的，它包含着人的各种各样的差别；在市民社会中起决定作用的是物质利益和由此体现的物质关系；

市民社会中的人不具有普遍的一般本性，他们存在于各种关系之中。由此我们可以这样推断，具体的人存在于市民社会中的各种关系之中。

那么，进一步要分析的就是市民社会中的各种关系是什么，它们是如何产生的。马克思认为，市民社会中的主要关系是客观的物质关系，“在这里财产统治人，在现代社会里人控制着财产。”[①] 通过艰苦的经济学研究，马克思看到了财产是整个历史（私有制社会）的基础这个历史事实。在《1844年经济学哲学手稿》中，马克思在黑格尔“异化”、“劳动”概念的基础上提出了“异化劳动”概念。马克思提出，人是类的存在物，类存在物的本性是自由自觉的活动（劳动）。但是在私有制条件下，人的劳动表现为异化劳动，这导致人本质的丧失，所以异化劳动的实质是人的本质的异化。马克思充分肯定了黑格尔作为《精神现象学》最后成果的否定辩证法，这使马克思确立了劳动之为感性活动的原则。马克思认为黑格尔“抓住劳动的本质，把对象性的人、现实的因而是真正的人是他自己劳动的结果。”[②] 尽管黑格尔唯一知道并承认的劳动是抽象的精神劳动，但《精神现象学》显示出人的本质不是现成的和固定不变的，而是在劳动中生成的。所以，当马克思把黑格尔的抽象精神劳动改造成为与人相关的、在历史中展开的、具有能动性、感性的实践活动时。一句话，当马克思把人性的具体性建立在实践活动的最基本形式——生产劳动之上时，具体的人才真正被建立起来。

四

借助于人，费尔巴哈完成了对宗教、对黑格尔哲学的批判，把宗教世界归结为它的世俗基础。这使马克思意识到只有进行彻底的社会批判才能使宗教批判彻底化，因为真正被异化的是现实的人的生活及其本质。现实的人的实际生活过程就是人的活动。于是，马克思在费尔巴哈感性存在的基础上诉诸感性活动原则——实践来说明。

①感性活动是人的本质力量的对象化与对象的人化的统一。在马克思

① 马克思：《克罗茨纳赫笔记》，中译文参见《马恩列斯研究资料汇编》第1981卷，书目文献出版社1985年版，第9页。

② 《马克思恩格斯全集》第42卷，人民出版社1979年版，第163页。

看来，所谓存在，就是一个存在物的本质力量的对象性。存在全然不是什么“实体”，根本上是活动，是关系。人的存在就是人的本质力量的对象化，这意味着人既不是某种唯灵论的存在，也不是抽象的物质实体，人的存在就是对象性活动。“非对象性的存在物，是一种非现实的、非感性的，只是思想上的即只是虚构出来的存在物，是抽象的东西。说一个东西是感性的即现实的，这是说，它是感觉的对象，是感性的对象，从而在自己之外有感性的对象，有自己的感性的对象。说一个东西是感性的，就是指它是受动的。”① 在马克思看来，感性就是人的感性活动，就是人的对象性活动。所以，人是现实的，就是感性的，他既是感性的主体，有感性对象，又是感性的客体，是感性的对象。人既是主体又是客体，既是主动的又是受动的。人是对象性的存在物，这种对象性的关系是人的对象性活动赋予的。马克思说，从理论领域说来，植物、动物、石头、空气、光等等，一方面作为自然科学的对象，另一方面作为艺术的对象，都是人的意识的一部分，是人精神的无机界，是人必须事先进行加工以便享用和消化的食粮；同样，从实践领域说来，这些东西也是人的生活和人的活动的一部分。“在实践上，人的普遍性正表现在把整个自然界——首先作为人的直接的生活资料，其次作为人的生命活动的材料、对象和工具——变成人的无机的身体。自然界，就它本身不是人的身体而言，是人无机的身体。人靠自然界生活。这就是说，自然界是人为了不致死亡而必须与之不断交往的人的身体。”② 感性活动是现实的人的活动，当现实的人把自己的本质力量设定为异己的对象时，这种设定不仅仅是自我意识的设定和活动（纯粹精神活动），它也是对象性的本质力量的主体性，因而这些本质力量的活动也必须是对象性的活动。人的本质力量的对象化就是对象的人化，这两者是一而二，二而一的同一过程。

②感性活动是生命活动与精神活动的同一。感性活动既是人的生命活动，又是人的精神活动，二者是统一的。人的生命活动就是精神活动，人的精神活动也就是生命活动，二者是须臾不可分离的。感性活动意味着人把自己的生命活动本身变成自己的意识的对象，“自然界是人的无机的精神界”，“动物是和它的生命活动直接同一的。动物不把自己同自己的生

① 《马克思恩格斯全集》第42卷，人民出版社1979年版，第169页。

② 同上书，第96页。

命活动区别开来。它就是这种生命活动。人则使自己的生命活动本身变成自己的意志和意识的对象。他的生命活动是有意识的生命活动。”① 正是有意识的生命活动把人和动物的生命活动区别开来。意识意味着人把自己的类生活（生命活动）当作对象，这就是类意识、自我意识、劳动意识。属人的本质力量的对象性活动就是劳动，它是这样的一种生命活动：在其中，意识支配着、渗透着人与其他存在物的每一种对象性关系。这种意识的支配、渗透，使对象性的本质力量所本质地包含的对象同时也是意识的对象。人的生命活动不同于动物的生命活动就在于人的生命活动内含了精神活动，人的活动是生命活动与精神活动的统一。人的本质力量的对象化与对象的人化的统一，就是精神活动的感性化与生命活动的精神化的统一。

③感性活动作为人的本质力量的对象化和对象的人化的统一，就是人的存在与本质的统一。人的存在是人的感性存在、现实存在，人的本质是人的本质力量。人的本质力量的对象化就是人的本质的感性化、存在化；对象的人化，就是人的存在的内化、本质化。感性活动是人的存在与本质的统一，但不是存在与本质的等同，而是在存在与本质之间保持一定张力的统一。马克思的人的存在与本质是社会现实历史中的人的存在与本质，人的存在与人的本质都是现实的人的活动本身，因为人是具有精神的存在物，人不满足于自己的现状，所以人总是要改变自己的现状。正是现实的人的存在与本质之间这种内在张力的作用，才是人不断地否定自身、超越自身的动力和源泉。这就是人自身的辩证法。

马克思以“感性活动”扬弃了近代理性哲学的抽象性和思辨性，立足于现实的感性世界，关注人类的感性生活，指出人的本质是在世界历史中通过感性活动所实现的自我设计、自我塑造和自我发展。伴随着这一历史进程的，是人化自然和自然人化的相互生成，是自然的历史和人类的历史的相互生成。

④从事感性、对象性活动的人是处于一定社会关系中的人。对象世界是生产活动的产物，是历史的产物。要研究人，就必须研究人所生活在其中的那个世界。人连同他们生活于其中的世界，包括自然界和社会，都不是什么有史以来就一直存在的一成不变的东西，而是生产活动的产物，是

① 《马克思恩格斯全集》第42卷，人民出版社1979年版，第96页。

以往历史的产物。人不断地作用于外部世界，改造它，使它适应人的需要，同时人的需要也在改造世界的过程中不断地发生变化。而且，人也不是孤立地从事改造世界的实践活动，而是根据生产力的一定发展阶段结成一定的社会关系。因此，从事实践活动的人，总是处于一定的历史的、具体的、现实的社会关系之中。正是这样，马克思才说："费尔巴哈仍然停留在理论的领域内，而没有从人们现有的社会联系，从那些使人们成为现存这种样子的周围生活条件来观察人们；因此毋庸讳言，费尔巴哈从来没有看到真实存在着的、活动的人，而是停留在抽象的人上，并且仅仅限于在感情范围内承认现实的、单独的、肉体的人。"① 费尔巴哈从来不知道"他所分析的抽象的个人，是属于一定的社会形式的。"②

实践的社会性与人的社会性是同一的。实践的社会性必然带来人的社会性。马克思认识到，在人类最基本的劳动实践中，人们必须结成不以他们意志为转移的关系，即同他们的物质生产力的一定发展阶段相适应的生产关系。人只有在生产关系中才能进行生产，才能形成现实的生产力，才能使生产劳动成为现实。离开了生产关系，人的生产能力只是一种可能性。人的本质是实践，实践中包含着生产关系（生产关系的性质是社会关系），这就等于说人的本质是关系，是处于社会关系中的人的实际状况。离开了社会关系，人就不成其为人，因为不存在脱离社会关系的人。因此，马克思认为，人的本质不是单个人所固有的抽象物，在其现实性上，是一切社会关系的总和。实践是人的存在方式，人的社会关系产生于人的具有社会历史性的实践活动之中，实践活动不断生成、确证人的本质。人是实践性的存在决定人的本质不是前定的，而是永远处在动态生成之中。

当马克思把人的感性、对象性活动确定为感性、对象性的劳动——实践，而不是黑格尔抽象的精神劳动的时候，当马克思把人的感性、对象性的劳动——实践与社会历史发展结合起来的时候，当马克思将人的具体性与人的实践性结合起来的时候，真正现实的、具体的人就建立起来了；与此同时，马克思的实践范畴也建立起来了。于是，近代哲学中抽象的一般主体被消解了，取而代之的是马克思发现的现实生活中活生生的、活动着

① 《马克思恩格斯全集》第3卷，人民出版社1960年版，第50页。
② 《马克思恩格斯选集》第一卷，人民出版社1995年版，第56页。

的人。所以我们说，在马克思发现现实的人的思想进程中，他对人的具体性问题的思考和人的实践性问题的思考是同一逻辑过程。马克思既不是因为思考人的现实性和具体性而发现了人的实践性，也不是因为思考人的实践性而发现了人的现实性和具体性，人的实践性和现实性、具体性是合而为一的。

人本质的革命

——论实践观点与类哲学的内在一致性

董健铭*

20 世纪 80 年代，高清海提出实践观点的思维方式理论，从实践的观点出发重新理解马克思所实现的哲学革命。这一理论在推动中国哲学体系改革的进程中发挥了重要作用，并一直被视为高清海哲学思想的标志性内容。而到了晚年，高清海则更多地关注于其“类哲学”理论。对于类哲学理论之于中国哲学界的意义，各家观点似乎并不一致：很多人认为类哲学背离了实践观点的思维方式理论的主旨，更有甚者认为从实践观点到类哲学实际上是一次思想的倒退。但从根本上来说，实践观点的思维方式理论与类哲学理论的实质都是对人本质的理解的革新。因此，类哲学理论并没有背离实践观点的思维方式理论的理论核心，而是发展了这一理论体系。毋宁说，类哲学理论的提出是实践观点的思维方式理论向前发展的必然结果。

实践观点的思维方式的主要内容

高清海认为，每一种哲学体系背后都有一种属于它自己的思维方式，而哲学理论的更新本身也就是其背后的思维方式的更新。如果用旧的思维方式去看现有理论，便会认为原有的理论体系已经完全无懈可击了，但一旦用新的思维方式去重新审视这些理论，就会很轻易地发现其中所存在的问题及其根源。因此，哲学体系革新的关键就在于其背后的思维方式的革新，而用以推动这一次思维方式革新的源动力来自于对实践概念的重新

* 吉林大学哲学社会学院马克思主义哲学硕士研究生。

理解。

实践是一个古已有之的概念，不同哲学家都对实践概念有过自己的诠释。早在古希腊哲学中，人们就已经对实践有了一定的理解，亚里士多德将实践理解为完成目的的内在活动，目的性构成了实践活动的基本环节。随着哲学理论的不断发展，及至德国古典哲学之时，人们已经赋予了实践以自主性、创造性、主观之于客观、感性的活动等诸多内涵。马克思对前人各种不同的实践观进行了总结与综合，将实践理解为主观见之于客观的目的性活动。在《关于费尔巴哈的提纲》中，马克思指出旧的唯物主义未能理解实践的全部内涵，因为他们“对对象、现实、感性，只是从客体的或者直观的形式去理解，而不是把它们当作感性的人的活动，当作实践去理解，不是从主体方面去理解。”而唯心主义虽然抓住了实践的能动性方面，但“唯心主义是不知道现实的、感性的活动本身的”。[①] 因此，无论是旧唯物主义还是唯心主义都仅仅理解了实践活动的一个侧面，而未能把握到实践的全部内涵。实践不仅仅是改造客观世界的物质性活动，实践也是包含了实践主体的主观目的的目的性活动。同时实践也不是人的主观能动性的任意发挥，而是处处都要受到客体的制约与限制的。因此，主体与客体不是一方决定一方，而是互相影响、互相改造，二者处于一种否定性的统一关系之中。只有理解了这种否定性统一关系，才能真正将实践理解为“主体依据一定目的变革客体的感性活动。”[②]

将实践理解为主体与客体间的否定性统一活动，是建立实践观点的思维方式的第一步。在否定性统一的实践观之下，对人及对人周边的自然世界的理解都将发生变革。就人本身而言，实践“是人的一切认识的实际出发点，也是人的一切认识的根本内容”[③]，人通过实践与客观世界相接触，在实现自身目的的过程中切实体会到客观世界给人带来的限制，并在这种限制中认识世界、理解世界。因此，从来就没有独立于世界而单独存在的作为认识主体的人，只有无时无刻不在实践中的人。人不是与世界对立的存在，而是生活在世界之中的存在。人的实践活动同时也就是人的认识活动。另外，就人身边的世界而言，一个完完全全脱离人的纯粹的自然世界是不存在的，对于人来说，这样的自然界就是一个存在着的无。实践

① 《马克思恩格斯选集》第一卷，人民出版社1995年版，第54页。

② 高清海：《找回失去的“哲学自我”》，北京师范大学出版社2004年版，第136页。

③ 同上书，第135页。

活动包含了人的主观目的性，人按照自己的目的改造世界，将自己的思想在客观世界中实现出来。在这一过程中，人思想中的主观存在转变为世界中的客观存在，自然的世界转变为属人的世界，而人又在不断的实践活动中继续认识这个世界，改造这个世界，实现人与自然的、主体与客体的否定性统一。

随着这种新的实践观的确立，之前的各种看似完备的哲学体系背后的局限性就显现出来了。旧的唯物主义观点片面地强调了客观世界的决定性作用，而没有看到实践中人的主观目的性所起到的作用。因此在旧的唯物主义视野中，自然界是绝对客观的，有着自己的本质规律，而人作为自然界的产物，只能依附于自然世界，遵循自然的规律，并完全被自然世界所规定着。在这种观点中，人总是被规定着的个人，人类社会也只能是自然界的反映。因此，旧的唯物主义者无法理解人类社会何以超越自然规律而发展。在这个领域内，他们只能倒向唯心主义，而唯心主义也正遭遇着类似的问题。在唯心主义中，主体的主观能动性不成问题，但问题在于他们仅仅理解了实践的主观目的性，而没有看到实践活动的物质性层面。因此，在唯心主义这里人与自然脱离了，人在现实的生活之前首先是一个独立的思想主体与认识主体，人并不在世界之中理解这个世界，而是站在一个遥远的彼岸世界来观察生活世界，这也就造成了此岸世界与彼岸世界的分离。整个传统西方哲学，从柏拉图的理念世界一直到黑格尔所构筑的绝对精神，走的就是这样一条道路，他们视观念为绝对，根本没有注意到事实上“观念的东西不外是移入人的头脑并在人的头脑中改造过的物质的东西而已”。[①] 因此，人的现实的感性生活总是在唯心主义的视野之外的，唯心主义只能看到抽象的人的历史，而无法达到对感性具体的人的生活的把握。

思维方式变革的实质

实践观点的思维方式的确立，在事实上推动了哲学观的变革，但从深层来讲，为什么确立了实践的观点就能颠覆整个传统哲学观？对这个问题

① 《马克思恩格斯文集》第5卷，人民出版社2009年版，第22页。

的解答涉及如何理解哲学本身。

众所周知，哲学作为人类把握世界的一种方式，它源自于人性中的爱智之忱，哲学是对真理的探求。作为人类把握世界的另一种方式，科学也探求世界的真理，但科学所追求的真理与哲学所追求的真理则是不尽相同的。科学以客观世界为对象，研究客观世界的运动规律，把握客观世界的真理。所以，科学所追求的是非人的真理，从本质上来讲，科学的真理与人类的现实生活并不是直接息息相关的，直到近代科学发展与技术进步逐渐合流，科学与人类生活之间的联系才逐渐建立起来。

哲学与科学不同，哲学也追求真理，但这种真理不是与人无关的客观世界的运动规律，而是与人息息相关的人的真理。真理首先是真，询问世界为何如此，追求世界的终极原因。但哲学所面对的世界不是科学所面对的那种与人对立的纯粹自然而然的世界，而是人的全部世界。因此，哲学在把握到世界的真理的同时，也就意味着人应该按照自己对世界的终极原因的理解去过真实而不虚假的生活，所以在这里，真理也是最高的善，终极的"是"表现为终极的"应当"，真理充当了人类社会的终极价值，为人的思想与行为提供根据、标准与尺度。当真理不仅是真的真理同时也是善的真理之后，人以真理的世界为最高目标，力求在自己的现实生活中实现真理，将自己的现实存在趋向于真理的存在，实现"是"与"应当"的统一，因此在这个层面上，真理同时也是美的存在。人以最高真理即世界的本质规律作为自己行为的最高原则即本质目的，达到合规律性与合目的性的统一。在这一过程中，万物是其所是，人实现了最高的自由。

总而言之，哲学所追求的真理，既是世界终极原因的"真"，也是人生终极价值的"善"，也是合规律性与合目的性相统一的"美"，哲学的真理是真善美三者的统一。也就是在这个层面上，哲学的真理与科学的真理真正地区别开来，哲学的真理不是与人无关的非人理论，而是与人融为一体的人的理论。真是人本身的真，善是人本身的善，美也是人本身的美。真理就是人的真理，哲学的追求就是人对人的本质的追求，哲学观也就是人的自我理解。因此，有什么样的哲学观，就有什么样的对人的本质的理解。在古代的朴素思想中，人被理解为与万物合而为一的存在，人与世界是原始的统一在一起的，所以产生了万物有灵论的思想；在宗教的观点中，人被理解为上帝所创造的存在，世间的万事万物都是神的恩赐，所以产生了对上帝的宗教信仰；在唯物主义的观点中，人被理解为大自然的产物，人是生物进化的结果，人来自于自然，因此人的本质就在自然世界中，所以产生了自然物质是世界（包括人）的本原的哲学观点；在唯心主义的观点中，人被理解为精神的产物，人与世界存在的根基在于人的思维，所以产生了意识是世界的本原、绝对精神统治世界的哲学观点。

从这个角度去理解哲学，我们就不难理解实践观点的确立之所以能推动哲学观变革的原因了。实践观点以新的实践概念的内涵来理解人的全部生命活动，因此从根本上来讲，实践观点的确立变革了对人的本质的理解。人的本质不再是某种片面的非人的东西，而就是人本身。人的本质是在人的实践活动中不断生成着的，因此人的本质成为一个历史性概念。也正是在这层意义上，实践观点彻底超越了曾长期统治人类思维的还原论思想。还原论思想的本质乃是将人的本质理解为某种与全部人的现实生活不同的东西，因此还原论就体现为将人的一切思想与行为都还原为其预先设定好的固定的东西。而不同哲学体系间的更迭不过是不断地选取一个更合乎事实、解释能力更强、逻辑上更为自洽的新本质作为还原的终点，所以他们永远无法实现哲学理论的真正变革。实践观点所实现的正是真正的哲学变革，这一次变革毋宁说是一次颠倒。从前的哲学追求将人还原为人的本质，而实践观点指出只有将各种片面的独立的事件“还原”到人本身，才能真实地理解人。因此，实践观点的确立所实现的思维方式的变革的实质就是对人的本质的理解的变革。

类哲学的成因与基本内容

类哲学理论的提出有着深刻的学理的与现实的原因。从学理的角度讲，哲学观的实质是人的自我理解，片面化的哲学观会导致对人的本质的片面化、抽象化理解，因此树立正确的哲学观是正确地理解人的基本条件。另外，从现实的角度讲，随着中国经济快速发展，越来越多的社会问题摆在我们面前。问题的解决首先需要一个评判标准，即价值尺度，而给人的思想与行为以根据、标准和尺度正是哲学的意义所在。旧的哲学观已被批判，这就急需我们拿出一套新的哲学观以指引社会前进。类哲学理论便在这两层需求的基础上建立起来。

"类哲学"直接针对于过去的"种哲学"。所谓种哲学，即是用物种的尺度理解人，而类哲学则追求以符合于人的方式去理解人，这里首先就涉及"类"与"种"的概念区分。

"种"的概念产生于人类认识与把握世界的过程中，"种"的概念是人类概念世界发展的必经之路。人类追求以概念的方式把握世界，为了认识不同动物，"种"的概念应运而生。"种"的概念的核心在于界限，物种即是对不同动物的种类进行划分、区别，为不同物种之间划定界限，其所依赖的是人类理性的抽象、总结能力。人类将某一些动物的生存共性抽象、总结出来，形成对于某一物种的概念。而对于被赋予"种"的某种动物来说，"种"就是它们的本质规定性。同一物种的动物按照自己的物种规定性生存，不同种动物则按照不同的物种规定性生存。动物不会有意识地改变自己的生存方式，它们自出生起就按照其本能生存，而不会超越自己的本能。因此对于动物来说，动物只能是自在的存在，动物的本质是先于其存在的，一个动物在出生之前就已经属于某一物种，出生后也会必然地按照自己的本质生存。

动物不会超越自己的物种规定性，因此"种"的概念在人类把握世界的过程中起到了重要作用，但当人类试图用同样的方式来把握人自身的时候，"种"的概念便遭遇了危机。之所以能将各种动物总结为不同物种，最根本的原因在于动物不会超越自己的本能，动物在一出生前本质就已确定，它及它周边的环境决定了它的全部行为。但人区别于动物，马克思指出，"一当人们开始生产自己的生活资料的时候，……就开始把自己和动物区别开来"①。自己生产自己的生活资料标志着人与动物的根本区别，因为通过生产自己的生活资料，人类得以改变环境，改变自己的本质。人能根据自己的需要改造世界，在实践活动中将自己的主观目的性赋予客观世界，将自然而然的客观世界变为属人的、体现着人类的目的的世界。同时在这一过程中，作为实践活动的对象，客观世界以其固有特性限制着人类的改造活动，影响着人类的意识。在这个意义上可以说，人通过实践活动超越了物种的本能的生存世界，而创造了自己的生活世界。因此，用把握物种的方式只能看到不同人的不同生活间的差异性，而无法把握到人的这种特殊生活的本质。即使发现了人的本质，"种"这种划定界

① 《马克思恩格斯选集》第一卷，人民出版社1995年版，第67页。

限的思维方式只能把握到人的片面的、僵死的“本质”，而不能真正把握到人的创造性的、自为的存在。

要把握人的这种创造性、自为的存在，就需要用到“类”的概念。“类”作为一种新的规定性，它“体现的是对物种规定的超越本性”。[①]“类”是对“种”的概念的超越。“类”并非否定“种”所规定的界限，界限依然存在，但“类”不会被这种界限限制住，而是超越于抽象的对立，寻求本质的同一，将不同物有机地联合在一起。因此，“类”也不否定个体的独立性，毋宁说，“类”的特性正是通过每个个体的独立性才体现出来的。同时，“与种的自在本性不同，类属于存在的自为本性。那种最高本质性的一体关系，不可能自发地形成，只能在目的性活动中去自为地建立”[②]。只有用“类”才能把握自为存在。

用“类”的概念去把握人，我们就能把握到人类外在的千差万别背后的内在同一性了。人之所以区别于动物，正在于人有“类本性”，无论身处何种地域、何种文化环境之中，人总在通过自己的实践活动超越自己的本能生命，创造属于自己的生活世界，这就是人类的深层共性所在。如果要对人的本质进行界说的话，我们只能说人是存在先于本质的存在，人没有如动物一般固定的、僵死的、万世不易的本质，而是在生活中不断创造自己的本质。因此，从“类”的角度去理解人，就要求我们真正地将人与动物区别开来，人有“类本性”，所以人不能像动物一样屈从于本能，完全听命于大自然固有的物种尺度去生存。人要创造自己的生活世界，要以人的尺度去生活，人不能以欲望为自己人生的终极目标，而应追寻崇高，追求更高的生活。

由此我们可以看出，类哲学立足于将人与动物区分开来，其深层目的乃是为人类寻找到一种超越于物种本能的人的生活标准与尺度。而这一过程则是通过将人的本质从“种”的思维方式中解放出来，重新理解人的本质这一方式而实现的。因此，类哲学的实质就是终结了人的本质的绝对化、非历史性理解，终结了为人的本质寻找某种先于人而存在的先验根基的思维方式，从而实现了人的本质的复归。

---

① 高清海：《找回失去的“哲学自我”》，北京师范大学出版社 2004 年版，第 258 页。

② 同上。

实践观点与类哲学的内在一致性

从上述分析中我们可以看到，实践观点的确立所实现的思维方式的变革的实质是对人的本质的理解的变革。而类哲学理论也对人的本质进行了全新理解，在类哲学理论中，人的本质不再被理解为是僵死的、固定的，而是不断生成着的，人的本质成了一个历史性概念。因此，实践观点与类哲学理论是内在一致的，二者都立足于对人的本质的理解。类哲学理论是实践观点的思维方式的必然发展。

对于理解人的本质，实践观点的确立更多的起到的是否定性的、突破性的意义。如前文所述，实践观点的提出所针对的是曾长期统治人类思维的还原论思想。实践观点的确立则终结了还原论的思维方式对人的本质的片面理解，这一终结体现在两方面：

第一，实践观点的确立终结了对人的本质的非历史性理解。非历史性的概念是还原论存在的根基，如果万物皆处于流变之中，那么还原就是不可能的了。所以在还原论的视野中，始终有一个超越于历史之外的、非历史性的终极存在，世间万物都可以还原为这个不变的本质，人本身也不例外。因此，这个不变的、非历史性的东西就是人的本质。实践观点的确立直接挖掉了还原论哲学的根基，人的本质是在实践活动中逐渐生成着的，因此人的本质也是一个历史性概念，这就从根本上超越了还原论的非历史性神话。

第二，实践观点的确立终结了两极对立的绝对化思维方式。非历史性概念的存在是还原论的根基，两极对立的绝对化思维方式则为还原论提供了这个根基。变化、发展总是一个包含着矛盾的过程，如果无法理解矛盾就无法真正理解变化与发展。两极对立的绝对化思维方式正是一种否定矛盾的思维方式，因此在两极对立的思维方式中，变化和发展都是虚假的，只有此岸世界背后的不变的、固定的、绝对的东西才是真正真实的东西，这个东西就是彼岸世界里的本质，也就是人的本质，它是非历史性的。实践观点的确立超越了两极对立的绝对化思维方式，将对矛盾的理解引入到对实践活动的理解之中，这样变化与发展就能被合理地理解了，不理解发展的绝对化思维方式便被抛弃了。

通过这两层终结，人被解放出来了。人的本质不再是高于人的现实生活的、非历史性的、永恒不变的绝对真理，而成为了蕴含于人的现实生活中的、历史性的、不断生成中的相对真理。实践观点的确立将人的本质拯救出来了，但这一拯救并没有全部完成。在绝对化的、非历史性的理解被终结之后，还有另一种片面的思想方式没有被完全排除，这就是相对主义。如果人的本质是在历史中不断变化的，这也就无异于人没有本质，没有最高的真理，没有终极价值，没有评价人的思想与行为的根据、标准和尺度。这种相对主义的后果就是真理的丧失、崇高的丧失、标准的丧失。人们常常会用“道德沦丧”、“世风日下”、“人心不古”这种词汇来形容当今中国社会，这些社会现实正体现了相对主义的肆虐。

为了终结相对主义，我们就必须对绝对与相对这一组概念进行重新思考，而这也正是类哲学理论所面对和所要解决的问题。相对主义与绝对主义一样，事实上都是一种绝对化的思维方式，但相对主义比绝对主义的破坏性更强，因为它不仅能像绝对主义一样钳制人的思想，它还能通过自己的相对性原则论证自己已经“超越”绝对主义。想要彻底超越相对主义与绝对主义的对立，我们就必须彻底地超越绝对化的思维方式，彻底地贯彻辩证法的思想内涵。因此，实现绝对的绝对与绝对的相对的和解，其结果就是相对的绝对，而这也正是类哲学理论所要达到的结果。真理是存在的，但真理本身是在发展着的。因此无论何时，真理都确实存在（相对主义则认为真理不存在），但都不是永恒不变的真理（绝对主义则认为真理是永恒不变的）；无论何时，我们的行为都要遵循社会道德伦理规范，但任何一种社会道德伦理规范都是历史性的，不是放之四海而皆准的。只有从这个角度去理解真理，才能在给人以根据、标准和尺度的同时又不落入本质主义的牢笼。

因此，相较于实践观点的思维方式理论，类哲学理论少了一些否定性、批判性，而多了一些肯定性、建构性。人的类本性不是本质主义的卷土重来，而是对相对主义的终结。人的本质是变化的，但这不代表人的本质不存在；在不同的时代我们要遵循不同的价值标准与伦理尺度，但这不代表价值标准与伦理尺度不存在；哲学达不到真理，只能追求真理，但这不代表真理不存在。所以，类哲学理论没有背离实践观点的思维方式理论的理论初衷，类哲学补充了实践观点所存在的漏洞，类哲学理论是实践观点的思维方式理论向前发展的必然结果。将实践观点与类哲学联系起来，从二者的深层一致性的角度去理解两种理论的互补关系，我们就能对人的本质有一个新的理解了。

结　论

综上所述，我们可以看到，实践观点的思维方式的确立实现了哲学观的变革，其实质在于变革了人对人本质的理解。而类哲学理论同样建立在对人的本质的全新理解的基础之上，二者在深层逻辑上是一致的。类哲学理论的提出不是一次理论倒退，而是实践观点的思维方式理论按照内在逻辑向前发展的必然结果，寻求对人的本质的全面理解构成了高清海哲学思想的内在逻辑。

四　高清海哲学与“类哲学”的理论探索

“类哲学”：价值世界的理论奠基
——对高清海先生晚年哲学思考的再理解

王南湜*

高清海先生晚年哲学探索的思想结晶——“类哲学”，已为学界所广泛地讨论，迄今已有百余篇以此为主题的论文以及十余部博、硕士学位论文对之进行了专题性研究。这对于一位活跃于不久之前的思想界的当代中国的哲学家来说，可谓一份难得的殊荣。但高清海先生晚年的哲学思想由于有着深刻的独创性和未完成性这两种相互交错的特点，有着不易把握之困难，因而对于这一思想的理解就存在着在既有的基础上继续推进的可能性和必要性。基于此，本文试图从一个不同于通常的主要是关注对于事实世界之解释的视角，即从改变世界所必定预设的价值世界给予理论奠基的视角，对高清海先生的晚年哲学思想予以阐释，以图能够深化对于“类哲学”理论的理解。

一 我们是如何理解“类哲学”的

借助学术文献数据库，我们能够很容易地检索到以“类哲学”为主题的研究论文有上百篇之多，以此为主题的博、硕士学位论文也有十余部。浏览一下这些文献的内容，大致可分为四类：（1）视“类哲学”为重要理论贡献，并正面阐释和发挥其思想内容；（2）视“类哲学”为马克思早已抛弃和给予了批判的错误观念，并对之进行批判；（3）既充分肯定“类哲学”的理论贡献，又认为其理论中存在重大缺陷；（4）将“类哲学”作为方法论基础，运用于其他相关领域的研究。这当中，第四

* 南开大学哲学院教授。

类文献属于对“类哲学”方法论的推展，与本文主题关联不大，可存而不论，重要的是前三类文献。这三类文献中，第一类数量较大，第二类较少，第三类更少。若从数量看，第三类文献似乎不具代表性，但若从其试图站在一种比较超脱的客观的学术研究立场上对“类哲学”理论做出评价来看，却对于我们把握人们对于“类哲学”理论的理解状况有着独特的重要性。就此而言，我们若以此类文献作为当今学界理解“类哲学”的范例，应当说是一种在方法上合理的抉择。

这类论著一般而言都从总体上对高清海先生的“类哲学”给予了相当高的正面评价，如一位作者指出的：“高清海教授是当今中国哲学界最具影响力和创造力的哲学家之一，他一生努力追求对马克思主义哲学变革精神实质的真正把握，为繁荣和发展我国的哲学事业做出了重大贡献。”① 其他论者也有类似总体评价。对于“类哲学”的内容，论者也都从不同角度进行了比较系统的论述。所论述的内容大体包括其思想历程，“类哲学”理论的思想来源、时代背景，人的“种生命”与“类生命”之双重生命的人性理论，类概念和类哲学，区分物性逻辑与人性逻辑的类哲学的方法论等。当然，最后都有对“类哲学”的理论贡献与理论局限两个方面的评价。

要对学界对于“类哲学”的理解状况有一基本把握，无疑需要对这些论著对于“类哲学”的正面分析论述与对于其理论局限性的论述两个方面加以归纳总结方可。在对“类哲学”作正面分析论述方面，这些论著虽各有侧重，且分量深浅各不相同，但在基本内容上大致相同或相近。如若对这些内容加以归纳，当然能够从总体上反映出学界对于高清海先生“类哲学”理论的基本理解，但由此所能获得的印象虽然比较系统，却不易达致清晰明确的程度。而这些论著对于“类哲学”之理论局限性或缺陷的评价，由于是在先行对于内容理解的基础上做出的，却能够折射出人们对于“类哲学”的一般理解并清晰地界定出对于“类哲学”理论的真正定位。因此之故，且为节省篇幅，本文在此便主要从人们对“类哲学”的局限性或缺陷的评价入手，来看学界对此理论的一般理解状况。

这些论著从以下几个方面评论了“类哲学”的局限性：

（一）关于“种”与“类”两者之间的关系问题。有论者认为，在

---

① 崔淑芳：《高清海人学理论探析》，硕士学位论文，广西师范学院，2010 年，第 1 页。

“种”与“类”的关系上，高清海先生有扬“类”抑“种”之嫌。高清海先生认为“类体现的是对物种规定的超越本性”、“‘类’是一个与‘种’相对立并具有与‘种’不同性质的概念”。“类”与“种”固然是两种不同性质的概念，但两者也不是毫无关系的，更不是相互对立的关系。高清海先生过分强调“种”与“类”的差别以及“类”对“种”的超越，此种观点与马克思对“类”的论述有一定差距。高清海先生在对待“种”与“类”的关系上所采取的态度其实是和唯物辩证法相悖，他割裂“种”与“类”之间的联系，片面强调“种”与“类”的差别，其实质是犯了形而上学的错误。① 还有论者认为，类哲学是把“类”从个体和群体中抽离出来并上升到抽象的“形式”范畴，而且把“类”概念视为是人类一切矛盾终极解决的手段。不是把“类”的生成看作是社会实践的过程，即把人性的充分实现，看作是以往社会历史变革的产物，而是把它臆想成事物的终极结果。从而在主观上把“类”演绎成“自由人联合体”以及“共产主义”的同义语。正是在这里，“类”的概念失去了它原有的具体、丰满的内容，失去了它的原点、质的界限和生成过程，使“类”成为对于宇宙或全球现有矛盾理想调和的一种哲学表达。结果是：一方面“类”无所不包、无所不能；另一方面，类却不能包容“物的逻辑”和“种”的自然规定性。总之，“类”概念具有较强的理想化、主观化色彩，“类”的规定性同马克思赋予“类”的含义有很大距离，仍未摆脱费尔巴哈关于“类”是人的共同性本质的影响。②

（二）关于主张“人性逻辑”而完全否定“物性逻辑”问题。有论者认为，高清海先生主张运用“人性逻辑”来认识人而否定“物性逻辑”理解人的可行性。这种人为割裂两者的关系，并单纯从“人性逻辑”出发去认识人的思维方式，有待进一步研究。高先生一方面极力主张人是双重本性的特殊存在物，一方面又主张单纯从“人性逻辑”去看待人，而否定“物性逻辑”去考察人的合理性，这本身就是一个悖论。从“物性逻辑”角度出发去认识人的物性和种生命有其合理性；而从“人性逻辑”认识人的超物性和类生命也符合人的类特性。因此对于人这一特殊存在的认识和考察，应建立在“人性逻辑”和“物性逻辑”统一的基础之上，而不是肯

① 参见崔淑芳《高清海人学理论探析》，硕士学位论文，广西师范学院，2010年，第40—41页。

② 参见叶阳《论高清海的人学思想》，硕士学位论文，大连理工大学，2008年，第35页。

定前者否定后者的做法。单纯从“人性逻辑”或“物性逻辑”出发，必将导致对于人的认识的单一化或片面性，最终只能陷入抽象化的深渊。①

（三）关于人的类本质生成过程与马克思人的发展“三形态”说的内在差异性问题。有论者认为，高清海先生认为，人的发展历史也就是类本质的生成、发展完善的过程，他把马克思关于人类社会发展三种历史形态依次对应为“群体本位”、“个体本位”和“类本位”，并且认为“类本位”就是暗中操纵着人类发展的这只“手”。但这两种理论之间是有差别的。首先，两者理论立足点是有区别的，马克思是从生产力发展水平角度出发来描述人的存在形态和社会的存在形态，而高先生是从“类”、“类本质”、“类意识”出发探讨人的存在形态和社会的存在形态。其次，马克思认为“生产力和生产关系、经济基础和上层建筑之间的矛盾构成了社会的基本矛盾，它们之间的相互作用以及动态结合构成了社会发展的基本动力和一般规律”。也就是生产力的发展变化决定社会的发展。高清海先生认为社会的发展是由“类本性”操纵和控制的，“类”成为人和社会发展的主线。显然，两者关于人的发展历史无论是在理论立足点还是丰富内涵上都有一定的差距。② 还有论者认为，高清海教授吸收马克思关于人类社会发展的“三形态”理论创建了“类哲学”。他认为人的“类本位”阶段与马克思的人的全面发展的自由个性阶段相对应。马克思认为人类发展到共产主义（社会主义）阶段，人才是自由个性的完善形态。但是，共产主义作为一种社会理想、崇高信念，其具体形态和实现时期马克思均没有更多论述。当今我国还处于社会主义初级阶段，生产力发展还相对落后。再者，我国从封建主义直接进入社会主义社会，社会主体即人民群众的精神觉悟是否也顺利跨越？如此一来，人文精神将越来越依附于科技革命而成为从属地位。因此，“类哲学”在当代时期对我国经济社会、思想文化发展的作用只能是在“历时态”与“共时态”相结合的基础上，把它看成是一个历史发展过程，去寻求与当代中国的契合点。而“类哲学”所谓的最高阶段只能是一种信仰或者启示，甚至是一种未知状态。③

（四）关于从提升“类本位”中解决全球性问题的可行性问题。有论

① 参见崔淑芳《高清海人学理论探析》，硕士学位论文，广西师范学院，2010 年，第 41—42 页。

② 同上书，第 42 页。

③ 姜文开：《高清海人学思想初探》，硕士学位论文，吉林大学，2013 年，第 22 页。

者认为，高清海先生认为应从提高人作为人的类本性，即从提高人的类意识，从个体本位提高到自觉的类本位的格局中去求取解决全球性问题的办法。此时，"类"成为一剂救世良方，对于全球性问题只要把个体本位提升到自觉的类本位就可"药到病除"，而如何提升？类本位如何对个体本位进行扬弃与超越？高先生并未论述，只是一再申诉要充分认识人的类本质；认识"类"是人所特有的生存本性和存在形式；此时理论上出现了"空当"，"类"给人一种玄妙、神秘、无从下手之感。其次，他完全撇开全球性问题的深层根源（资本主义制度本身），而代之以"个人本位"，这显然是有失公允的。我们姑且悬置"类"是否是全球性问题的"克星"这一问题，单从个体本位提升到类本位这一过程来考虑，高先生也承认这是一个漫长的历史过程，而目前越来越严峻的形势是否允许人类等到自觉的类意识的培养完成，以让全球性问题自生自灭呢？这点值得质疑。由此看来，此种解决方式的可行性和可操作性有待进一步探讨。① 还有论者指出，高清海的"类"的概念，从它的积极方面说，对马克思的类思想所作的周全细致的界说；从其消极方面看，确实带有一定的理想化、主观化色彩。高清海把人学思想的类本质作为人的未来发展方向，是对人的未来的美好憧憬，然而缺乏对社会现实问题的思考。②

（五）关于"类哲学"之忽略意识形态因素、阶级关系问题。有论者指出，高清海教授的人学理论中有对意识形态影响因素的忽略。人作为社会存在物，永远不能脱离社会而独立存在。正如亚里士多德强调"人是政治动物"一样，处于一定的社会关系中的人永远不能脱离社会政治对自身的影响，也就永远处于意识形态的辐射范围。忽略或者淡化意识形态对人性、人的生活的影响的选择或是一种逃避或是一种变态的意识形态灌输。③ 还有论者认为，高清海对种群关系带有一定的片面性。马克思强调实践不但区分了人与动物的本质差异，更主要地强调了人与人之间的差别，也就是社会关系，马克思把实践作为一切社会关系的总和。而高清海只区分了人与动物的差别，把人与人之间所形成的群体关系片面地理解为人的自然属性、自然关系，并且把这种关系超越为类存在，忽视了人与人

① 参见崔淑芳《高清海人学理论探析》，硕士学位论文，广西师范学院，2010 年，第 42—43 页。

② 叶阳：《论高清海的人学思想》，硕士学位论文，大连理工大学，2008 年，第 35—36 页。

③ 姜文开：《高清海人学思想初探》，硕士学位论文，吉林大学，2013 年，第 21—22 页。

之间的社会关系。①

不难看出，上述五点批评，归总起来，其核心之点在于“种生命”与“类生命”之关系。这可以说是抓住了“类哲学”要紧之处，因而是我们必须予以重视的。这是因为，这里必然会提出的问题是，这些批评是不是无的放矢，无中生有，无有根据的？如果这些批评是言之有据，且言之成理的，那么，“类哲学”从根本上说来便或者是缺乏独创性的，或者是思辨的、抽象的、不切实际的，甚至是错误的。这里首先应该看到的是，这些论者的批评除去一些是基于不同哲学观立场的见解之外，都是在对“类哲学”充分肯定的基础上做出的，因而无疑是善意的，且应该承认，这些批评的内容亦非纯粹无中生有，而是有着文本依据的。如果事情真的如此，那么，所谓高清海先生对于哲学发展“做出了重大贡献”之说，似乎就难以落实了。果真如此，我们该如何面对这一自相矛盾的评论呢？或者，我们应该追问，这当中是否存在着更为深层的问题，导致人们做出了如此难以自圆的评论。

这里还有必要指出的是，笔者对于“类哲学”的理解是经历了一个变化过程的，起初的理解也是存在着内在矛盾的。在《启蒙及其超越》一文中，笔者虽然对于高清海先生晚年哲学观念的转变，即“确立‘人是哲学的奥秘’的观点”给予了高度评价，认为这不仅是对传统教科书所代表的思维方式之超越，而且也是对认识论思维方式的根本性超越，所达到的是一种由马克思所开创的“人类学”思维方式，但对于“类哲学”却也做了某种委婉的批评。文中一方面试图为“类哲学”做某种“辩护”，认为“对于类哲学的理解，笔者以为必须强调两点：一是类哲学是以人是哲学的奥秘或曰人类学思维范式为基础的，若离开了这一基础，便无以正确地理解之。学界对于类哲学的某些批评或不理解，在笔者看来恐怕正是由于忽略了类哲学的基础前提而建立在误解之上的。二是类哲学着意强调人类生存的理想性维度，对于高清海先生而言，是有其必然性的。这不仅由于马克思的哲学理念始终范导着他的思考，而马克思对人理解的理想性之维在现存哲学中又被严重地用功利性之维冲淡了，而且出于一位有良知的哲学家对于现实生活中市场经济发展所引发的种种不良状况和人类生存环境空前恶化及对于人类未来发展的严肃思考。就此点而言，类哲

① 叶阳：《论高清海的人学思想》，硕士学位论文，大连理工大学，2008 年，第 36 页。

学可以看作是对于匹配于市场经济的主体性哲学或启蒙哲学的一种扬弃或超越的企图。”① 但在同时，笔者认为：“毋庸讳言，在高清海先生的哲学思想中，特别是在近年来提出的类哲学中，存在着一些困难或问题。笔者以为一个最为根本的问题是类生命与种生命的关系以及类本位与个体本位的关系问题。在类哲学中，类生命是对于种生命之超越、扬弃，类本位是对于个体本位之扬弃。但这种超越、扬弃是如何可能的，则似未能给予明确的、具体的阐述。这一问题同主体性维度与后主体性维度之间的关系问题是密切相关的，可以说是哲学中最为根本的一类问题。在马克思那里，这一矛盾的解决是建立在生产力的高度发展所带来的物质财富的极大丰富，从而使个体生命或种生命的需求不再与类生命相冲突的条件上的，而这又预设了自然资源可无限开发利用的前提。在如今这一19世纪被普遍相信的前提已受到了普遍怀疑的条件下，我们应如何解决这一矛盾？笔者以为这不仅是高清海先生个人的问题，而且是整个马克思主义哲学界，乃至整个人类文化所面临的根本性问题。因而，存在着这一问题并不意味着类哲学就不成立了，而是恰恰相反，正是因为有问题，哲学才需要发展，才会发展。类哲学自不会例外。”② 显然，在辩护的文字下面，隐含的是笔者对于“类哲学”理解上的不自洽，对于“类哲学”基本观念中所谓“困难”的困惑。只是在近几年随着笔者在对马克思哲学的进一步研究中碰到的一些难题的思考，特别是对于近十几年来马克思哲学阐释中的黑格尔主义传统的贡献和问题的反思，才逐渐体会到高清海先生“类哲学”观念之深刻用意。因此，这里所说的对于何以会在理解上自相矛盾的追问，首先是笔者本人的反躬自省。

二　我们应该如何理解“类哲学”

为解开这一理解上的悖谬，解开在“类哲学”中所看到的“困难”，我们必须回到高清海先生之在晚年提出“类哲学”的理论意图，看看我们是否将“类哲学”放置在了一个并非其创立者所欲放置的位置，也就

① 王南湜：《启蒙及其超越》，《天津社会科学》1999年第3期。

② 同上。

是说，放置在了一个错误的位置，从而导致了理解和评价中的自相矛盾。

我们且看高清海先生对于其类哲学之理论意图的阐述。在《“人”的哲学悟觉》一书中，他认为，“哲学”与“人性”有着“内在关联”：“当人觉醒为人，意识到自己是人，要去追求人的生活，开始思考人的存在本性、生存意义以及人与其他存在的关系等种种问题时，就产生出哲学，有了哲学理论。”① 为何如此呢？这是因为，“人的本性不同于物的性质。人之为人的那个本性并不是‘被给予的’，也就是说，它与我们通常了解的物的性质不同，人的本质即不是前定的、单一的，也不是一经确定便不能再改变了。人的本性是‘自为的’。”而“人的自为本性需要在领悟自身的存在中去发展自我的本质……在一切存在中，惟有人能够把自己的存在、自己的活动、自己的生活乃至自己的本性变成自己意志和意识的对象”。于是，“这就使人的生活与动物的生存有了根本区别：人不但必须自己去生产自己所需要的生活资料，人还需要自己安排自己的生活，自己选择自己的道路，自己创造自己的未来。世界惟有人能够摆脱一切听从自然主宰和安排的动物式命运，可以享受到自己主宰自我生命、自己规定自我本性、自己支配自我生活的‘自由’。这就使人之为人的优越性。”② 人之需要哲学，其根本原因“就在人的本性是自由和自觉的本性”。这样，“从这一意义去理解，所谓‘哲学’，不过就是人为了获得自我本质、升华自我人性，以理论形式所表达的那种人对自我本性的意识，以及人作为人所应有的看待世界事物、对待自身生活的那种人的态度、人的观点和人的境界。为人们提供人性所要求的思维方式、价值理念和精神意境，以便使人的行为能够达到自觉，这就是哲学的基本作用。”③ 不仅如此，即便从现实的生存来看，提供一种如何选择生存道路的思考问题的方式方法，也是哲学所面临的急迫的任务。“由于人性是多维的，实现人性的方式具有多样性，人面前的路从来不止一条，在走什么样的道路上人是有着相当大的选择性的；而且人性愈趋自觉，人的选择性也愈大。这就意味着，人的发展道路并没有天然的保证，完全有可能走进岔路，陷入歧途，乃至迷失方向。”因此，“人的发展就是这样，历史愈往前走，人性愈趋

① 高清海：《“人”的哲学悟觉》，黑龙江教育出版社 2004 年版，第 2 页。
② 同上书，第 2—3 页。
③ 同上书，第 4 页。

自觉，道路愈加艰难，责任愈加重大，人的选择愈要小心谨慎。”① 以上这些大致上可以说是高清海先生对于自己所提出的“类哲学”之理论意图的阐述。

不难看出，这些文字当中，最为根本的问题，是对于哲学之实质或功能、意义的理解。我们看到，对于哲学之意义或作用，高清海先生的理解与通常的理解，特别是流行的教科书上的理解是相当不同的，甚至在某种意义上是截然相反的。在流行的教科书上，哲学通常被规定为理论化、系统化的世界观，是自然知识、社会知识、思维知识的概括和总结，是世界观和方法论的统一。或者被略微不同地规定为关于世界的本质、发展的根本规律、人的思维与存在的根本关系的理论体系等。这里的关键词是“世界观”，所以问题在于如何理解世界观。在流行的教科书体系中，作为哲学的“世界观”又被进一步规定为“是自然知识、社会知识、思维知识的概括和总结”，或者规定为“关于世界的本质、发展的根本规律、人的思维与存在的根本关系”的知识。这样规定的哲学的性质，即作为“自然知识、社会知识、思维知识的概括和总结”，特别是作为“关于世界的本质、发展的根本规律”的知识，意味着哲学是最高级的知识体系，是全部科学体系之顶端。而科学，作为对于世界之观念中的把握，是关于世界的客观事实之知识，或者说，是一种解释世界的体系。而高清海先生将哲学规定为“人是哲学真正的主题和核心的内容”②，显然是与之不同的。高清海先生虽然也会将哲学理解为“世界观”的理论，但他认为“哲学这种‘世界观’理论，表现的只是人对世界的观点和看法、人对待世界事物的立场的态度、人所向往和追求的理想生存境界；这种理论为人们提供的并不是关于现存自在世界的客观图画和客观认识，这些是属于科学理论的任务；哲学的任务则要通过人对自身和生活世界的反思，为人们确立一种适于人之生存和发展本性的理性思维方式、理想价值目标和人生精神境界，以便引导人去开拓未来的可能性世界。”③ 虽然都说哲学是“世界观”，但这是两种完全不同的“世界观”观念。传统教科书的“世界观”所关注的是客观的世界，虽然也会涉及人，但其中的人是从属于客观世界的。而高清海先生的“世界观”所意指的却“只是人对世界的

① 高清海：《“人”的哲学悟觉》，黑龙江教育出版社2004年版，第14页。

② 高清海：《新世纪：“人性革命”时代》，黑龙江教育出版社2004年版，第65页。

③ 同上书，第289—290页。

观点和看法、人对待世界事物的立场的态度、人所向往和追求的理想生存境界”，而并不提供“关于现存自在世界的客观图画和客观认识”，因为“这些是属于科学理论的任务”。显然，一种“世界观”理论是指向如何正确地描述客观世界的，其目标是正确地说明或解释这一客观世界。而另一种“世界观”理论则是“要通过人对自身和生活世界的反思，为人们确立一种适于人之生存和发展本性的理性思维方式、理想价值目标和人生精神境界，以便引导人去开拓未来的可能性世界”。这种“世界观”虽然也会涉及客观世界，但其根本目标却是要构建一种“理想价值目标和人生精神境界”，是关注于人自身的主观世界的。如果我们依照马克思的主张，视哲学应该为一种改变世界的理论，那么，这两种“世界观”无疑都涉及改变世界的问题，但同样明显的是，两者所指向的却是截然不同的方面。如果说前一种“世界观”对于改变世界的意义，在于一种正确的解释世界的理论在人们改变世界的时候，能够起到采取正确从而有效的方式去进行，其作用是工具性、手段性的，那么后一种“世界观”对于改变世界的意义却是提供正确的理想、目的。前者所构建的“世界”图景是客观世界的科学图景，后者所构建的则是属于主体的目的王国的图景。进而言之，前一种“世界观”理论是要建构起一种能够将世界描述为一种普遍且必然的理论体系，其最高目标是建立一种说明整个世界的决定论的体系；而后一种“世界观”则是试图建立一种可能的至善至美的目的王国。也可以说，前一种“世界观”是指向事实世界的，是为事实世界予以理论奠基，而后一种“世界观”所指向的则是价值世界，是要为价值世界予以理论奠基。如果说这两种“世界观”的理论都是指向改变世界的理论，因而都是基于实践的观点的，那么，在这两种情况下，实践的观点也是具有相当不同的含义的。前一种实践的观点中所说的“实践”，是改变客观的自然世界意义上的实践，是通常意义上的物质生产活动；而后一种“实践”，在某种意义上则是改变主观世界的活动。前者大致相当于亚里士多德所说的“创制”亦即生产，涉及的是人与自然之关系；后者则正是亚里士多德意义上的“实践”，涉及的是人与人之间的关系。

现在的问题是，高清海先生为何要在那种解释客观世界的世界观之外，发展出一套以价值世界或目的王国为鹄的的“类哲学”呢？我们应该如何理解高清海先生的这种理论意图呢？为什么他在晚年不避被归类于被认为早为马克思所抛弃的人本主义之嫌，抱着病痛之躯，殚精竭虑地发展出这样一套“类哲学”理论呢？直接的答案自然在于高清海先生对于哲学的功能或作用的不同理解，而高清海先生之所以形成这样一种对于哲学功能的理解，在笔者看来，则在于他深切地意识到的现时代中国哲学的实情，这使得他不能不如此理解哲学的功能，并走向“类哲学”理论。

那么，现时代中国哲学界所面临的实情是一种什么样的状况呢？尽管由于历史的原因，现时代中国哲学的主流只有一个，那就是马克思主义哲学，但对于马克思主义哲学的阐释却并非是划一的，而是多样的。随着时代的变迁，人们不仅对马克思主义哲学的阐释发生着巨大的变化，而且在同一时期，人们的阐释也各不相同，甚至存在着激烈的冲突。起先是源自苏联的教科书体系的一统天下，但即便在这一时期，也多次发生过理论上的交锋。从总体上说，这一时期的哲学是一种笔者称之为“实体性哲学”或“本体论思维范式”的理论。从改革开放后的20世纪80年代开始，随着对教科书体系的批评和改革，兴起了“主体性哲学”或“认识论思维范式”的理论。而在90年代中后期，则又开始了一种试图超越主体性哲学或认识论思维范式的转向。不同于对80年代那次认识论转向的名称有某种共识，人们关于这一转向的名称，有相当不同的主张，诸如“人类学思维范式”、“实践哲学”、“人学范式”、“价值论哲学范式”、“‘人’的哲学范式”、“科学范式”、“文化哲学范式”、“改造世界的哲学”、“实践论思维方式”、“存在论”等。[①] 高清海先生的思想变化则发生在稍早的90年代初，[②] 他称这种变化了的哲学范式为“人学”的或“以人为哲学中心主题”的思维方式。

这些名称各异的理论主张所指向的大致上是指这样一种哲学研究的方式：既不是从一个设定的客观的本体（精神的或物质的）出发，亦不是从主体自身的确定性出发，去解决哲学问题，而是从人的存在出发，从人的生活和实践出发，去理解和解决哲学问题。这一转向尽管名称各异，但主导性主张却有着方向上的一致性。其所以会如此，是受制于这一转向所欲解决的问题的结构或问题式的。无论是20世纪80年代兴起的认识论转向，还是后来的诸多理论范式，其最为基本的理论意图，都是指向对于传统教科书体系忽视人的能动性的理论缺陷的批评，以重新阐释马克思主义

---

① 参见王南湜《中国马克思主义哲学范式转换研究析论》，《学术研究》2011年第1期。

② 关于这一转变，高清海先生写道：“进入九十年代以后，我自己觉得思想又发生了一次重要的变化”。（《高清海哲学文存》第4卷，吉林人民出版社1997年版，前言）

哲学。而能动性的引入，在其初或许只是为了解决认识论问题，但归根结底则是要将人的世界由从属于物的世界的理解方式解放出来，是要为属于人的价值世界提供一种理论奠基。

但要改变传统教科书体系对人的能动性地忽视，将之引入哲学原理之中，并非易事。既然马克思主义哲学是一种唯物主义，那么能动性地引入便只能借助于实践这种能动的改变世界的物质性活动而实现了。因此，这些理论努力中，都贯穿着一个核心主题，那就是在将实践概念视为马克思主义哲学之基本的和核心观点的同时，又主张马克思主义哲学的唯物主义性质。强调前者，是要为在传统教科书体系中被忽视了的人的能动性提供哲学依据，而主张后者，则是试图将这种能动性保持在受客观性制约的范围之内。就此而言，兴起于 20 世纪 80 年代的“实践唯物主义”这一名称，大概最好地表达了这种双重诉求。“实践”，体现了人主体改变世界的能动性，而“唯物主义”则指明了这种能动性的制约条件。但是，这一概念所内蕴的双重诉求之间是含有张力的，而正是这种张力，规定了中国马克思主义哲学理论范式的变迁和发展方向。

实践概念在起初被仅仅理解为一种主体的属性、功能或主客体之间的关系，而非实在的存在。按照这种理解，这种没有本体论基础的实践观点实际上并不能真正解决能动性问题。于是，问题就转变为改变对于实践概念的理解。这便是“实践本体论”以及“物质—实践本体论”或“物质—实践一元论”等概念的提出。① 这类概念的提出，就初衷而言，是为了将实践理解为一种实在的事物，从而为能动性奠定一个存在论或本体论基础。尽管“实践本体论”经常被视为具有唯心主义倾向并受到相应批判，但若仔细考察“实践本体论”主张者的论证，却会发现这类理论一般都将自然界的优先地位或“物质本体论”视为一个前提。但这样一来，作为前提的“物质”概念与“实践”概念在同一理论体系中的关系就成为一个问题了。客观实在性的“物质”概念如何与具有能动性的“实践”概念统一起来，这是一个难以解决的问题。还有一些论者为了避免唯心主义之嫌，更是将“物质”与“实践”糅合在一起，提出马克思主义哲学是“物质—实践本体论”之命题。这就更是将两者之间难以解决的关系问题以更加直接的方式凸显出来了。为了解决这一理论困难，一些论者提

---

① 参见王南湜《中国马克思主义哲学范式转换研究析论》，《学术研究》2011 年第 1 期。

出了世界统一性是多层次或多维度之类命题，试图使统一于“物质”和统一于“实践”在不同层次上并列共处。① 但这种分而治之的“实践智慧”并不能解决理论上的问题。理论必然要追求逻辑一贯性，失去了这种逻辑一致性，理论也就失去了其之为理论的资格。

正是面对这一难题，研究者们才纷纷提出各种超越认识论转向的范式，以求得问题的解决。这些转向的新范式，如前述，虽然名称各异，但都是指向对于这一内在张力的克服的。既然试图将这种主客体间的对立用将双方直接“撮合”在一起的方式加以解决，在“空间性”逻辑方向上不能获得成功，那么，一种很自然的方向便是诉诸“时间性”或“历史性”的方向，通过一种辩证的历史过程去寻求解决之道。这在某种意义上说便是黑格尔历史主义辩证法在马克思哲学阐释中复兴的缘由。在西方，面对第二国际的进化论历史观或历史决定论，卢卡奇等人率先恢复了黑格尔的辩证法，以一种否定之否定的历史过程去解决主客体对立问题。其著《历史与阶级意识——关于马克思主义辩证法的研究》，便极为显著地表明了这一点。既然如马克思所言，“能动的方面”被黑格尔这样的唯心主义所抽象地发展了，那么，恢复马克思主义哲学中的“能动的方面”，就不可避免地是在某种意义上对于黑格尔哲学传统的恢复。事实上，卢卡奇在《历史与阶级意识》中也并不隐讳其书中的黑格尔主义的理论倾向：他反对那种“过高地估计了费尔巴哈作为黑格尔与马克思之间的中介作用”的观点，而以“马克思直接衔接着黑格尔”作为该书“许多论述的基础”。② 卢卡奇这样一种对于马克思哲学的阐释，无疑突破了第二国际理论家的那种庸俗唯物主义的框架，从根本上实现了对马克思主义哲学中“能动的方面”的恢复。

卢卡奇指出，近代哲学的根本特征是，与古代哲学不同，它“向自己提出了这样的问题：不再把世界视为独立于认识主体而产生的（例如由上帝创造的）什么东西，而主要地把它把握为自己的产物”。③ 但他把这一点解释为是对于近代商品经济兴起的一种观念表达。于是，解决主客体关系问题变成了作为历史之主客体的无产阶级自身的自我意识发展的问题。但在卢卡奇的论证中，无产阶级之达到自我意识，并非无产阶级之内

① 参见王南湜《中国马克思主义哲学范式转换研究析论》，《学术研究》2011 年第 1 期。

② 卢卡奇：《历史与阶级意识》，商务印书馆 1992 年版，“新版序言（1967）”，第 16 页。

③ 同上书，第 178 页。

在的自发行为，而是受控制于总体的历史性，只有在总体历史进展的某一个阶段上，由于被置于性命攸关之处境，无产阶级才被“推到了”自我意识之中。尽管这被解释为一种客观的可能性，从而似乎为主体的能动性留下了余地，但这种可能性归根结底仍是被决定的。这样，无产阶级之自觉性，从根本上说来，就仍然是一种历史必然性，而并非取决于其自发性。而且，更为致命的是，这一所谓“客观的可能性”的论证方式，由于预设了“被赋予的阶级意识”与“经验的阶级意识”之间的间隔空间，而留下了一个卢梭式的问题，即“公意”与“众意”之间的张力。在卢梭那里，为了克服这一张力，他甚至要强制实行“自由”，使得那些停留于“众意”的众人“被自由”。而在卢卡奇这里，“工人阶级的意识（物化和自由）范畴便形成对立的两极，他们分属两个不同的社会团体：无产阶级依然停留于物化之中，并且凭靠自身是无法实现其客观可能性的；而这个政党的领导者不言而喻地被认为是辩证认识的承担者，因而是自由的”。[①] 马尔库什也对其师做了类似的评论：“理论上他导向了一种末世论的—目的论的历史观，实践上他把无产阶级自由自觉行为的解放性实践过程转变为这样一种要求，即把个人的全部个性和全部存在交付给作为‘被赋予的’阶级意识化身的党，并由此给出了唯一合乎逻辑的布尔什维克的哲学表述作为‘替代’的理论和实践。”[②] 显然，如果这一张力是卢梭式地被克服的，那么，所实现的这种主客对立的扬弃即人类的自由解放就是十分可疑的。因此，显然，卢卡奇的这种黑格尔式的阐释方式是未能获得成功的。这种未成功的缘由，在某种意义说，便是在恢复马克思主义哲学的“能动的方面”时对于黑格尔哲学的过分借重。这种借重决不是没有代价的。这代价首先就是对“能动的方面”只是“抽象地发展了”，这是因为，黑格尔式的“唯心主义是不知道现实的、感性的活动本身的”。卢卡奇的问题，正是由于过多地借助于黑格尔的思辨方法，而在很大程度上远离了“现实的、感性的活动本身”。尽管卢卡奇试图对黑格尔哲学进行一种改造，即从黑格尔的绝对精神回到现实的人类实践，但其所理解的人类实践在某种意义上仍是抽象的。这就是他后来所意识到的，即

① 吉多·斯塔罗斯塔：《科学认识和政治行动——卢卡奇〈历史与阶级意识〉中的思想悖论》，载衣俊卿、周凡主编《新马克思主义评论》第一辑《超越物化的狂欢》（卢卡奇专辑），中央编译出版社2012年版，第375页。

② 马尔库什：《马克思主义与人类学》，黑龙江大学出版社2011年版，第179页。

在《历史与阶级意识》中，并“未能对黑格尔遗产进行彻底的唯物主义改造”。①

中国马克思主义哲学界的超越认识论范式的过程中，卢卡奇哲学的影响是不可忽视的。不仅自20世纪90年代以来逐渐发展起来的所谓的“以黑解马”（对马克思哲学的黑格尔主义阐释方式），便正是对卢卡奇仿效或发挥，而且晚近一些时候，一些更为年轻的学者从现象学、生存论哲学、解释学等流派那里借用学术资源，如借助“生活世界”、“在世”、“上手状态”、“视界的融合”等等，试图对实践概念的内涵予以扩展或转换，以便给出马克思哲学一个更为现代的形象，似乎也并未从根本上走出卢卡奇式的黑格尔主义的理论框架，仍然处在卢卡奇的火力射程之内。因此，卢卡奇式的黑格尔主义阐释方式的不成功，也就意味着中国哲学界这一进路的不成功。

这一进路的不成功，就将理论上的困局明明白白地摆在了研究者面前，何去何从，必须做出决断。这一困局对于高清海先生这样不懈的探索者来说，会显得尤其醒目。既然从“空间上”互相归结早已行不通，借助“时间上”的历史过程来解决问题亦已失败，那么，除非另觅新路，就不可能解决能动性的引入问题，从而也就不可能为人的价值世界提供一种理论奠基。但路在何方呢？或许，路就在人们想不到的地方，就在人们不曾注意的脚下：既然穷尽了各种可能的将双方统一起来的解决方式，那么，这是否意味着此路不通呢？如果此路不通，那么，是否放弃那种“天下归一”或“一统江湖”的形而上学梦想，而将双方界分开来，以不同的方式予以考察，会更明智一些呢？当笔者以这种眼光去看高清海先生的类哲学之际，忽地产生了一种豁然开朗之感。我们无法确知高清海先生是如何达到其类哲学思想的，但他所面对的理论困局，会引导思想者的思路，会产生一种启发性的定向作用，似乎是毋庸置疑的。

由此我们便可以理解，为何高清海先生一定要执着于人的两种生命之界分，要反复强调“类生命”尽管基于“种生命”，但却超越于后者，构成了一个超越性的维度或层面。对于人的理解，高清海先生并不否定科学，否定进化论，但认为不能止于此。他写道：“无疑问地，‘生物进化论’应当成为我们理解人的前提或基点。但是，这并不等于从物种进化

① 卢卡奇：《历史与阶级意识》，商务印书馆1992年版，“新版序言（1967）”，第15页。

就能完全理解并说明人之所以为人的来源和本性。进化论只能作为我们理解人的前提、理解人的一个基点，与此同时，要理解人还必须有另一个基点，这就是立足于物种的超越性维度。只有进化论与超越论两个维度相结合，才能理解人之为人的本性和来源。"① 而且，这一超越的维度，对于理解人来说甚至更为根本。而"德国古典哲学的意义就在于，它适应时代的要求根本改变了依赖外在尺度的思考方式，确立了以人自身为尺度去理解人、从人自身的活动去寻求人的生成本原的原则。康德首先明确了这样一点：与其他生命有机体不同，人是赋有意识的理性自主体，'人'就是人自身的目的，也是自然的终极目的。黑格尔从他所创立的'辩证法'理论又进一步指出：'人'是属于自为的本性、以自身活动为根源的存在。"② 如此理解人，便必定会得出如下结论："人有两重生命（自然生命、自为生命），有两重本性（物的本性、超物本性），人也有着两重性的存在（实体存在、意义—价值存在），并且同时生活在两重性的世界（本然世界、应然世界；自然世界、属人世界；现实世界、理想世界；物质世界、精神世界等）里面……这种超越性的两重化本性，就是人和其他存在物的根本区别所在，也正是人作为人之所以可贵之处。"③ 这样一种表述，无疑是有常受到批评的"二元论"嫌疑的。但高清海先生对"二元论"却有着不同看法："从二元论哲学并没有彻底解决问题这点去看，它确实是一种摇摆性、不彻底性的理论，若从思想洞见来说，二元论者绝不比那种坚执'或是—或否'极端化思维的哲学家们弱智，或许，应该说是更高明。正因为他们看透了两极化观点的弊病，在找出确定答案之前才不得不选择这样的道路。所以在这发展史中，二元论哲学大都起着推动哲学理论向更高层次演进的历史转折性的作用，例如康德就是如此。"④ 对哲学史上的"二元论"哲学，特别是对在马克思主义哲学传统中颇不受好评的康德哲学的高度评价，是颇为意味深长的。

虽然在行文中高清海先生将二元论只是视为一种"起着推动哲学理论向更高层次演进的历史转折性的作用"的东西，而非那"更高层次"的东西，未给予更高的评价，但究其实际，却能发现，在其"类哲学"

---

① 高清海：《"人"的哲学悟觉》，黑龙江教育出版社2004年版，第13页。

② 同上书，第17页。

③ 高清海：《思想解放与人的解放》，黑龙江教育出版社2004年版，第325—326页。

④ 高清海：《"人"的哲学悟觉》，黑龙江教育出版社2004年版，第16页。

体系中，高清海先生并未将自己的理论置于某种单一的“更高层次”的原点上面，而是始终保持着一种“种生命”与“类生命”之间的有张力状态。这是因为，无论是一般哲学史，还是中国马克思主义哲学理论史都告诉我们，如果持一种“一元论”的立场，亦即高清海先生所说的“那种坚执‘或是—或否’极端化思维”的立场，是无法合乎逻辑地解决能动性与受动性、主体性与客观性之间的关系问题的。试想，在承认“种生命”和“类生命”皆为人类存在之本质规定的前提下，如果要将这双方统一起来，就只能或者像旧唯物主义那样，否认人的“类生命”特性，将之归结为“种生命”，或者像唯心主义那样，只承认超越性的“类生命”，而否认“种生命”。但这样的统一是虚假的统一。如果哲学家不想自我欺骗，那就只能承认人类理性的有限性，承认我们无法理解人这一“双重生命”现象是如何统一的，而只能承认其为一事实性存在，才有可能实际地而不是虚假地描述和解决这一问题。因此，只有基于这种带有“二元论”嫌疑的立场，才能够合乎逻辑地以某种虽然并非圆满但却真实的方式解决这一难题。就此而言，尽管高清海先生也有过“‘类’可以看作内含了种本性，又是对种的全面超越和内在本质的统一”① 这样的表述，但在其理论中却主要是论述“类”的全面超越性，而将类本性与种本性之间如何统一的问题悬置了起来。这种康德式的“悬置”，是思想者对于人类理性的深刻体认，而绝非一种无原则的折中主义。不管高清海先生在其已发表的论著中是否明确地表述了这一点，在笔者看来，这种在“种生命”与“类生命”之间保持某种张力的康德式理论立场，正是他能够合乎逻辑地发展出其“类哲学”理论体系的前提，从而实现了为价值世界予以理论奠基的原初目的。由此也可以看出，人们对于高清海先生“类哲学”理论的批评，包括往时笔者的批评，特别是对于“种生命”与“类生命”之关系问题上的批评，都是站在高清海先生已超越了的“那种坚执‘或是—或否’极端化思维”立场上所做出来的，是在未能理解“类哲学”之深刻用意的情况下的浅薄之见。

高清海先生以一种康德式的“二元论”去将“能动性”引入哲学理论，以为“价值世界”奠定理论基础，无疑在理论上也会遇到种种康德式的困难，因而需要在康德哲学的基础上进一步探讨解决之道，但从哲学

① 高清海：《新世纪：“人性革命”时代》，黑龙江教育出版社 2004 年版，第 105 页。

的历史发展来看，特别是从黑格尔哲学基于无限理性进路的解决方式的失败来看，这种康德式的解决路径对于只赋有有限理性的人类来说恐怕是最为有效而可行的方式了。

三　我们应该如何推进“类哲学”所开辟的理论道路

上面我们考察了应该如何理解高清海先生晚年哲学探索之结晶的“类哲学”，下面的话题自然便是我们应该如何推进、深化这一探索，即我们应该如何“接着讲”。但这里首先要指出的是，“类哲学”不仅是高清海先生对于中国马克思主义哲学理论发展中所遇到问题的一种独特的解答，而且也是对于马克思所开创的哲学理论在新的历史条件下的一种发展，或者说是对于马克思哲学的“接着讲”，而不是简单地“照着讲”。因此，如果后人在高清海先生所开辟的理论道路上推进了他的探索或者他的“接着讲”，也就是对于他对马克思哲学“接着讲”的“接着讲”。

说“类哲学”是对于马克思哲学的“接着讲”，是源于对马克思本人哲学的变化，特别是源于对其中“人本逻辑”与“科学逻辑”之双重逻辑间关系在其思想发展中之变化的理解。孙伯鍨先生在其《探索者道路的探索》一书中，曾提出了一个理解马克思思想发展的新思路，那就是认为在《1844 年经济学哲学手稿》中，“存在着两种截然相反的逻辑：以抽象的人的本质为出发点的思辨逻辑，和以现实的经济事实为出发点的科学逻辑。”① 尽管孙伯鍨先生认为前一种逻辑“仍旧停留在费尔巴哈哲学的范围内”，而“历史唯物主义只有在后一种逻辑的基础上才能逐渐产生出来”②，但是无论如何，他毕竟指出了在马克思的思想发展中存在着“两种截然相反的逻辑”这一问题。后来的研究者着力探讨的是此后马克思思想中这两种逻辑是在何时何处如何走向此消彼长或相互融合的。

对于马克思思想中这一“双重逻辑”，研究者们一般认为随着其思想的发展，或认为趋于“科学逻辑”一端，而“人本逻辑”则只是早期思

① 孙伯鍨：《探索者道路的探索——青年马克思恩格斯哲学思想研究》，南京大学出版社 2002 年版，第 177 页。

② 同上书，第 157—193 页。

想，或认为两者趋于融合，合二为一。只是在何处消除“人本逻辑”或合二为一的，有一些不同看法，大多数研究者认为是在《德意志意识形态》中完成的，但亦有少数研究者认为直到《1857—1858年经济学手稿》中才基本完成。笔者先前大致上也持类似看法，但近年来的研究得出的结论却是这一“双重逻辑”在马克思思想中始终存在的，只是存在的方式在其早晚期是大不相同的。在《1844年经济学哲学手稿》和《德意志意识形态》中，这一“双重逻辑”是共存于同一体系之中的，只是在前一著作中，“人本逻辑”占有主导地位，而在后一著作中，比重则颠倒了过来，“科学逻辑”占据了主导性地位。但无论如何，在这两部手稿中，“双重逻辑”都是彼此羼杂而共居一处的。而到《1857—1858年经济学手稿》，随着剩余价值理论的形成，马克思的资本主义批判开启了一个新的平台，“科学逻辑”在《资本论》中就完全获得了贯通性的支配地位。但这并不意味此后马克思就毅然抛弃了“人本逻辑”，而只是将这一其先与“科学逻辑”羼杂在一起的“人本逻辑”从其科学著作中剥离了出来，放置在了其科学体系的外部，并作为“科学逻辑”展开的前提。这样，在马克思晚年的思想中，一方面，“科学逻辑”与“人本逻辑”是各自成体系的，即在各自体系内部是不能羼杂对方的原理的；但另一方面，二者之间又是互为前提的。换言之，一方面，“科学逻辑”之中不可避免地隐含着“人本逻辑”或价值原则，但这种价值原则是其前提，而不是其体系中的原理。例如，马克思在《资本论》中将资本家获取剩余价值称之为剥削，如果不依据劳动是一切价值的源泉的这种价值准则，就不能说这是剥削，但这一价值原则只能作为《资本论》科学体系的前提，而不是作为其内在原理，即不是像《1844年经济学哲学手稿》中所做的那样，将异化逻辑作为内在原理。这就意味着，在马克思后期的思想中，这“双重逻辑”之间是不能互相还原的，而只能作为一种“二元论”式的共存。这种不可还原性意味着我们不可能基于单一视角，将马克思哲学构成一个逻辑一贯的基于单一性原则的体系，而是必须以相互关联的“双重逻辑”去对待之。①

马克思晚年思想中“双重逻辑”之外部性的并存，且马克思晚年主

① 关于马克思思想中双重逻辑的并存及其在前后期著作中存在方式变迁的较为详细的讨论，可参见王南湜《马克思哲学中两种逻辑间的张力及一种可能的解决方式》，《学习与探索》2013年第11期；《马克思“历史科学”的后黑格尔主义阐释》，《中国高校社会科学》2014年第5期。

要致力于《资本论》之“科学逻辑”的发展，虽未放弃但却没有时间将他从《资本论》科学体系中剥离出来的“人本逻辑”单独系统化，而只是散见于一些有关论著之中这一事实，表明在马克思主义哲学中尚存在一项有待人们去完成的理论任务，那就是在马克思晚年思想中“双重逻辑”并存的前提下，将他尚未来得及加以系统发展的“人本逻辑”体系建构起来。这一建构的理论任务，在马克思已有诸多论述的意义上，是对于马克思思想的“照着讲”，而在马克思尚未将之系统化地加以发展的意义上，可以说是“接着讲”。而如果要将一个多世纪以来的历史经验加以总结吸纳到理论值中来，就更是“接着讲”了。根据我们前面的考察，显然，高清海先生之基于人的“双重生命”的“类哲学”理论，就正是对于马克思晚年思想中“人本逻辑”的一种建构或重构，一种极具创造性的“接着讲”。而高清海先生的“接着讲”亦为天不假年所限，未能完成，而需要后人“接着讲”。

首先需要后人“接着讲”者，当为对“类哲学”理论的扩展，使之完整化。高清海先生对于马克思“人本逻辑”的“接着讲”，着重于对马克思早期思想中“人本逻辑”方面的发挥，而将已为马克思所充分发展了的“科学逻辑”方面作为前提悬置了起来。这一处理方式并不意味着“科学逻辑”不重要，而是由于二者无法在一个体系中统一起来，因而只能分别开来基于不同的原理加以构建；而既然“科学逻辑”已在《资本论》中得到了充分发展，而“人本逻辑”的理论体系尚付阙如，故“类哲学”集中于发展“人本逻辑”便正是以“接着讲”的方式对马克思晚年思想的继承和发展。由于马克思晚年将双重逻辑分别开来之后，对于“人本逻辑”一面并无系统论述，因而“类哲学”在建构中便主要是从理论基础上着眼的。即便在被认为“有明显的系统性”和“相当的完成性”[①] 的《“人”的哲学悟觉》一书中，所讨论的仍然主要是最为基础性的概念。该书六章的标题分别是：一、转变关于“人”的传统观念；二、人的“生命与超生命”的生命本性；三、从种存在到类存在：人之为人本性的历史生成；四、“类性”：把握人之特有本性的哲学理念；五、转

① 参见马天俊《人以释哲学，哲学以释人——读高清海〈“人”的哲学觉悟〉》，《哲学研究》2006 年第 3 期。马天俊此处的说法在基本观念层面是完全成立的，但若考虑到高清海先生的目标是为价值王国提供一个系统的理论奠基，则就已完成的论说来看，可以说仍然是未达于理论之完整性的，从而是有待后人“接着讲”的。

变“哲学”的传统观念；六、重新理解西方的哲学历史。从这些标题便可看出，所要讨论的问题可以归结为“一、主题：人—哲学的诠释循环”；“二、主题展开：生命的四重奏”，即“将‘人就是人’这一论断展开为人与动物（物）、人与神、人与‘类’、人与自然的关联，贯穿性主线则是‘生命’，可称为人之生命的‘四重奏’”。[①] 显然，其中的“主题”和“主题展开”仍然主要是关于如何将“类存在”从“种存在”中超拔出来，区别开来，并为作为“价值世界”之理论奠基的“类哲学”提供一种合理性的说明。但关于“价值世界”的理论显然不限于此，因而，在这方面，便存在着在“类哲学”之后“接着讲”的理论空间，有待后学去完成。在笔者看来，这里涉及的内容首先是“类哲学”有可能为近几十年在中国兴起的价值论或价值哲学提供一个全新的理论基础。如果从“人本逻辑”与“科学逻辑”之双重逻辑来看，价值论无疑当属于“人本逻辑”，而非“科学逻辑”。但人们往往囿于单一性的“科学逻辑”的思维方式，而试图将价值论建立在科学逻辑的基础上，从而导致了种种理论上的困难。因而，若是基于“类哲学”所提供的“人本逻辑”，则有可能建构起一种新的价值哲学理论来。而这样一种价值哲学理论，进而又有可能为当今国内学界正讨论得十分热烈却又颇为遗憾地缺乏理论根基的马克思主义道德哲学、政治哲学提供一种更为牢靠的基本原理。

其次，需要“接着讲”的内容是对被剥离开的双重逻辑之间关联性的深入考察。这里所说的“人本逻辑”与“科学逻辑”两者既然是同属于人的，是人主体活动的不同方式，那么，尽管两者之间无法兼容于同一理论体系，但却不可能是截然无关的。前面说到这双重逻辑之间是不可互相还原的，但这只是表明不能将二者构成一个统一的逻辑体系，而并不意味着这两个层面之间是完全并列，互不相干的，不可能有非逻辑的相互关联。我们可以将这双重逻辑看作是人主体基于行动者和旁观者的双重视角或双重眼光的结果，即行动者视角所导致的“人本逻辑”和旁观者视角所导致的“科学逻辑”。一方面，基于行动者眼光和基于旁观者眼光是不能相互兼容的，二者是各自成体系的，即在各自体系内部是不能羼杂对方的原理的；但另一方面，二者之间又是互为前提的。一方面，基于旁观者

---

① 马天俊：《人以释哲学，哲学以释人——读高清海〈“人”的哲学觉悟〉》，《哲学研究》2006年第3期。

眼光的科学理论之中不可避免地隐含着基于行动者眼光的主体性的价值原则，但这种价值原则是其前提，而不能是其体系中的原理。例如，马克思在《资本论》中将资本家获取剩余价值称之为剥削，如果不依据某种价值准则，就不能说是剥削。这里所依据的原则便是劳动是一切价值的源泉的劳动价值论。而另一方面，基于行动者眼光的主体性的“人本逻辑”之中也必定隐含着基于旁观者眼光的客观性原则作为其前提，任何基于“人本逻辑”的谋划若不考虑科学所揭示的客观规律性的东西，其所引导的行动必定会陷入失败。因此，这里必然会提出的问题是，这两种在人类生活中互相关联的逻辑在理论上能够以何种方式关联起来。这一问题又涉及两个方面，一方面是在总体上，描述“类生命”的“人本逻辑”是如何与描述“种生命”的“科学逻辑”相关联的，另一方面则是人的“类生命”既然是历史地发展的，那么，描述“类生命”之发展的“人本逻辑”的历史性发展又是如何与描述“种生命”发展的“科学逻辑”历史地相关联的。

我们先看第一个方面。这一方面的问题，实际上是要为作为价值世界之理论奠基的“人本逻辑”提供一个超越于人自身的“客观的”依据。但这个依据在近代科学发展的条件下，又无法像古代哲学那样从客观的“科学逻辑”中获得，故而只能以一种“虚拟”的方式提供，这便是康德式的“目的论”。对此一方面的问题，高清海先生亦提供了一种类似于康德的“拟目的论”原理。我们知道，康德在《判断力批判》中试图把被分割开来的理论理性和实践理性关联起来。他写道：“现在，在自然概念的领域，作为感觉界，和自由概念的领域，作为超感觉界之间虽然固定存在着一个不可逾越的鸿沟，以致从前者到后者（即以理性的理论运动为媒介）不可能有过渡，好像是那样分开的两个世界，前者对后者绝不能施加影响；但后者却对前者具有影响，这就是说，自由概念应该把它的规律所赋予的目的在感性世界里实现出来；因此，自然界必须能够这样地被思考着：它的形式的合规律性至少对于那些按照自由规律在自然中实现目的的可能性是互相协应的。——因此，我们就必须有一个作为自然界的基础的超感觉界和在实践方面包含于自由概念中的那些东西的统一体的根基。虽然我们对于根基的概念既非理论地，也非实践地得到认识的，它自己没有独特的领域，但它仍使按照这一方面原理的思想形式和按照那一方面原理的思想形式的过渡成为可能。”① 这就是说，我们可以设想，“人就是创造的终极目的；因为若是没有这个终极目的，相互隶属的目的的链条就不会被完备地建立起来；而惟有在人里面，但也是在这个仅仅作为道德性的主题的人里面，才能发现目的方面无条件立法。因此，惟有这种立法才使人有能力成为终极目的，整个自然都是在目的论上隶属于这个终极目的的。”② 康德正是通过设定一个“自然合目的性”的“判断力的先验原理”，以为精神与自然、自由与必然的统一提供一个依据。但是这样一种统一却非客观实在的统一，而仅仅是主观上的统一，这样一种自然合目的性的原理只是“判断力的主观原理”，只是我们观察对象的主观方式。“我们只是按照统一的原则去观察那些东西，但它的本身并不是那样；至于它的本身是什么样子并非知识所能达到。”③ 而高清海先生亦提供了类似的说法，他写道：“生命在进化和发展中生长出了人的生命，人利用自己的生命活动创造了‘超生命的生命’，这就意味着生命突破了生命自身的封闭循环，通过‘类生命’而把生命引向于更广大的无生命世界。类生命的意义就在于，借助在它指导下的种生命活动能够沟通生命界与无生命界，使无生命世界潜在的能量得以活化，从而发挥出他们自身难以实现的价值性。这就是人的类生命肩负的天职、‘超生命的生命’具有的巨大意义。按照这种理解，我们可以说人的‘类生命’也就是人格化的‘宇宙生命’化身。”④ 显然，与康德的解决方式相似，高清海先生这里所提供的也是一种“拟目的论”。虽然与康德有所不同，这里是用“类生命”和“宇宙生命”的语言描述出来的，但在非实在性目的论意义上，两者却是高度相似的。如赫费所言，“康德既批驳了亚里士多德主义的普遍目的论，也否定了某种普遍的机械论”，他的客观合目的性观念是“在调节性的而不是构成性的意义上”说的，⑤ 而高清海先生所说的“我们可以说人的‘类生命’也就是人格化的‘宇宙生命’化身”，显然也是在一种虚拟的意义上说的，而非回归到亚里士多德的那种实体性的目的论或普遍目的论。但一种“拟目的论”是如何可能的，特别是在马克思主义哲学的

① 康德：《判断力批判》上卷，商务印书馆1964年版，第13页。

② 康德：《判断力批判》，中国人民大学出版社2011年版，第251—252页。

③ 黑格尔：《哲学史讲演录》第4卷，商务印书馆1960年版，第296页。

④ 高清海：《“人”的哲学悟觉》，黑龙江教育出版社2004年版，第37页。

⑤ 赫费：《康德：生平、著作与影响》，人民出版社2007年版，第252页。

意义上是如何可能的，高清海先生并未展开论述，因而，这也就给后人留下了一道需要加以发挥发展的作业。如果比照康德的三大批判，将《资本论》理解为基于“科学逻辑”的“第一批判”，将马克思早期著作中的基于“人本逻辑”的资本主义批判理解为“第二批判”，将“类哲学”理解为对于“第二批判”的重构和发挥的话，那么，这一作业在某种意义上可以说是马克思主义哲学的“第三批判”。

最后，需要后人“接着讲”的是关于“类生命”与“种生命”的历史性关联问题。与康德哲学的非历史性不同，高清海先生从马克思和黑格尔那里承继了人类存在的历史性的原理，因而，关于人的价值原则或目的性原则的历史性问题也就提了出来。在康德那里，由于道德原则被理解为永恒的东西，因而便可直接从其“拟目的论”将理论理性与实践理性以调节性的方式关联起来，而在接受了历史性原理的哲学之中，却必须为这种历史性提供一种说明。黑格尔是用绝对精神的历史性展开来加以说明的，但这种将历史性化归为某种理性的逻辑原理的方式，实际上也就否定了历史性。而马克思的历史性原理的根基是生产方式发展的历史性，这就进入到了真正现实的历史性。高清海先生也是借助于马克思的生产方式发展的历史性原理来说明“类生命”的历史性的。他写道：“马克思在前人思想的基础上，进一步揭示出了人生成为人的真正根源和人作为人的特有本性。马克思明确指出，人创造自己生活资料的‘生产实践活动’是人与动物相区别、使人生成为人的真实本源，人也由于人的这种自主活动使人具有了与一切其他存在不同的‘自由自觉的’生存本性。”① “‘自己生产自己所需要的生活资料’这种生命活动不仅使生命自身两重化，同时也使外部世界两重化；也就是说，由于人的出现，进一步也改变了物质的自然秩序。在这里人的生命活动的意义，就是要通过自身的生命活动打通生命与无生命的区界，如通常所说，通过人的生命活动‘激活并唤醒沉睡的自然’，是潜藏于物质深层的能量价值得以实现，并使世界逐步走向‘活化’。”② 不仅如此，“人的生存主要依赖体外器官——人工器官，这种工具不同于动物个体生而带来的体内器官，它是经由人的活动从自然力转化而来，这使它具有了‘超个体’、‘超时空’的性质。体外器官的这

① 高清海：《“人”的哲学悟觉》，黑龙江教育出版社2004年版，第12页。

② 同上书，第31页。

种超个体和超时空就要求人们必须联合起来结成社会，不但要集中和融合同时代的生命能力，还要承继历史积淀的所有生命能力，才能够把可能的自然力变成人的现实的生活要素和现实的生产能力。”① 正是基于生产方式的这种变迁，高清海先生对马克思关于人的存在形态理论做了发挥。他认为，马克思关于从“人的依赖关系”到“以物的依赖性为基础的人的独立性”，再到“自由个性”，具有“深邃的理论性意义”：“人类经历的这三个发展阶段或三种历史形态，既代表人以类为本性所必然包含的不同性质和环节，它同时又表现了人获得‘人’的本性和生成、发展自身‘主体性’所必然经历的历史阶段。”而这三种历史形态也可以表述为三种不同的“主体”存在形态：“第一种形态：群体本位的人——属于集群主体形态”；“第二种形态：个体本位的人——属于个人主体形态”；“第三种形态：自觉类本位的人——属于类主体形态”。② 这三种主体形态，既是不同历史条件下人类可能的存在状态，同时也是人类在不同历史条件下可实现的价值目标或准则。当然，无论在哪一时代，“自由个性”的“类主体”都是最高理想，其“根据就在于人从一开始就有所表现的生命在本质上相互融合那个‘类’本性”③，因而，可以说各个时代的价值目标是人类走向“自由个性”的过程中受限于历史条件的阶段性价值目标。这样一来，康德意义上的那种超历史的“目的王国”理念也就与实际历史中的阶段性价值目标关联了起来。以“正义”这种似乎永恒的理想为例，高清海先生表明了价值理想是如何相关于特定的历史条件的。他写道：“人们经常赋予正义以永恒和终极的应然价值意义，实际上人们提出的正义观念都只有历史的内容，它表达的主要是针对当下生存或生活问题所产生的忧虑、不满、期望、追求和理想。人是历史性的存在，正义也只能存在于历史中，没有人的正义追求便没有人的历史，离开人的历史过程也不会有正义可言。”④ 但在不同生产方式条件下，这些各不相同的价值原则是如何建构起来的，仍然是需要“接着讲”，需要进一步阐发的。且对于当今中国来说，这些价值原则的转换由于涉及道德哲学、政治哲学原则的转换，有着特别重要的意义，因而就是需要特别予以关注的。

① 高清海：《“人”的哲学悟觉》，黑龙江教育出版社2004年版，第62页。

② 同上书，第72—73页。

③ 同上书，第97页。

④ 高清海：《思想解放与人的解放》，黑龙江教育出版社2004年版，第340页。

按照上述方式去理解“类哲学”，事实上在很大程度上突破了对马克思哲学的传统阐释方式，因而不可避免地涉及对哲学理论的诸多方面的重构，而我们这里所列举的对于高清海先生晚年哲学思想的“接着讲”则只涉及了最为基本的几个方面，因此，这一“接着讲”就还存在着远比这里所涉及的更为广阔的理论空间。不仅如此，尽管高清海先生认为，看一个民族有没有哲学“不能依据它的理论形式如何去认定，更不能按照它有无哲学的名称而定，而应该主要去看人的生存是否达到了觉醒，它所表现得是否属于人性的自觉意识”，但面对中华民族近代以来的生存状况，高清海先生还是在其生命的最后时刻写下了《中华民族的未来发展需要有自己的哲学理论》这样一篇被视为他的“哲学遗嘱”的文章。[①] 因为在他看来，“中华民族的生命历程、生存命运和生存境遇具有我们的特殊性，我们的苦难和希望、伤痛和追求、挫折和梦想只有我们自己体会得最深，它是西方人难以领会的”。[②] 因此，对于高清海先生“类哲学”的“接着讲”就需要更进一步放在现时代“创造中华民族自己的哲学理论”的高度上。而如果我们能够接续高清海先生的创新精神，并将之发扬光大，就必定能够创造出无愧于这个时代的中华民族的哲学理论来。

---

① 参见孙利天《创造中华民族自己的哲学理论——高清海先生的哲学遗嘱》，《社会科学战线》2004 年第 6 期。

② 高清海：《中华民族的未来发展需要有自己的哲学理论》，《吉林大学社会科学学报》2004 年第 2 期。

“类哲学”与“人类命运共同体”

张曙光*

在20世纪80—90年代，现代中国哲学的复苏和推进，是与高清海教授的学术探索和贡献紧密地联系在一起的。而在高老师的学术探索与贡献之中，我仍然认为，最具时代意义并且对当代中国最有启示性的，是他于20世纪90年代中期提出的“类哲学”思想。自高老师提出类哲学命题，到2012年11月中共十八大报告首次提出“人类命运共同体”的概念，历史证明了高老师作为哲学家的思想的深刻性和前瞻性，也说明了经过改革开放的中国人不仅有能力思考全人类的命运，而且可以用自己的思想和行动给世界以积极的建设性的影响。

一

我们知道，马克思曾经批评过包括费尔巴哈在内的青年黑格尔派提出的一般意义上的“人”、“类”甚至“人道”概念，因为他们所理解的人或人类是抽象的，其类属性是单个人所固有的抽象化，连黑格尔关于人的自我意识和人类精神发展的辩证思想，也没有充分吸收。所以，虽然他们也试图解决人类内部的分裂和对立问题，却既未能提供真正有解释力和变革力的思想，也没有找到解决问题的现实途径。而直接诉诸人们的“类”意识、人道主义与博爱，不止是无力的，还会模糊、否定人类内部的竞争、斗争及其对于现代人类共同体形式的正面意义，并且容易导致对个人不可替代的亲在性、个性及其群体的特殊性的忽略。马克思同样要解决人

* 北京师范大学价值与文化研究中心暨哲学与社会学学院教授。

类社会的分裂问题，他从世俗基础的自我分裂和自我矛盾出发，既说明何以在“世俗世界”之上有一个高高在上的“宗教世界”，又得出“世俗基础本身应当在自身中、从它的矛盾中去理解，并在实践中使之革命化”的结论。而马克思之所以能够在理论上做到这一点，则在于他的“新唯物主义”的立脚点不是利益对立的“市民社会”，而是“人类社会或社会化的人类，”[①] ——虽然市民社会是现实的，人类社会是理想的，但植根于人类生命活动和社会生活本身的人类社会，却必定经历利益对立的市民社会，走向更合理也是更高层次上人的社会化与个体化相反相成的社会主义社会。我认为，高清海教授的类思想与马克思的思想是相通的。在人类还停留于各民族的地域性存在时，人的类存在的确是理想的目标，类哲学也必定具有很大的抽象性。但是，在人类进入世界历史的时代，在全球化凸显出“人类命运共同体”的情势下，类哲学不仅获得了历史提供的经验基础，它的理论内容也必定获得更加丰富和深刻的展开。

在《人类正在走向自觉的类存在》一文中，高老师从人类历史的角度，将类属性或类存在的实现即类本位，界定于马克思所说的人的社会发展的第三大形态。在高老师看来，人基于其对象性实践活动，具有类存在物的本性，所以，一方面，类本位是人作为类存在物的内在必然性所使然；另一方面，它又必须凭借人自身能力的发展及其创造出的特定历史条件，因而必须经过一个否定之否定的漫长历史过程。所以，人在第一大形态只能是“群体本位”，到以市场经济为基础的第二大形态，人才能达到“个体本位”，人类今天的主要存在形态虽然仍是个体本位，一些民族还在走向这个目标的过程中，但着眼于人类的现代性问题与出路，着眼于资本主义越来越趋向社会主义，应当说，类本位取代个体本位正在成为新的历史趋势。也就是说，马克思当年所预见的人的第三大形态即自由个性的时代，已经离我们不远了。如果说，人在群体本位的时代，主要是把自己与物区别开来，那么，人在个体本位的时代，则是人与人的区别，然而，也正是经由这一区别甚至对立，人在更高的层面上实现了人与人的本质的统一。[②] ——值得注意的是，高老师将马克思所说的“自由个性”诠释为人的“类存在”的实现，恰恰将个人与整个人类的发展内在统一起来，

---

① 参见《马克思恩格斯选集》第一卷，人民出版社 1995 年版，第 55、57 页。

② 高清海：《人类正走向自觉的类存在》，《吉林大学学报》1998 年第 1 期。

说明了真正具有自由个性的人，就是马克思所说的“与世界历史直接相联系的各个人的存在”，是“摆脱种种民族局限和地域局限而同整个世界的生产（也同精神的生产）发生实际联系”、“获得利用全球的这种全面的生产（人们的创造）的能力”的人。①

自从人类诞生于自然界，特别是人有了自我意识之后，“人”就成了自己的思想和行动必定指涉的重要对象，后来更成为人自己围绕的中心。但“人”在现实上不是单数而是复数，尽管这个概念是所有“自我意识”者对同类的指称，“人类”也不是一个有机的生命实体。人或人类只能以无数个体和共同体的形式存在。个体之间、共同体之间，既有合作与相互依存，又充斥着竞争和斗争。人类曲折复杂的历史和动人心魄的故事，正是由此形成和演绎出来的。在当今时代，我们要深入理解并解答人类内部复杂的矛盾关系，的确不能笼统含混地把“人”或“类”作为思想坐标，而应当将其区分为“个人”、“共同体”和“人类”这三个思想单元，事实上，它们也都有不可替代的思想和行动的基本“单位”的意义。而高老师所说的“类本位”的“类”，既非人的抽象的普遍性，也不等于经验性的人类总和，而是作为一般意义的“类属性”与“全人类”的统一，是在自由发展的个人那里所体现的具体的普遍性。正因为如此，“类哲学”才超越了马克思之前的人本哲学，原则上包含了可以不断开发的极其丰富的思想内涵。

二

一般来说，哲学学者总是作为大写的“人”，并且立足于人类“世界”来考虑问题的，如同春秋战国时期真正的思想家，都不是站在“家”或“国”的立场上，而是作为思想者思考“天下”的前途和命运。然而，任何个人都是它的时代的产物，并受制于他生活在其中的文化。因而，哲学学者由以出发的人，也不能不具有“个体”、“群体”（共同体）与“人类”三重属性。并且，在前现代社会，在“人类”分居于世界各地，尚未发生有机的普遍的联系时，一方面，个人是从属于其共同体的；另一

① 参见《马克思恩格斯选集》第一卷，人民出版社1995年版，第87、89页。

方面，人类这个概念也必定具有抽象性。那时的所谓人类的历史，只能是各共同体的、民族的历史，人们往往以自己的族群作为人类的标准和尺度，《左传》中“非我族类，其心必异”的观点，可以代表当时许多人的看法。而像孔子、老子、孟子、庄子这样的思想者，才能够最大限度地超越族群，包括超越当时的“夏夷”之分，这是很难得的。但即使如此，他们的思想也必定带有他们个人的与华夏文化的特点，而这恰恰使他们的思想走到雅斯贝尔斯所说的“世界轴心时代”的最前沿。当我们今天谈论现代意义的人类命运的时候，当然不能照搬他们的学说，但我们完全需要从古人那里汲取思想营养和智慧，这就是结合古人的社会历史环境，对其论述进行解读分析，以便提取在今天仍然具有本体论和方法论意义的思想。

作为东方国家的学者，高老师提出“类哲学”的思想是不容易的，也是极有眼光和胸怀的，因为他没有囿于近代以来中国学者普遍关注的“中国问题”及“中西古今”的思维模式来思考当代世界的哲学走向，而是基于人类的立场，为包括中国在内的人类世界开辟思想道路。而正是具有世界意义的思考，才恰恰是中国社会的发展所必需。近代以来的中国思想史反复证明，只有从中国出发而放眼世界，又从世界的视域反观中国，才能创造有益于中国社会进步并真正具有高水平学术价值的作品，否则，这两者都是不可能的，即使它借助非学术的力量获得一时荣光。如果意识不到中国作为“世界之中国”的发展方向和自己独特文化的传承与创新，就不容易理解高老师的类哲学思想，甚至对其产生误解。由于我们不仅在近代与西方有了时代的差距，而且这个时代的差距还表现为同一时空中的民族利益的冲突，于是，这一矛盾导致许多中国学者要么倒向全盘西化，要么陷入国粹主义，充其量传承洋务运动之“中体西用”的宗旨。马克思作为西方学者，他在19世纪40年代就预见到人类“自由个性”的时代并致力于为这个时代的到来而奋斗。然而，在很长时期，我们高度重视他关于“阶级斗争”、“无产阶级专政”和后来为列宁进一步明确的“全世界被压迫阶级和被压迫民族的联合”的观点，对他提出的“世界市场”、“普遍交往”、“共产主义只有作为世界历史性的存在才有可能实现”，“每个人的自由发展是一切人的自由发展的条件”，以及人类发展的三大社会形态理论，却未能给予应有的关注。当然，这一点儿也不奇怪。

被西方拖入世界历史中的落后民族，与西方的关系都具有双重性，中国作为具有五千年自成体系的文明史的东方大国，与西方列强之间关系的双重性更加突出，因而长期面临两难选择。西方对于中国的殖民欺压和文明示范，中国人只能既加以反抗又向之学习，并为此激发民族的情感和意志，建立独立和有权威的现代国家，发挥并整合社会各方面的力量，迅速发展经济和科学技术，改变"落后挨打"的命运。从思想理论上来讲，也面临两难的问题，即一方面要接受西方关于个人"自由"和社会"平等"的启蒙理性，批判和解构传统的共同体，张扬每一个中国人的个性，——所以鲁迅先生当年所强调的，就是中国人的当务之急，是争取做人的资格，从"君臣父子"的传统身份规定中走出来；另一方面，又要强调民族的整体性与团结，努力建立新的政治共同体。这两个方面有一致之处，但也有矛盾的地方。应当说，经历了西方启蒙思想洗礼而又对西方资本主义现代社会做出历史性批判的马克思的学说，最大限度地满足了俄国、中国等东方民族和国家对所展开的现代变迁和发展的需要。

那么，来自于西方理性启蒙的问题何在？启蒙的伟大历史作用与它的问题是同在的，这就是启蒙通过对"个人"与"人类"的双重维度的张扬，批判、否定贵族制、封建制的传统共同体对人的束缚，特别是对农民和市民的束缚，而把人类带入到以金钱为尺度的市场这唯一共同体之中，却无视这其中的竞争所必然导致的"个人本位"以及社会的新的分化。笔者认为，笛卡尔的"我思故我在"以及近代哲学所突出的自我主体性，就是对"自我"的两个维度的敞开，一是"人类"（"我是人"），二是"个体"（"我是我"），这里既没有共同体的立足之处，也看不到大自然的身影。其实，笛卡尔的这个观念正是要消解原来束缚着个体的传统共同体及其突出整体主义的文化，正是要让人的理性超越并反转来支配自然万物。所以，它才成为推动西方现代化的重要观念力量，作为西方现代主流话语的自由主义或个人主义，才会唯名论地看待"社会"，这既有一定的历史合理性，又存在着严重的偏失。所以，在马克思肯定商品作为"天生的平等派"并在市场交换中促成人的权利的"法的因素"，同时也批判它所导致的盲目性和使个人成为抽象的孤立和个人。这也是高老师所批评的"个人本位"的极端发展现象。而对于非西方国家而言，还有一个在西方的殖民和资本扩张中，维护自己民族的利益和国家主权的问题。即使这些后发国家成为新兴经济体，也仍然有一个世界市场能否实现人类各民族公平合理地发展的问题。

因而，我是按照“个体”、“共同体”与“人类”这三个维度及其相互关系，来理解和阐发高老师提出的类哲学的。并且，也如高老师所提到的，正是由于人类越来越紧密的相互依存，“自然”生态问题才能赢得各民族各国家的普遍重视，并从中形成衡量所有国家的文明程度与责任伦理的价值评价标准。因而，我认为思考现代性的新的发展及问题，亦即“全球化”与“地方性”（本土化）的互动和人类发展的各种可能性，需要提出“个体、共同体、人类与大自然”的四位一体思想框架或“四重奏”，并以蕴含在这四大维度及相互关系中的“天之道”与“人之道”作为思维坐标。

而这也正是对中国先秦思想家的“仁道”、“王道”和“道法自然”思想，在现时代高度上的创造性转换。我们都知道老子提出的“域中四大”说，即“人法地，地法天，天法道，道法自然”，他还有关于“身、家、乡、邦、天下”的五层次说，并且是作为基本的思想方法所阐述的，这就是：“修之于身，其德乃真；修之于家，其德乃余；修之于乡，其德乃长；修之于邦，其德乃丰；修之于天下，其德乃普。故以身观身，以家观家，以乡观乡，以邦观邦，以天下观天下。吾何以知天下然哉？以此”。[①] ——可以说，老子所给出的不只是属于普世价值，还是何以形成普世价值的方法论原则。这个原则最大的优越性，就在于它立足于不同层级的生活单位，将其作为思想的基本元素、构件或线索，编织出了涵盖天下的网络，将个人和共同体的安危祸福，顺序地关联于“天下”即整个人类世界的治乱兴亡，它由此也摆脱了特殊主义与普遍主义的二元区分。只要我们不取传统和现代二分的僵硬的也是简单化的态度，不囿于中西之争的先见，不数典忘祖，面对时代问题和各种现代性理论，能够认真地学习和参照前贤的思想特别是经典，我们就可以真正打通中外古今。例如，世人周知的孔子的“忠恕”之道与耶稣所强调的“律法和先知的道理”的高度一致，清楚地说明中国文化与西方文化在根子上的相通和相善，也只有充分重视并开显人类文化的共通性和普世价值，才能有力地支持中国的现代化事业和人类命运共同体的建构。下面简略地阐述一下这一思想的“四重奏”及其意义。

---

① 《老子》五十四章。

三

包含着“个体”、“共同体”、“人类”和“大自然”的这四重维度的思想框架，它们之间既有原则性差异，不能相互替代，又相辅相成，缺一不可。

先来看“个体”。

人天然具有生物的生命个体性与合群性，在这种个体性与合群性的基础上，人们得以通过与自然之间的物质、能量交换和相互之间的情感交流、劳动交换，展开社会化与个体化相反相成的历程，成为拥有独立意志并自主决定其行动的个体主体。如果说在原始社会，个人直接隶属于血缘共同体，构成人的生产和生活的一切，都不是个人的而为共同体所有，这时人的“我们”和“我”浑然不分，个体主体还只是潜在的，那么，到了父系主导的前现代社会，随着财产与配偶的个人所有和权力所造成的隶属关系，人们不仅有了“我们”和“我”的区分，也有了与之相关的“公”“私”之别。在前现代社会发展出来的个人之间、个体与共同体之间以及共同体之间的生存竞争，只有在以市场为基础的现代法治社会，才能获得建设性的和有序的解决，这就是个人公民身份与自由权利的获得，个人由此成为现代性的个体主体。现代个体的规定性，是通过否定其传统共同体先赋的“身份”规定性，借助个人能力与商品网络世界即“市民社会”而获取的“人格”和“角色”。事实上，只有个体才是生命的单元，才是经验的实体，才是现代经济关系和法律关系中最终的权利享有者和义务承担者。现代人重视的“自由”也好，所呼唤的“博爱”也好，都只能从个体生发并实现于个体之间。但人的真正的个体化并不外在于社会化，并不意味着他们彼此不再需要感情、共同信念和伦理责任，而只是表明他们能够根据自己的不同需要结成各种类型的共同体。因而，个人“自我”这个现代性的核心概念能够最大限度地实现，也必定由于维系于共同体及其文化认同而呈现出相对化和开放性。

接着来看“共同体”。

任何个人都是两个人结合的产物，也都需要与其他个人合作并进行情感的交流，从而营造出既有个体性又有社会性的生产和生活。共同体作为个人直接结合和社会构成单位、作为个人与人类之间的中介形式，有其特定的存在论基础，这就是中国人用“人生在世”所表达的人的感性肉身的亲在性及与其直接依赖的生存环境生活世界的一体性，也包括个人从属的该群体的生存、该民族的文化所要求于他（或她）的“社会职责”和给予他（或她）的“身份认同”及人生意义，共同体整体由此成为个体的“家园”即安身立命之所。所以，由姻亲与血亲结合成的家庭及亲属群体，奠定在共同文化基础上的民族及国家，就具有了某种恒久的意义，在从前现代走向现代和高度现代化的过程中，最能经受得住现代性洗礼和全球化浪潮的冲击。但这当然不是说它们不会发生形式和内容的变化。在全球化时代，一方面，传统的共同体如家族、村落、族群受到在场和不在场的各种因素的影响，更易变化、衰落甚至解体；另一方面，基于文化认同、道德信念、政治见解、科学和艺术创造以及兴趣爱好的共同体，又如雨后春笋般地产生出来，其中也包括传统共同体自身的变化。在历史上，“共同体”（community）与“社会”（society）的区别曾经是严格的，[①] 但在个人普遍获得独立与平等的现代市场经济社会，尤其是在当今人类“跨文化”（transcend cultures）交流、生活的情势下，它们由于彼此开放而在某些方面发生着融通，如同人们的婚姻和家庭成为开放的婚姻和家庭，民族也成为开放的由许多族群共生的国族，他们在政治和法律上都是公民，文化信仰和习俗的保留与否则成为他们自己的事情；国家为了更大区域的安全和互利而出让一部分主权建立联盟，使得人类活动的公共性范围不断扩大，而随着区域利益和人类整体性问题的突出以及国际组织、跨国大公司、互联网和世界城市的出现，其主权也必定受到一定的限制和削弱。无疑，在可预见的时间内，国家仍将是一个不可替代的行为主体，它为了自身的稳定与凝聚力，也会重视作为其细胞的家庭和作为其主体基础的民族的和谐与价值；而即使国家消亡，民族也会由于语言、文化和历史传统而延续很长时间。

现在来看“人类”或“全人类”。

理论上，当人作为一个全新的种类从动物界脱胎而出，尤其是人们意识到自己是人，有了类意识，就有了人类。但在过去的历史上，人们往往以自己所属的族群作为“人类”的标准或尺度，“非我族类”不仅“其心

① 参见斐迪南·滕尼斯《共同体与社会》，林荣远译，商务印书馆 1999 年版，第 1、2 章。

必异”，且不属于正宗的人类。人类历史上的血腥仇杀和战争，固然多半是为了争夺生存资料和空间，但也往往与这种意识相关。因而，“人类”这个概念在过去多半是抽象的。只是随着世界市场的建立和普遍交往，人类才越来越成为经验的事实；而随着黑格尔所说的人们在交往中相互斗争和自我否定，他们才能确立起将自我与他人扬弃于自身之中的真正的类意识，人类才成为具体而普遍的概念。[①] 此处，所谓“具体”，即人类就是所有个人的集合；所谓“普遍”，即人类还是体现于所有个人意识和人性中的类属性。依据这种类意识和类属性，人们才能不分种族、国家和信仰，认同并维护所有人的平等和生命尊严，建立人类内部的公正与文明秩序，保护自然生态的平衡。这就是“人类之道”的现代生成。因而，即使在一个国家内部，也有了一个是保障人权、发展人类的事业，还是践踏人权，破坏人类事业发展的问题。而那些无视自己同胞或其他民族的生命，为了维护其统治或扩张其霸权，不惜大开杀戒的统治者，才会被控告“反人类”罪。今天，人类生存的互依性和利益相关性的不断加强，正在有力地影响着个体和共同体的价值取向与行为方式。经由联合国根据其《宪章》精神的协商和决定，人类正在成为一个行动的联合体和命运的共同体；各民族国家越来越向着现代性的“人类社会”开放和转换，人类社会不只是个体和共同体按照一定规则进行交往或竞争的场所，还是所有人力求利用人类文明成果来发展自己的生活世界，是现存的全人类的交往关系及其未来的组织形态。中共十八大报告提出“倡导人类命运共同体意识”，指出：“人类只有一个地球，各国共处一个世界。历史昭示我们，弱肉强食不是人类共存之道，穷兵黩武无法带来美好世界。要和平不要战争，要发展不要贫穷，要合作不要对抗，推动建设持久和平、共同繁荣的和谐世界，是各国人民共同愿望。”并明确主张，“在国际关系中弘扬平等互信、包容互鉴、合作共赢的精神，共同维护国际公平正义。平等互信，就是要遵循联合国宪章宗旨和原则，坚持国家不分大小、强弱、贫富一律平等，推动国际关系民主化，尊重主权，共享安全，维护世界和平稳定。”“促进共同发展”[②]。显然，提出人类命运共同体的概念并促进人类的共同发展，意味着我们完全承认人类的“共同利益”和“共同价值”。

---

① 参见黑格尔《哲学史讲演录》第4卷，贺麟等译，商务印书馆1996年版，第375—379页。

② 见中共十八大报告。

这充分表明经过三十余年的改革开放，中国领导层不仅具有了宽广的国际视野，而且将中国的和平发展与各国的和平发展紧密地联系起来，努力推动人类新的文明秩序的建立。

最后看“大自然”。

正是人类及其整体利益的突出，人类与自然生态的关系问题才会引起人们越来越高度的重视，“大自然”也由此重新成为人的基本的思考单位。而这首先意味着它不复是近代知识论中作为主体的客体对象，而是比人类更有本原意义的独立存在。诚然，由人类自己的活动所造成的生态环境的恶化已是一个不争的事实，如果说自然界自身的重大异动会给人类带来灾难，却不至于毁灭整个人类的话，那么，现代人类却完全能够毁灭自己并毁灭自己生存于其中的生态系统。但是，也正是自然生态破坏给人类自己带来的苦果、恶果，让我们越发认识到人类作为生物只能在大自然的生态系统中生存。因而，我们不仅需要重新思考中国传统的“天人合一”、西方近代“主客二分”的思维方式的优点与缺点，重新看待“人类中心主义”不可超越的神话，更要深入研究包括人的生命肉体在内的“自然生态”对人类活动方式和组织形式将会继续给予什么样的支持和什么样的制约，因为说到底人与自然之间是一种“切身”性的关系，即人对自然的改变总是作用于自然的物质形态，而自然界对于人的反作用，也直接影响并作用于每个个人的身体。所以，大自然与人类的关系，也就是与每个个体的关系。上述四重奏中的“个体”维度与“大自然”的维度，由此首尾相接，构成思想开放的循环。我们也要根据这一循环，提出更具洞察力和启发性的理念以及可操作的实践观念。

笔者以上论述的这四个方面，其实高清海教授与他的学生原则上都讲到了。[①] 我将其作为当代思想的四重奏提出，既是为了更为准确地理解高老师类哲学的意蕴，又是为了对它的内涵及思想可能性加以开显与拓展。思想的四重奏其实既是我们考虑现代人类社会问题的出发点和思想框架，也是我们要重点研究的对象。笔者认为，经过一个半世纪以上的社会大变动和三十余年的改革开放，今天的中国与西方主导的世界已经有了全面的交往和许多方面的融通，中国社会不仅在总体上已经跨进现代化的大门，

---

① 参见高清海、胡海波、贺来《人的“类生命”与“类哲学”：走向未来的当代哲学精神》，吉林人民出版社 1998 年版。

并且正在走出最为艰难的社会转型期；中华民族正在开始伟大的复兴，中国对世界也将发挥越来越大的积极影响。套用邓小平的一句话说，就可比的方面而言，中国思想理论界的学术水平与世界的最高水平已经接近，在某些方面还显示出我们的特点和优势。我们既不能像当年那样妄言拉所谓的“第一小提琴”，但也不必气馁，关键是学者们能否充分占有材料并自由地思考和探索问题，而执政者与社会能否营造出鼓励思想理论创新的条件和氛围。在这方面，表现出极大的理论勇气、不计个人荣辱的高老师为我们做出了榜样。

今天，我们更应当立足于人类命运共同体，深入研究个人、共同体、人类和自然生态之间的相互关系，揭示出个人之道、共同体之道、人类共同发展之道和大自然之道及其相互关系，最大限度地推动“万物并育而不相害，道并行而不相悖”那样一种和谐的“天下达道”局面的出现。毋庸赘言，作为哲学学者，努力做好上述思想理论工作，既是对高老师最好的纪念，也是我们应尽的义务。

A Cosmopolitan Vision from China: Gao Qinghai's Concept of *Leidecunzai* (类的存在) as Cosmopolitan Actor

Sang – Jin Han *

Introduction

This presentation starts from the recognition that we are now living in a global risk society threatening the very survival of humanity, but nevertheless incapable of envisioning an epoch – making new response to this civilizational challenge. To be sure, there have been a great number of conferences and negotiations led by international organizations, scientific experts, economists, and policy makers to discuss about the catastrophic consequences of climate change, for instance, and formulate solutions or recommendations which are technically feasible and politically acceptable. But these all have taken a top – down approach initiated by political leaders and experts within the framework of modernity and, consequently, their focus has been on science and technology and international cooperation among nation states. However, global risks we face seem to pose challenges more serious and fundamental than assumed here. It may be necessary to break away from the limit of modernity and explore a new framework of civilization. In particular, we need to reconstruct the traditions of cosmopolitan inspiration which are still valid and meaningful in order to explore the possibility of the normative framework of cosmopolitan worldview which offers ordinary men good reason and sensitivity and motivation as well to join the action to pre-

---

* Professor Emeritus, Seoul National University.

vent such risks. This paper wants to explore such possibility in a preliminary fashion from the perspective of Chinese philosophy.

Let me first draw attention to Ulrich Beck's lecture delivered in Nagoya on November 6, 2010, in which he criticized the long – standing Eurocentric assumptions underlying modern social theories-from classical to contemporary versions-while making an emphatic argument about the need for a cosmopolitan turn in the present. Addressed to the Japanese intellectual audience, his message was well – calculated, clear – cut, and assertive, but it was met with a rather cool response that was ambivalent at best, most likely due to the fact that his speech was premised on the necessity of a cosmopolitan social science (Beck, 2010: 4). This tendency is not unique in Japan; it can also be easily found in China, where politics and public opinion seem to have been increasingly shaped by nationalistic drives in the status quo. Nonetheless, apart from this, his speech deserves careful attention. I am particularly interested in his recognition of East Asia's capability to deconstruct the Eurocentric conception of modernity and reconstruct genuine pluralities in historical trajectories from modernity to second modern transformation. In his 2010 British Journal of Sociology paper he summed up his position as "an approach which takes the varieties of modernity and their global interdependencies as a starting point for theoretical reflection and empirical research" (Beck and Grande, 2010: 412). He then identified the East Asian pathway as "an active, compressed modernization driven by a developmental state" which can be contrasted to "the Western path or model as the project of an unintended, temporally stretched and (more or less) successful modernization of modern societies" (Beck and Grande, 2010: 416). What is more, in his Nagoya speech, Beck further explored the possible role of East Asia in "correct [ing] and redefin [ing] the self – understanding of European modernity" by looking at "Europe from a non – European perspective; that is, with Asian eyes" (Beck, 2010: 16). Cosmopolitan nuances of self – reflection could not have been better formulated.

With this spirit in mind, I would like to draw more sympathetic attention to Beck's Nagoya speech by examining the Chinese conceptual framework of *Tianxia* (天下) deeply underlying the philosophical tradition of politics from the ancient time. As Zhao (2007) argued, this concept "has been the most important key word for any possible apprehension of Chinese conception of world, society, institution and polity." If properly reconstructed, this concept can be seen as breaking away from the limit of the state – or nation – centered predisposition of modernity and offer rich imaginations for a cosmopolitan worldview and ecological civilization. In particular, a Chinese philosopher who taught at Jilin University until 2004 when passed away, Professor Gao Qinghai, will be discussed to highlight his concept of "*Leidecunzai*" (类的存在) which can be interpreted as cosmopolitan actor. To my knowledge, he did not use the term "cosmopolitan". However, the way in which he formulated this concept comes close to cosmopolitan subject as a necessary component of cosmopolitan social theory. The combination of modernity and nation state as we find in the Western experience can not be taken for granted and may need to be replaced by what Beck calls "methodological cosmopolitanism". The aim of this paper is to explore this conceptual transformation from the Chinese perspective of *Tianxia* (天下) and cosmopolitan subject.

Why Cosmopolitan?

As stated above, the global risks we face today can no longer be adequately handled within the frame of nation state. Instead, it requires a cosmopolitan approach. Yet an adequate conceptual framework is lacking. The institutions of modernity "do not constitute a sufficient basis for managing or controlling the global risks and crises created by the global victory of industrial capitalism." The cosmopolitan imperative arises mainly "because of global risks: nuclear risks, ecological risks, technological risks, economic risks created by insufficiently regulated financial markets" (Beck and Grande, 2010: 418). In this context, Beck's critique of methodological nationalism and his defense of cosmopolitan sociology can be reinterpreted as follows: 1) The global world has been deeply transformed in the direction of immensely amplifying transnational interconnections; 2) As a consequence, everyday life tends to be penetrated more and more by the impacts of transnational interactions on multiple levels; 3) Risks and dangers which were rather delimited in space and time in the past have become globalized, threatening the very survival of humanity as a whole; 4) Nevertheless, social – scientific understanding in general and the institutional framework of risk management in particular is still narrowly preoccupied by a nation state – centered approach by which alone an efficient regulation of global risks is not possible; 5) Therefore, it is imperative for human survival to move on from old – fashioned methodological nationalism to a cosmopolitan alternative. We may then ask: where does such cosmopolitan energy come from? Here Beck assumes, at least implicitly, a selective affinity between second modernity and cosmopolitan tradition in Europe. Beck has never paid serious attention to tradition as such, but it is clear that he wants to revitalize or reinvent the Western cosmopolitan tradition as a normative condition for second modern transformation.

This reading is revealing in many respects. First and foremost, Beck's theory of second modernity is, in fact, predicated upon a selective affinity between the imperative to regulate the increasing global risks as consequences of radicalizing modernity and reinventing cosmopolitan tradition. Beck's theory of second modernity can not work well if it is not supported by normative tradition of cosmopolitanism because in this case, mobilizing energy will be lacking.

Second, second modernity presupposes the rapid accumulation and expansion of global (local) risks and dangers jeopardizing human security and the increasing necessity of regulating and preventing such risks through new institutions and innovative cooperation. What is vital for second modernity is to show how these two processes are evolving; in particular, how a new second – modern response-that is, a more effective, flexible, and inclusive way of regulating global risks-develops with greater support not only from the elite but also from ordinary people. Revitalizing normative tradition is indispensable for the bottom – up approach.

Third, as we become aware of the importance of the relationship between modernity and tradition, we now come to see the crucial point where East Asia profoundly differs from the West. To put it simply, in the West, modernity has been propelled by its own enlightenment tradition, whereas in East Asia, modernity has been cut off from its own tradition by and large. As Beck writes, in the case of the West, modernization started from the beginning as an "active" (not reactive), "internal" (not external), and "self – induced" (not forced) program of transformation energized by European enlightenment traditions. Modernity has been continually stretched out (not compressed, as in East Asia) by an internal logic of modernity (Beck and Grande, 2010: 416). In contrast, however, tradition was seen as a barrier to modernization in East Asia. Shocked at the advancement of Western military and economic power, East Asian countries became preoccupied catching up to the West as quickly as possible, largely in terms of economic growth. For this reason, unlike Western countries, they were unable to pursue an indigenous model of development with a normative vision from their own traditions. This is why an East Asian sensitivity to second modernity looks quite different from that of the West.

Tradition has never been completely lost, however-on the contrary, tradition has been very much alive. For instance, Confucian values are visible in everyday life in Korea and China. Certain interpretations have been instrumentally utilized to strengthen authoritarian power in politics, factory, and the family. What has disappeared almost completely is the role of tradition in providing the normative vision of development which needs public debate and justification. Against this historical background, and with the success in modernization today, it is natural for East Asia to try to get back to their own tradition in order to explore if valid normative resources are still available, because if so, it may be possible to launch a qualitatively new concept which we may call a second modern transformation.

Tianxia as Cosmopolitan Worldview

The question that arises here is as follows. Before we take the framework of nation state as a self – evident reference, what kind of imaged of the world can we have and where these can be traced back? In principle, the world can be seen from the angle of politics, religion, and ecology. Thus, we can think of political world, religious world, and ecological world, each of which can nurture its own view of civilization, like the political world civilization, the religious civilization and the ecological civilization. In the West as well as the East, the idea of the political world civilization has been deeply associated with the ideology of world empires of various kinds. The idea of the religious civilization has often been expressed into a universal church community of believers cutting across the regions, gender, and ethnicities. In this case, the world is understood as created and governed by the will of God which monopolizes the ultimate sources of legitimacy and justice, sharply distinguished from the secular world of human being, as exemplified by Christianity and Judaism in the West. The Chinese view of the political world is somewhat different. Integrated into the ideological system of empire, it also involves the aspect of religious civilization in that it presupposes the heaven and its rule, not as the transcendental source of legitimacy like Absolute Being that exists by itself separated from humanity, but as linked to and understood within public sphere. The typical model of the religious world civilization as we can find in the West is foreign to China. Yet China has developed her own long-standing imaginations of the world which is broader and higher than empire but not as transcendental as the Christian civilization. It may offer vantage point in dual senses. We can think of the world while being liberated from the modern preoccupation with nation state. We can also think of the world broader than the international relation among nation states without relying on the authority of transcendental religion. In the age of post-metaphysics which incidentally accompanies the decline of the role of nation state, China may find itself in the position to grasp and further develop cosmopolitan imagination in its fundamental sense which has remained underdeveloped along the Western pathways of modernity since all modern political and institutional developments were largely shaped within the framework of nation state.

Indeed, the case in point of decisive significance is the concept of *Tianxia* (天下) which literally means “everything under the heaven”, as a core imagination underlying the long history of the Chinese philosophy. According to Zhao Tingyang, the concept of *Tianxia* (天下) involves three equally important constitutive parts: world, people, and institution. Following this, I shall first see what world means and how it is composed. I shall then move to the concept of people to assess Gao Qinghai's reflection on cosmopolitan subject.

It may be useful and practical to take the perspective of global risk society and examine the meaning of the world from this perspective to see how it differs from the paradigm of nation state. To begin with, as a conceptual pillar of Tianxia, the world can be understood as the space far larger than nation state, in which nation state has been actually located. In this sense, the world is to be understood as a prior condition for the emergence of nation state. The problem is only that China has articulated this concept of the world philosophically and politically whereas it remained rather underdeveloped in the West. Thus, Zhao argues:

"We have reasons to say, at least in Chinese argument, that western philosophy has no world - view as the *view from the world* though it has the *view of the world* as an ideology of a state. Further, western philosophy has not a *full concept* of the world though it has its scientific concept of the world. A full concept of the world must be an all - in concept that comprehensively enjoys all possible meanings of the world, the physical, the psychological and the institutional meanings of the world. The key word all - under - heaven implies a philosophy of the world, in which the world is always understood as an institutional or a humanized one. And it argues that all - under - heaven must be the general condition and greatest context for understanding any political affairs and problem of a state or international relations."

"In the western framework of politics, the greatest political entity is found to be the 'state' which confines the western understanding of political theory in the point of view of the state. Consequently the western imaginations of the integrality of the world are but internationalism, united nation or globalization, nothing going beyond the framework of nation/states. And such projects have essential difficulties to reach the oneness of the world for their limitation of the perspectives of nation/states. The world will be a failed world if it could not be seen from a world - view for the world itself. It is evident that seeing the world from the world is not the same as seeing the world from part of it."

So defined, the *Tianxia*（天下）conception of the world gave rise to two pathways of government: one is called benevolent as Wang – dao, another is hegemonic as Ba – dao. Characteristic of the former is the commitment to and implementation of global justice while the hegemonic rule by superpower is characteristic of the latter. Here we find the normative framework of global governance well supported by the Chinese tradition of enlightened Confucianism. “All kinds of western empires, including the Roman, Britain and America, could be categorized as the empire in terms of hegemony according to Chinese understanding”（Zhao）.

In the Chinese trinalism, the heaven, the earth and human are supposed the equally necessary perspectives of understanding everything, but the law of heaven（the general Way, Tao of Tian）is thought to be the final justification of everything on the reason that the heaven is the absolute condition for all kinds of beings and the origin of all possible changes so that every kind of things or creatures has to rectify or adjust itself to meet the natural changes of the heaven in order to survive and develop well. This transcendental argument for the priority of the heaven results as the naturalism principle of “*the mapping between the heaven and human*”（天人合一）which could be reckoned as a key reason for the Chinese political imagination of all – under – heaven. All – under – heaven must have its institution because the heaven has its laws and orders. The world is there and it is the existence greater than a state, therefore the world must have its institution higher and greater than a state, otherwise the international society will be the chaos.

Having said so, it is equally important that the *Tianxia*（天下）conception of the world is characterized by a triangle relationship between heaven, earth, and human. It includes not only the relationship among men, states, and empires, but also the relationship between human and nature whether it be the heaven or earth. As in Greek cosmology, Chinese philosophy assumed the order of the nature as the Tao which maintains itself as the cosmos. Consequently, human life was not presupposed to be separated from, but assumed to be incorporated into the nature, that is, the ecological world of interdependencies. Thus, it provides rich imagination and sensitivity about how to live and communicate with non – human entities. Such cosmopolitan worldview implies the possibility of talking about not only the right of the people and the state but also the right of the earth as well as the right of the heaven. This worldviews goes beyond the anthropocentric conception of the world which we can find in the tradition of Christianity.

What matters here is the deep cultural logic of shaping human inspiration and solidarity as well as the worldviews as the pacemaker of human evolution. What we need is a genuine model of cosmo – politics which transcends national borders, race, and cultural differences. A good example may be found in the concept *tianxia gongsheng*（天下共生）. Roughly translated as "symbiotic cosmo – politics", this concept is a combination of *tianxia*, meaning "the world" and stemming from Confucianism, and *gongsheng*（共生）, meaning "symbiosis" and stemming from Taoism and Buddhism. This concept may be more capable of grasping the full senses of cosmopolitan inspirations than the conventional usage of the term in the West. *Tianxia gongsheng*（天下共生）excellently demonstrates the ecological interdependence of every entity in this world along with the relations between human beings, between nation states, and between humanity and nature（Zhao, 2006）.

Tianxia and Global Risk Society

We have seen in a preliminary fashion how *Tianxia*（天下）as a Chinese vision of cosmopolitan worldview is composed of as a ground concept of civilization and differs from the Western paradigm of modernity deeply associated with nation state. The presentation above is nothing more than a brief sketch. Yet we need to bring Ulrich Beck here again, particularly his theory of global risk society to explore the potential significance of *Tianxia*（天下）for his theory. The case in point is the idea of cosmopolitan community of global risks that Beck has emphasized in recent writings. In his public lecture delivered in Seoul on July 8, 2014, he examined the transformation of the world towards cosmopolitan sympathy and solidarity via the experience of global disasters. He drew particular attention to hurricane Katrina swept over the coast of Louisiana, USA on August 29, 2005. He suggested three conceptual lenses to apply to this study.

First, the anticipation of global catastrophe violates *sacred* (unwritten) norms of human existence and civilisation; second, thereby it causes an *anthropological shock*, and, third, a *social catharsis*. This is how new normative horizons as frames of perception and action emerge.

He assumes the existence of sacred norms of human civilization, that is, the normative culture respecting human dignity and life. He then argues that the anthropological shock of catastrophe creates a "cosmopolitan moment". In this moment of catharsis the mind - walls of institutionally constructed side effects are breaking down and we can empirically study the cultural fact of how cosmopolitan horizons are emerging and being globalized. Here we can raise a question how the norms of human survival and justice can be addressed to the people who live far away and have no voice of their own in decision - making, which affects their conditions of life dramatically?

Three factors are mutually related: 1) the deterioration of the conditions of the world and environment, that is, Tianxia in the direction of catastrophe; 2) the very primary, primordial cultural disposition and sensitivity to a imagined community that Beck calls a cosmopolitan community of global risks; and 3) the transformation of people to actively share the normative horizon as Beck describes. The first topic above is beyond the scope of this paper. The paper by Prof. Park Young - Do will perhaps be addressed to this issue within the frame of *Tianxiaweigong* (天下为公) as a response to ecological catastrophe. In what follows, I shall touch upon the second topic briefly and deal with the third topic in the next section of this paper.

Concerning the idea of cosmopolitan community of global risks it can be said that the cultural disposition embodied in the conception of *Tianxia* (天下), if properly reconstructed and activated, may better support the idea of cosmopolitan community of global risks than in the cases in which collective mentality remain deeply divided by nations, races, and ethnicities. In addition, the conception of *Tianxia* promotes the interest in human protection from environmental disaster and demands global governance for this task. Moreover, not only human protection but also environmental protection and, hence, not only globally oriented social justice but also environmental justice received focal attention along the line of Tianxia conception of worldview, because here the earth and the heaven are as equally important as human being as mutually interrelated parts of the whole. Seen in this way, when we talk about cosmopolitan community of global risks, the analytic focus should not be largely confined to the inequalities of people in terms of risks production and distribution, as we find in Beck's argument, but should be extended further to include properly the other dimensions of the conception of Tianxia.

So, finally, Beck's question is: what is the "cosmopolitan turn" all about? How can we reinvent sociology for the 21st century? At the heart of the cosmopolitan turn of sociology is the challenge of how global risks and cosmopolitan situations enter into the changing of meanings in the basic concepts of sociology. We may gain some insights by linking the Chinese *Tianxia* conception of worldview and Beck's concept of global risk society.

The Cosmopolitan Subject

The changing patterns of movement in cosmological universe were a topic of great interests for ancient scholars. This was particularly so in China. The Chinese classics, Yi – Jing (易经), represents the best essence of the Chinese view on such changes and their meanings. The Chinese view may look similar to dialectic in the sense that the movement of yin (阴) and yang (阳) as two tendencies are presupposed. But, in fact, it differs from dialectic because the Chinese view understands change not in terms of antagonistic opposition but reciprocal interaction and balance. What about the role of the people which is as indispensable for *Tianxia* (天下) as the world like the earth? The typical interpretation is to focus on people as the basis of rule, or as embodiment of popular heart or general will. The status of people within the Chinese concept of worldview was acknowledged by Xun – Zi (荀子: 313BC – 238BC) frequently quoted: "Enjoying all – under – heaven does not mean to receive the lands from people who are forced to give, but to satisfy all people with a good way of governance" Mencius (孟子, 372BC – 289BC) argued that people were of greater weight than the government for the reason that the king would lose his reign when he lost his people's support, and he lost his people's support because he was against the people's hearts. Emphasis here is on the importance of the support from people, not the absolute rule over the people.

Apart from this political – philosophical reasoning which traces back the legitimacy of rule to popular will, it is important how human beings can be and have been transformed to play their role in the age of cosmopolitan change. This requires the intersection between Beck and China with a particular reference to cosmopolitan actor. When he dealt with climate change in 2013 Potsdam workshop, Beck (2013: 1) introduced a very stimulating observation by making a decisive shift of focus from a fearsome apocalyptic perspective to a perspective of "emancipatory catastrophism".

"The questions we face are too big to fail and too big to answer. Most discussions on climate change are blocked, they are caught by catastrophism circulating in the horizon of the problem: what is climate change bad for? From a sociological point of view, because climate change is a threat to humanity, we can and should turn the question upside down and ask: what is climate change *good* for? The amazing thing is, if you firmly believe that climate change is a fundamental threat to all of humanity, then it might bring a transformative, cosmopolitan turn into our contemporary life and the world might be changed to the better. This is what I call 'emancipatory catastrophism'."

Two points can be examined in this connection. First, Beck brings the idea of hope to the threatening reality of global risk society in line with critical theory. Beck insists that "climate change is the embodiment of the mistakes of a whole epoch of industrial capitalism, and climate risks pursue their acknowledgement and correction with all the violence of the possibility of annihilation." He further claims that "the second modernity of world risk society breaks with the models of the reproduction of social and political order, setting in motion a whole range of new cosmopolitan dynamics, trajectories and regimes of transformation" (Beck, 2013: 3). He then touches upon the tradition of critical theory: "The main source of climate pessimism, underlying the present dominance of apocalyptic imaginaries, lies in a generalized incapacity to rethink fundamental questions of social and political order. [...] In this sense there is a certain affinity between theory of risk society and Ernst Bloch's principal of hope. Because global risk implies the message that it is high time for us to act! That is the paradox of encouragement we derive from global risks." (Beck, 2013: 6)

Second, Beck began to deal with the problem of actor or agency touching upon the normative driving force of action explicitly. In this regard, from the action – theoretical point of view, social change may be better understood as interplays of push and pull factors. Both factors can be seen as operating at the objective – structural and the cultural-discursive dimensions. An important point is that push factors alone are not enough. Pull factors are of equal significance since only these factors can provide forward – looking energy and meaning. If push factors are a blind force working behind individuals, pull factors, in contrast, invite them to proceed to an alternative development. Cosmopolitan transformation can work well only when these two factors are combined to produce synergy.

Along the lines of three lenses suggested by Beck, one can formulate an empirical proposition to find prominent actors in support of cosmopolitan change. Simply put, "the more keenly future threats are recognized, the stronger the movement to overcome such threats by a new solidarity becomes" (Han, 2013). Though this empirical proposition is fascinating and can be tested, it is also important to inquire whether or not, and, if so, to what extent, the overall-cognitive, moral, and aesthetic-capacity of the people to act as cosmopolitan citizens increases. This may refer to the changing landscape of citizens' moral judgment, cognitive knowledge, and aesthetic sensitivity in history. This refers to the extent to which citizens can act to pursue common good or public interest without being narrowly confined with self – centered egoism or materialistic interests. Citizens may act with a cosmopolitan solidarity if they share a common sense of the problem. Thus, Beck claims: "This is my point: in the cosmopolitan turn the common sense of problem, the historical rationality is constituted and transformed by global risk. ”

Starting from this, I want to pay special attention to Gao Qinghai who developed the concept of *Leidecunzai*（类的存在）which I will translate as “cosmopolitan subject”. In an essay, “My Way to Academic Learning”, Gao stated that he had begun to teach at a University from 1952. Soon after the main task he set before himself was to “transform the overall conceptual framework of philosophy”, with the view that this task was “not simply about philosophy but crucially important for the future of China”. He stated that “the goal has never been changed” once it was determined According to him, “critique is the soul of philosophy”. As he observes, many people do not enjoy critique, but he argues that “critique expresses the true value of philosophy.” He strongly opposes to philosophers becoming conformist satisfied with the status quo, with the conviction that this track “will lose the true vitality of philosophy as creativity and transcendence.” That is why, according to his observation, “many philosophers suffer from pains and difficulties in real life but gain recognition and appreciation from their successors. This is my understanding of the essence of doing philosophy.” Indeed, these statements exactly refer to his real life characterized by his never – ending dedication to the mission of philosophy, but practically cut off from power circles and their support.

The conceptual innovation by Gao was aimed at comprehending the major characteristics and stages of development of the self – creating and self – becoming human capacity in history. He noted that he had accelerated his inquiries during the 1990’s and finally reached the stage where he became able to conceptualize human beings as Leidecunzai, that is, cosmopolitan subject. This term refers to the self – creating and self – sustaining capacity of human beings. This conceptual innovation entails “a Janus – faced double characteristic of human life.” On the one hand, human beings share with other animals “the natural life of instincts”, that is, “the life as species”. On the other hand, however, human beings are unique in the sense that they transcend this natural (biological) bondage with the ability of producing a “self – creating and self – becoming life”, which he calls cosmopolitan subject. The term “*Lei*”（类）refers to human actors in a conscious reciprocal interaction with *Tianxia*（天下）. Thus, this human being as cosmopolitan actor is assumed to be equipped with the ability to produce and sustain their life in a self – conscious way.

One reason why the term "类的存在" can be translated into cosmopolitan subject is that Gao Qinghai developed a clear – cut concept of individual and individualization with an explicit recognition of its reflexive and inclusive ability. According to him, "individuals can become an independent and sovereign subject … only when they can internalize the world – historical activities, thereby absorbing and appropriating the characteristics of human being. Seen in this way, the lack of personal independence in the past is due to the narrowness, one – dimensionality and fixity of dependent relationship. By way of blocking and limiting, this dependency keeps individuals from absorbing and appropriating the human ability to act as a whole. Therefore, the key question at hand is how to transform the nature – like, one – dimensional dependency into a social and universal one and to expand the closed relationship of communication based on the given region to the communication among men in the world histories. The essence of the problem lies in the transformation of nature – like dependence into a new relationship with cosmopolitan orientation (p. 12) .

Understood in this way, a cosmopolitan subject is neither a collective nor a macro – historical subject nor an isolated individual as monad but refers to an individualized individual radically open to its interconnectedness to the world and natural environments as well. Gao Qinghai argues that individuals differ from monads preoccupied with closed self – interests and biological needs. "Men are inborn to become a natural unit of life and each life is a monad. However, individuals transcend a biological and monadic existence because they can become individuals only by way of being related with others. Individuals can attain a sovereign subjectivity and a self – reliant capacity only when they internalize the global conditions of human being. Individuals can, therefore, be formed only within the historical and social relationships. A truly equal relationship among men can be realized only when each individuals become a self – reliant subject with an independent and sovereign personality. For this possibility, the [communicative] barriers among men must be demolished and a communicative relationship among men must be established. "

Note how he moves further toward globalization. “We, as individuals, become more and more independent these days. At the same time, however, the market, trade, production, consumption, information, science and technology, computer networks, etc. are pushing us into a new relationship. Whether we are conscious of it or not, or whether we want it or not, the globalization of the market has broken down the boundaries of nations and regions, linking our life to global conditions, thereby opening up a reciprocal relationship of pain and destiny. I argue, therefore, that essential for globalization is the fact that human beings finally become self – conscious of their characteristics as *Leidecunzai* (类的存在). Needless to say, there still are many contradictions and clashes today-these can't be avoided any time-but a ‘global consciousness’ or ‘cosmopolitan consciousness’ are not only expanding significantly but become a mainstream tendency today. This can be seen in the realms of politics and culture as well as the economy. In the past, the coercive means or even wars were, in fact, often used to solve social contradictions and conflicts. Today, however, instead of these methods that lose the people's support increasingly, other methods such as dialogue, negotiation, cooperation, contract, etc. have become the basic principle of conflict resolution. Here we see the clear – cut examples of changes. This stream of popular mind has been so fundamentally changed today that no one can block it. Human beings as monadic existence have attained a higher stage of development through self – negation and finally become self – conscious of their cosmopolitan nature and ability.”

Concluding Remarks

An open task set before us is critical reconstruction of certain streams of tradition which are still full of normative implications and cognitive knowledge. This is exactly what Beck has in mind when he wants to radicalize cosmopolitan tradition by putting emphasis on coexistence with “radical others”. According to Beck, the European cosmopolitan tradition can be traced back as far as the ancient Greeks, and it is still alive. Yet, a nation – centered framework, or what he calls "methodological nationalism", became powerful as modernization unfolded with the advent of nation – state, bureaucracy, army, national citizenship, and so on. Consequently, cosmopolitan tradition has fallen short of institutionalization. This condition makes it difficult for us to adjust to the changing reality of increasing trans – national interconnections and develop a cosmopolitan framework of governance over global risks. Therefore, one of the goals he has pursued is to reconstruct cosmopolitan tradition which can serve as a critical yardstick against methodological nationalism.

The *Tianxia*（天下）conception of the worldview and the concept of *Leidecunzai*（类的存在）as cosmopolitan actor articulated by Gao Qinghai deserves special attention from Beck and his research team to enrich and advance the comparative study of global risk society with cosmopolitan orientation. Methodological cosmopolitanism as suggested by Beck represents a reciprocal way of understanding in which one sees the counterpart (radical others), not from one's own familiar eyes, but from the eyes of the counterpart in a methodologically consistent way, so that we can fully appreciate diversities and multiplicities involved. This cosmopolitan capability has been well integrated into the concept of *Leidecunzai*（类的存在）, as a significant academic achievement of Gao Qinghai. What remains to be done is how to reconceptualize his thoughts and ideas as a cosmopolitan theory in a more rigorous and systematic way, and how to formulate empirical propositions to test his theory to find cosmopolitan actors in reality.

Another Cosmopolitanism:
A Critical Reconstruction of Neo – Confucian Conception of *Tianxiaweigong*（天下为公）in the Age of Global Risks

Sang – Jin Han　Young – Do Park *

I. Introduction

As a result of globalization we are now witnessing the rapid increase both of global interdependence and of global risks. Global financial crisis, terrorism, paradox of the humanitarian – military intervention and global ecological risks including climate change and nuclear accidents, these show us clearly that we are living in the age of global risks. ① So the demand of a global publicness（公共性）which is hoped to be able to coordinate these interactions and cope with the global risks comes up on the agenda not only of academic but also of global political discussion. Meanwhile, however, it also has become clear that neither the old international law regime nor the global American hegemony regime could meet satisfactorily this demand. Thus there explode various cosmopolitan discourses in various areas to give an alternative answer to this question of new global order. ②

---

* Sang – Jin Han: Professor Emeritus, Seoul National University; Young – Do Park: HK Research Professor, Yonsei University.

① Ulrich Beck, Weltrisikogesellschaft, Shurkamp, F/m, 2007.

② David Held, Cosmopolitanism Polity Press, Cambridge, 2010; U. Beck, Cosmopolitan vision. Cambridge, Polity Press, 2006; U. Beck and N. Sznaider, "A literature on cosmopolitanism: an overview", The British Journal of Sociology, 2006 Volume 57, Issue 1; D. Archibugi, "The Global Commonwealth of Citizens", Princeton NJ: Princeton University Press, 2008; J. Habermas, "Plea for a constitutionalization of international law", Philosophy & Social Criticism, 2014, 40 (1), pp. 5 – 12. Gerard Delanty (ed), Routledge Handbook of Cosmopolitanism Studies, Routledge, New York, 2012.

This paper also belongs to them. In the following, however, we would like to present the profile of "another" cosmopolitanism through the critical reconstruction of one of the core elements of Chinese political imaginary, the conception of *Tianxiaweigong* (天下为公), which means literally: "All under the Heaven belongs to the public." As is well known, *Tianxiaweigong* has never ceased to be the core Chinese political imaginary through the long Chinese history. It functioned not only as the regulative idea of Confucian politics, but also was the leading political idea of Sun Wen. The first meaning of "another cosmopolitanism" lies in the fact that it starts not from the main western tradition of cosmopolitanism but from the tradition of Confucian political thoughts. ①

However it has the second, but more important meaning that is concerned with two deficits which the cosmopolitan publicness in the age of global risks should cope with. The first one is the well – known "democratic deficits" which refers to the fact that global institutions or organizations fall shorts of democratic principle of legitimacy. ②The second one is what we would like to call ecological deficits. As will be discussed later, the cosmopolitan order in the age of global risks needs the reflective publicness in its dual meaning to cope with both two deficits. As a metaphor of this reflective publicness we can imagine a ship of global democratic publicness on the wavy ecological sea. To explore the meaning of this metaphor would be equivalent to exploring the second meaning of the "another cosmopolitanism".

We would like to proceed in the following way. First, we would like II) to reconstruct the structure of the cosmopolitan publicness contained in Neo – Confucian conception of *Tianxiaweigong* in the form of the grammar of Confucian publicness, and III) will discuss the three paths of reconstructing the Heavenly Principle in the name of the dialectic of Confucian enlightenment, and based on this critical reconstruction will presents the profile of the eco – democratic pub-

---

① The most widely known case of it may be Zhao, Tingyang, Tianxia Tixi: An Introduction to a Philosophy of World Institution, Nanking, 2005; Rethinking empire from a Chinese concept "All – under – Heaven" (Tianxia), Social Identities 12 (1), 2006, pp. 29 – 41; "A political world philosophy in terms of all – under – Heaven (Tianxia)", Diogenes 221, 2009, pp. 5 – 18.

② J. Habermas, ibid., 2014.

licness as the critically reconstructed Neo – Confucian cosmopolitan order, Lastly we will IV) explain its reflective structure in its dual sense and explore its implication for our age of global risks.

II. Grammar of Confucian Publicness: A Reconstruction of Neo – Confucian Conception of *Tianxiaweigong* (天下为公)

When the term *Tianxia* (= All under the heaven) first appeared in political scene in the Zhou dynasty, not only it referred to the political – geographical world as the region of the political rule but also it contained a conception of political legitimacy based on *Tianming* (天命, Mandate of Heaven). [①]It meant the public and fair world which is governed by the legitimate ruler who received the Mandate of Heaven. In this sense *Tianxia* meant literally the cosmo – political order. And *Tianxiaweigong* sums up this cosmo – political idea in that it is composed of the *Tianxia* as the politically constituted world and the heavenly publicness as the source of legitimacy. Here *Tianming* mediates between *Tianxia* and the heavenly publicness and functions as the normative criterion for both justifying and criticizing the *Tianxia* as the really existing political world order. In this respect, the cosmopolitan order implied in *Tianxiaweigong* is neither the purely utopian moral idea irrespective of the actual world nor the real political word order without any transcending moment. Rather it has played critical function in the real historical world as an immanent – transcendent publiceness. In this sense we can say that the cosmopolitanism implied in it has the characteristic of actual utopianism.

It has another significant feature that it is based on the articulation of the political and the cosmological. First, *Tianxia* (天下) embraces not only human beings but also all non – human existences. Second, the publicness which has

---

① Chang Chishen "Tianxia system on a snail's horns", Inter – Asia Cultural Studies, Volume 12, Number 1, 2011, pp. 30 – 31.

the role of organizing and justifying *Tianxia* is derived from the cosmological order. In this sense we can say that the cosmopolitan order of *Tianxiaweigong* is embedded in the natural order. In other words, the cosmopolitan publicness as political order is embedded in the cosmological order, something like the ship on the sea.

We think that these two structural features of the cosmopolitanism implied in *Tianxiaweigong* have important implications for reconstructing the reflective global publicness in its dual sense. We will discuss them later in section IV. Before it, however, it is required to reconstruct the Neo – Confucian grammar of publicness.

Though *Tienxiaweigong* continued to be the core of the Chinese political imaginary, it was only in Neo – Confucian conception of it that the various dimensions of its publicness were differentiated and at the same time internally related so that a complex structure which we would like call the grammar of Confucian publicness was formed. We think therefore that this grammar can be understood as that of Neo – Confucian cosmopolitan publicness.

This grammar was formed as the result of the project of Confucian enlightenment politics in the Shang Dynasty. And this project emerged as a synthesis of Neo – Confucian enlightenment thoughts and the Chinese political concept of *Minben*（民本）. This synthesis became possible with the paradigm shift from the Mandate of Heaven（天命）to the Heavenly Principle（天理）. As is known widely, the Mandate of Heaven was the principle for legitimizing and criticizing political authority from the Zhou Dynasty. But the receiver of the Mandate was confined to the King, and there was no real separation between political power and its justifying principle. As a result the Mandate of Heaven functioned rather as a legitimizing ideology than as the criticizing principle. But Neo – Confucianism expanded the Mandate addressee, extending it not only to the throne but to all human beings. The first sentence of *The Doctrine of the Mean* on which Neo – Confucian teachers paid particular emphasis summed up this change: "The Mandate of Heaven is called Human Nature"（天命之谓性）.

The legitimizing principle then no longer lay in the Mandate of Heaven bestowed upon a dynastic founder and passed down through the royal line, but was located in every human mind as a moral potential. Political power and moral principle of its legitimacy were now separated into distinct entities. In other words, the lineage of kingship was now separated from that of *Tao*. With this separation was launched the (Neo –) Confucian enlightenment politics that sought to actualize the separated moral demands of the Heavenly Principle (天理) in the “All under the Heaven” (天下) as the socio – political world. ①In this sense, this project of Confucian enlightenment politics may be also understood the Neo – Confucian cosmopolitan project to constitute *Tianxia* as the cosmopolitan public order.

This cosmopolitan order was composed of four dimensions of publicness which are internally connected with each other by the project of the Confucian enlightenment politics. The first dimension of *Tianxiaweigong* is the publicness of Heavenly Principle. Here we would like to limit ourselves to present some characteristics of it. When Neo – Confucian teachers interpreted the Heavenly Principle, they were used to refer to the famous sentence from *Book of Change*: “The successive movement of yin and yang constitutes the Way (*Tao*).” They understood *Tao* as the dynamic principle of the cosmological synthesis of vital forces, put in modern terms, as the principle of autopoietic process of cosmological life. In this sense the publicness of the Heavenly Principle was in essence a meta – biological and cosmological one.

The main characteristics of this cosmological publicness can be summed up as its openness, fairness, cosmological communication and sympathy. Cheng Hao (1032 – 1085), one of the founding fathers of Neo – Confucianism, grasps this explicitly.

“The constant principle of Heaven and Earth is that their mind is in all things, and yet they have no mind of their own. The constant principle of the sage is that his feelings are in accord with all creation and yet he has no feelings of his own.”②

“A book on medicine describes paralysis of the four limbs as absence of *ren*

---

① K. Bol, Neo – Confucianism in History, Harvard Univ. Press, 2008.

② A Source Book in Chinese Philosophy (ed. and tr, by Wing – Tsit Chan), Princeton Univ. Press, 1963, p. 525.

（仁，Humanity）. This is an excellent description. The man of *ren* regards Heaven and Earth and all things as one body. To him there is nothing that is not himself. Insofar as he recognizes all things as himself, can there be any limit to his humanity? [...] To be charitable and to assist all things is the foundation of a sage. "①

The first task of the Confucian cosmopolitan politics is to limit the arbitrariness of the sovereign power with the help of the Heavenly Principle. How to control the arbitrariness at the center and summit of the bureaucratic state publicness organized by law, the second dimension of the Confucian publicness? After the Qin Dynasty (BC. 221 – BC. 206), this was the central problem in Confucian politics characterized by the merging of Confucianism and Legalism（儒法结合）. The publicness of the Heavenly Principle was the Neo – Confucian answer to this question. ②

Neo – Confucian enlightenment politics had also the positive task of actualizing the moral potential extended equally to all human beings by the Heavenly Principle; in other words, to implement the "publicness of the Heavenly Principle" socio – politically. Integrated with Confucian *Minbon* politics which reads the heavenly mind in people's mind, this positive task was to be carried out in the area of people's life（民生）and opinion（民意）.

The publicness that emerged from the actualization of the Heavenly Principle within the dimension of popular livelihood was based on the political ideal of the Great Harmony（大同）. This third dimension of the Confucian publicness, combined with Confucius " notion of justice which was more concerned about unevenness than about insufficiency, may be termed " *Minben* publicness（民本公共性）, which means the "social justice" in current terms. Its keystone is to guarantee the material conditions for actualizing the potentials of the moral life

① A Source Book in Chinese Philosophy (ed. and tr, by Wing – Tsit Chan), Princeton Univ. Press, 1963, p. 530.

② This is also a Confucian method for solving the paradox of sovereignty. On the relationship of the paradox of sovereignty and Confucian politics, see Park, Young – Do, "King Sejong's Confucian Rule by Law", in Review of Korean Studies, Vol. 9, No. 3 (September, 2006), pp. 103 – 132, esp. pp. 105 – 110; "Paradox of Sovereignty and the Grammar of Confucian Publicness", in "Society and Philosophy", Vol. 27, Seoul, 2014, pp. 139 – 168.

which the Heavenly Principle accords equally to all human beings.

However, in what procedure is this enlightenment politics deployed? How to know the Heavenly publicness which is to be realized? How to read the heavenly mind in people's mind? Answering this question, Confucian politics invented the Confucian deliberative politics（公论政治）, which had the task of justifying and criticizing political authority and actual politics based on a rational core of people's opinion that was discovered and articulated through public deliberation. We call the publicness formed in connection with this task "deliberative publicness"（熟议公共性）.

In sum, the publicness of the Heavenly Principle regulates the arbitrariness internal to state – bureaucratic publicness and at the same time realizes itself by means of dual mechanisms of the *Minben* – and the deliberative publicness. This is the grammar of Confucian publicness. （Figure 1）. As the idea of *Tianxiaweigong* developed into Neo – Confucian enlightenment politics with the paradigm shift from the Mandate of Heaven（天命）to the Heavenly Principle（天理）, the structure of the cosmopolitan public contained in that idea also developed into this grammar of the Confucian publicness.

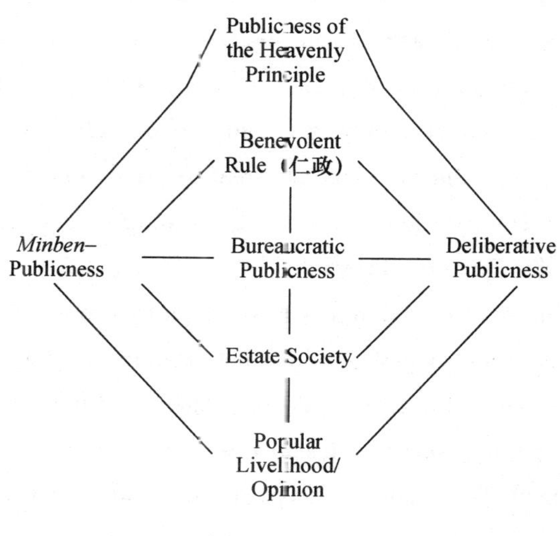

Figure 1）The Grammar of Confucian Publicness as the Grammar of Neo – Confucian Cosmopolitan Publicness

III. Dialectic of Confucian Enlightenment and Grammar of the Eco – Democratic Publicness

1) However, it would be unreasonable to infer directly from this grammar the configuration of the cosmopolitan publicness in the 21st Century, because it was restricted by the pre – modern social and intellectual conditions. The democratic task of our times is concerned about how to establish a deliberative *Minbon* publicness (熟议的民本公共性), as the core of the grammar of Confucian publicness, under the contemporary conditions. In this regard, the Heavenly Principle as a meta – biological and cosmological one gives us deep ecological inspirations. We would like to explore, therefore, whether the grammar of Confucian publicness can provide us a normative direction and language for a eco – democratic publicness both in the national and global context. However, these eco – democratic implications could not be automatically realized given the proper social conditions alone. The grammar of Confucian publicness, above all the Heavenly Principle, must first be critically reconstructed for those eco – democratic implications to gain feasibility in the 21st Century, just as the establishment of the Confucian grammar of publicness was possible with the shift from the Mandate of Heaven to the Heavenly Principle. To deal fully with this reconstruction, however, would require a separate treatise, and such is not the purpose of the present one. Here we limit ourselves to showing briefly the possible paths of reconstructing the Heavenly Principle. ①

The first point to be considered is that though this reconstruction is not one of actual historical paths, nonetheless it is not arbitrary one but a rational reconstruction of the potential developmental paths latent in Confucian enlightenment politics. To express this point we will call this reconstruction a dialectic of Confucian enlightenment. This dialectic refers to the entire process in which the

① About the nature of the Heavenly Principle, its problems, and the general direction of its critical reconstruction, see Park, Young – do, "Reconstruction of Neo – Confucian Concept of Rationality", "Korean Studies Quarterly", Vol. 24, No. 1 (Spring, 2001), The Academy of Koreans Studies, pp. 141 – 178.

Heavenly Principle encounters – in the course of its realization in society – social practices, whereby the Principle is pressured to change, and the reconstructed principle once again sets in motion politics of enlightenment, which results in new grammar of *Tianxiaweigong*. ①

Can this dialectic, however, be supported from within Confucian thoughts? We think so because it stems from the very project of Confucian enlightenment politics. As already pointed out, this politics saw as its task the social realization of the publicness of the Heavenly Principle. In relation to this task, the Heavenly Principle encounters social practice, and from this encounter emerges a dialectics of enlightenment which transforms the Heavenly Principle itself. In this sense we can say that the dialectic stems from Confucian enlightenment politics itself.

The second reason can be found in Confucius' own thoughts. The Master said: "It is human beings who are able to broaden the Way, not the Way that broadens the human beings." If human beings are to broaden the Way, the Way must be located in human practice, not outside of it. And it means that the Way broadened through human practice can be understood as an expression of human autonomy. So it is not enough for the Heavenly Principle to be realized in the society. It is required that it should be located in social practices and be reconstructed from within them. And this reconstruction faithful to Confucius' conception of the Way would change the grammar of Confucian enlightenment politics. In this sense it is to be understood not as a deviation from Confucian thoughts, rather as a critical return to Confucius' thoughts itself.

2) The critical reconstruction/transformation of the Heavenly Principle and the dialectic of Confucian enlightenment may be carried out in three paths. The first one is the materialistic path, in which the Heavenly Principle is reconstructed from within the productive and reproductive social activity in relation to the *Minben* publicness. Historically, the first clear signs of this path appeared in the late Ming and early Qing Dynasty with the affirmation of the private (私),

① In this sense, this dialectic is closer to Habermas' conception of dialectic of enlightenment than to the negative one of Adorno and Horkheimer coming to fruition in Tai Chen's concept of *ren* （Humanity，仁）. Tai Chen（戴震：1723 – 1777）said：

"To desire to preserve and fulfill one's own life and also to reserve and fulfill the lives of others is *ren* （humanity）. To desire to preserve and fulfill one's own life to the point destroying the lives of others without any regards is the absence of *ren* （inhumanity：不仁）."①

As we said before，Neo – Confucians understood *ren* （Humanity）as the principle of cosmological communication within the framework of human/cosmos in contrast to the western framework of human/God. It was now re – interpreted by Tai Chen as the principle which not only operates for social practice but also resides in it.

It is easy to see how this materialistic conception of *ren*，reconstructed in the context of *Minbon* publicness，could develop into the socialist project in China. In spite of different orientations within this project，they are common in that they were primarily concerned with the material productive activity and welfare. The Chinese socialist path to the first modernity might be understood as a form of the Confucian dialectic of enlightenment. If so，what does the failure of the so – called "really – existed socialism" means in our context? We think that the materialistic path and the *Minbon* publicness alone are not enough for designing and establishing the grammar of *Tianxiaweigong* in the 21st Century.

3）The second path may be called a discursive path，in which the Heavenly Principle encounters public deliberation in the dimension of popular opinion（民意）. How can we think of this path within the project of Confucian enlightenment politics? The Heavenly Principle which should be realized through Confucian politics remains unspoken. However，the popular mind（民心），the only possible medium for its expression，is precarious. This situation necessitates a "mean"（中）adopted between the unsaid "Heavenly Principle" and the precarious popular opinion. But how to adopt such a "mean"? As we said before，

① 戴震，"欲遂其生亦遂人之生仁也，欲遂其生至于戕人之生而不顾者不仁也"，［孟子字义疏证］，Hongik Press，Seoul. 1998，p. 218；Tai Chen，Commentary On The Meanings of Terms in The Book of Mencius，in A Source Book in Chinese Philosophy（Tr. and Ed. by Chan Wing – Tsit），Princeton Univ. Press，1969，pp. 713 – 714。

for Neo – Confucian politics, the answer to this question was *Gongnon* (公论), the public deliberation. Here, adopting the "mean" does not mean simply taking a middle position, but discerning the rational core contained in the precarious popular opinion. This is achieved through public deliberations. So public deliberation is the locus where the Heavenly Principle encounters with popular opinion. This is also evident in Zhu Xi's definition of *Gongnon*, namely, "that which follows the Heavenly Principle, accords with the people's mind, and is held as true by all". ①We can then say that the task of Confucian deliberative politics is to discern the Heavenly Principle, the rational core of popular mind and opinion, and realize it in the society.

If so, the Heavenly Principle may be under the pressure of change from within the social practice of public deliberation in the dimension of the deliberative publicness, just as *ren* was so in the dimension of the *Minbon* publicness. If this could result in transforming the Heavenly Principle into the principle of the social communication and public deliberation, it might be called the linguistic return to Confucius.

In contrast to the material path, this discursive path did not appear (nor was it perceived) with any clarity in the pre – modern Confucian society. But we need not negate this potential developmental path because deliberative politics was flourished in Joseon dynasty of Korea. Deliberative politics was not confined simply to state publicness. Rather, it cut across the boundaries of the state, and – although limited by the pre – modern estate society – expanded and deepened into society to become a strong check on state bureaucratic publicness. ②This historical fact shows that the potential of deliberative politics exists (or at least needs not be negated) in the Confucian dialectic of enlightenment. The Heavenly Principle may then be reconstructed, for example, as a discursive rationality inherent in linguistic communication and regulating public deliberation. Furthermore, a new political project might be set in motion to realize this rationality. In this sense, we may speak of the grammatical possibility of

---

① “顺天理合人心而天下之所同是者”，[朱子大全] 卷 24，<与陈侍郎书>。

② On the Gongnon politics of Joseon Dynasty, see 薛锡圭，[朝鲜时代 儒生上疏·公论政治]，Seonin，Seoul，2002。

a shift from a Confucian publicness to the democratic deliberative publicness. In a sense, the Korean path to democracy may be construed as a delayed realization of this grammatical potential.

4) We have discussed so far two possible paths for the dialectic of Confucian enlightenment. Through these two paths the Heavenly Principle is transformed from the cosmological principle to social principles. This means that its social synthesizing function is transferred from the Heaven to such social practice as social labor and public deliberation and to the rationality reconstructed from within them. What is then the fate of the Heavenly Principle as a meta – biological and cosmological one? With respect to this question we can think of an ecological path of our dialectic. This path has become already actual in view of the ecological crises that threaten humanity and the pressing demand of establishing a global ecological publicness.

This ecological path is based on the category of life – giving process, the autopoietic process of cosmological life. Though life – process is the very base of our social life, there are always some residues which manifest itself mainly in the negative form of various ecological crises without being synthesized into the realm of the society.

This makes the ecological path distinct from the former two paths. While the two paths are located within social communities even in its cosmopolitan form, the ecological path deploys itself throughout the inside and outside of the cosmopolitan community. While the two paths promote actively the dialectic, this third path does so mainly in the negative form of ecological crisis. While the two paths appeared first in the context of nation state of the "first modernity" (U. Beck) and then are moving into the global context of the second modernity, the ecological path proceeds from the start within the global context and compel us to take the cosmopolitan perspective.

Now let's summarize the results of these three dialectical paths. They can be summed up in < Figure 2 >, where the bureaucratic publicness is surrounded by the deliberative, the ecological, and the *Minben* publicness in relation to the structural differentiation of state, market, civil society and the ecological horizon. We would like to call it the grammar of eco – democratic publicness. This grammar can operate both in the national and in the global context. In national context, this grammar shows that individual nation state has the task of establishing three publicness which are respectively connected to global market, civil society and ecological environment. In this case, it functions as the grammar for "responsible cosmopolitan state". ①However, for this "responsible cosmopolitan state" not to be confined to a few global powers, it is required to establish global eco – democratic publicness which is able to cope with such global risks as the global economic crisis, terrorism, and global ecological risk without falling into the trap of "democratic deficit" and ecological deficit.

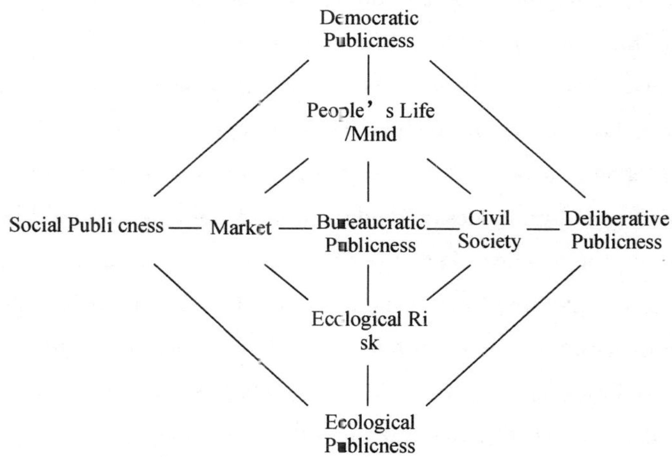

Figure 2) Grammar of the Eco – Democratic Publicness

IV. A Ship of the Eco – Democratic Publicness in Wavy Ecological Sea

This grammar of global eco – democratic publicness can be understood as that of the *Tianxiaweigong* in the 21st Century. This is the shape of the "another cosmo-

① Garrett Wallace Brown "Bringing the State Back into Cosmopolitanism: The Idea of Responsible Cosmopolitan States", in Political Studies Review, 2011, Vol. 9, pp. 53 – 66.

politanism" in its first meaning. Now it is time to explore its second meaning.

As we said earlier, the global publicness in the age of global risks has two tasks, the democratic one and the ecological one, which respectively corresponds to the democratic deficit and ecological deficit. From the viewpoint of our "another cosmopolitanism", the democratic task may be summarized as the following demands: the pursuit of the welfare – oriented *Minben* publicness should be supplemented and regulated by the deliberative publicness. Here "democratic deficit" refer not only to the lack of democratic legitimacy in the dimension of deliberative publicness, but also to the enormous socio – economic inequality caused by the neoliberal globalization in the dimension of the *Minben* Publicness. Thus, to cope with these democratic deficit, the pursuit of the welfare – oriented *Minben* publicness should be supplemented by the deliberative publicness. In fact, it would be extremely difficult to regulate the unleashed movement of global market without help from the global deliberative publicness. Furthermore, global publicness including *Minben* publicness should be carefully designed for it not to injure both the individual autonomy of human beings as world citizen and the autonomy of the collective form of life. It is thus necessary for them to be monitored and regulated by global deliberative publicness. To put it simply, establishing a global deliberative *Minben* publicness is the primary democratic tasks of the *Tianxiaweigong* in the 21st Century.

From its viewpoint, ecological task has an ambivalent character. On the one hand, solving ecological risks also belongs to democratic tasks because they should be solved in the way that can satisfy demands of the deliberative *Minben* publicness. Satisfying the demand of the *Minben* publicness means that the ecological justice should be established both in the national and in the global context. And to satisfy the demand of the deliberative publicness, citizens should be able to participate in interpreting and solving ecological risks, because, as U. Beck emphasizes, the risk does not exist as naked one but as the interpreted and constructed one. This is the necessary condition for solving ecological risks democratically.

On the other hand, however, the solution of ecological risks does not exhaust in establishing the deliberative *Minben* publicness. As we said before, there remains always the residual ecological dimension which functions as a ecological horizon and can not be subsumed into the eco – democratic publicness. For instance, one may ask: “is there an inherent moral value in nature which should be respected irrespective of the human beings' interests?” We cannot discuss here this complex issue in detail. Instead, we would rather to present the relationship between the eco – democratic publicness and the ecological horizon from the viewpoint of *Tianxiaweigong* in the 21st Century.

In Confucian political tradition, there comes down a political metaphor to view the relationship between the state and people as a ship on water. To use this metaphor, we can view the ecological horizon as the stormy sea and the eco – democratic publicness as a ship in that sea. We think this may be a pertinent image of the cosmopolitan publicness in the age of global risks.

In the age of the industrial modernization, risks were regarded as what could be well calculated and managed. However, as Fukushyma nuclear accident clearly showed that, the ecological disasters that could destroy totally the modern risk management system remains no longer in the shadowy dimension of possibility. Ecological disasters remain no longer as the typhoon in the teacup of the modern risk regime. Rather the contemporary society is now like a ship shaking in the wavy ecological sea where the typhoon of ecological disaster is coming closer. The transition from industrial society to risk society means the inversion of the managed ecological risk within teacup of the risk management system into the risk management system shaking on the sea full of ecological risks. Those who continue to be attached to the anachronistic belief of the modern risk regime could not avoid being drowned by the sea of ecological disasters.

However, the green romanticist's advise to abandon the ship of the (eco – democratic) publicness and plunge into the ecological sea is a rough – and – tumble response which would lead to the same result. ①They think that the modern society cast on the ecological sea could not avoid being drowned by the sea, because they think that the ship of modern society is only made of

① On Green Romanticism, see John S. Dryzek, *The politics of the Earth*, Oxford Univ. Press, New York, 2005, pp. 183 – 201.

iron. However, they does not imagine that the ship may be made of woods, and therefore may not be drowned by that sea even though it may tremble in that stormy sea. This is a pertinent image of *Tienxiaweigong* reconstructed in the 21st Century. However, even Neo – Confucian grammar of publicness also might be drowned by the sea of ecological disasters, if its Heavenly Principle be not reconstructed in the paths of the dialectic of Confucian enlightenment.

When the Heavenly Principle is reconstructed all in its three paths, the "Principle" of the "Heavenly Principle" is transferred into the space of social practice and comes to be in the form of the organizational principle of the global deliberative *Minben* publicness. In which mode then does the "Heaven" deprived of its synthesizing function continue to be? It may exist in two modes. On the one hand, it may exist in the mode of the global dimension of the eco – democratic publicness. In other words, it may reside in the demand that the deliberative, the ecological, and the *Minben* publicness should be established not only in national dimension but also in the global dimension. On the other hand, the Heaven may exist now in the mode of the ecological sea in which the global eco – democratic publicness is floating.

Here we can see that *Tianxiaweigong* of the 21st Century has the reflective publicness in its dual sense. On the one hand, this ship *Tienxiaweigong* should establish its own democratic structure which requires a reflective relation to itself mainly on the dimension of the collective decision. We may call it democratic reflectivity which is constitutive of the eco – democratic publicness. On the other hand, it should keep a reflexive relation to the ecological sea, in which it encounters unintended, uncontrolled negative consequences of its collective decision. We may call it ecological reflexivity. For the ship to avoid both the democratic and the ecological deficits, two kinds of reflective relations should be adequately mediated without being reduced to each other.

Here public deliberation on ecological risks may play the role of mediator. It can mediate between the deliberative *Minben* publicness organized by the discursive rationality and the ecological risk which is discursively interpreted and constructed. At the same time, it allows the ship of the global deliberative *Minben* publicness feel its negative effect on the ecological sea in its trembling. Keeping its ecological reflexivity in this way, the eco – democratic publicness, though trembling in the wavy ecological sea, nevertheless does not sink into that sea. Furthermore, in the same way, it can transform the enormous energy of the wavy ecological sea into the energy for expanding the global eco – democratic publicness.

The significance of this reflective structure of the cosmopolitan publicness would be more clearly grasped, if we compare it with cosmopolitan projects of J. Habermas and U. Beck which help us to reconstruct "another cosmopolitanism". Though they are clearly conscious of two deficits of current global publicness, it seems that they respectively put emphasis on solving one of the two deficits. Habermas pays attention mainly to solve the "democratic deficit", and suggests the project of constitutionalization of international and global relation through the cosmopolitan law. Though, of course, the ecological deficit may be solved in part within the eco – democratic publicness, it seems that this approach does not pay due attention to the relation of the ship of the eco – democratic publicness and the ecological sea. In his project, public deliberation mediates mainly between System and Life – world, not between the Society in general and the ecological horizon. It serves not to the ecological, external reflexivity but only to the democratic, internal reflectivity.

In contrast, Beck puts emphasis on the ecological deficits①in his cosmopolitan project and suggests the idea of "emancipatory catastrophism". ②He pays much more attention to the ecological reflexivity than to the democratic reflectivity. He emphasizes the emancipatory political energy of the ecological catastrophe more than the enlightenment project to institutionalize the normative principle. However, it is unclear in what way and in what form would the energy be institutionalized into the public order He seems to hope that it could be the main sources of global solidarity necessary for global democracy project. Of course it could be so. However, it could also be oriented to the ecological totalitarian regime under the banner of the eternal ecological state of emergency.

---

① U. Beck, Cosmopolitan Vision, Polity Press, Cambridge, 2006.

② U. Beck [Emancipatory Catastrophism], Public Lecture at "The Seoul Conference 2014 with Ulrich Beck", July 8, 2014, pp. 33 – 47.

In this comparison we can see easily that the reflective global publicness in its dual sense which is required to solve both the democratic and the ecological deficit is bifurcated respectively in contrary direction in their projects. In contrast to them, *Tianxiaweigong*（天下为公）in 21st Century shows us how to construct and preserve such reflective global publicness. Here we may find the most important significance of this "another" cosmopolitanism for our age of global risks.

类哲学的生命隐喻

——纪念《“人”的哲学悟觉》出版十周年

马天俊*

高清海老师的最后一部专著《“人”的哲学悟觉》出版于2004年8月，列为《高清海哲学文存续编》的第3卷，较为系统地阐述了他的类哲学思想。八年前，我曾为老师的这部专著发表过一篇书评《人以释哲学，哲学以释人》①，其中以“生命的四重奏”来概括高清海类哲学的人性逻辑，就此我还简单地提到：“生命通过隐喻扩展了自身，成就人的生命逻辑。”今请详论之，一则回馈师尊垂范以为纪念，一则报告研究心得以就教于诸位师友。

一　从隐喻角度看类哲学的问题意识

哲学道理的阐发实存于理论话语中，它要遵守通常的推理规则，这是消极标准（例如不得自相矛盾）。而有建树的哲理其关键概念往往由特定的隐喻构成，其中有些是一望而知的隐喻（如维特根斯坦的“家庭相似”），有些是习焉不察的隐喻（如黑格尔的“精神”）。哲学道理的独到意味也往往预设特定的隐喻性概念中。反思相关的隐喻性概念，可以显明一种哲理的特质。

《“人”的哲学悟觉》（以下简称《悟觉》）的第一部分“转变关于‘人’的传统观念”起着提出并展开问题的作用，其中最后一节“理解人的生命本性的切入口——突破单一生物学‘生命观’”在剖析传统观念的

---

* 中山大学哲学系暨马哲所教授。

① 《哲学研究》2006年第3期。

两极化困境的基础上，设问式地写道："要么是生命，把人划进动物；要么是超生命，把人并入天使，此外，还有没有其他出路?"回答是："应该说，'此外'的出路是有的，关键在于头脑。只要我们转换思维方式，打开被封闭的思路，就会出现'柳岸花明'①的景象。为什么不能从走出'生物生命'的狭隘生命观去考虑出路?"②

在意识哲学习惯中，转换思维方式是人的头脑要做的一件可能很费力的内在的事情。而形诸话语，所谓转换思维方式、打开思路，往往就是打破习惯的乃至僵化的含义或路径，以新的方式运用既有概念，或者干脆起用新的概念。

《悟觉》重视生命的复杂性和多样性，不满意习惯上的生物学的生命概念，要"走出'生命生命'的狭隘生命观"，它这样引导读者："如果我们考虑到这些情况，对于'生命'的理解，那就不能也不应该束缚于已往人们仅从生物有机体的了解赋予它的那种狭隘词义或内涵，以致使我们关于人的见解必须屈从于生物的物种规定。事实上，人们在现实的生活中已经打破了这个词义的禁锢，我们在很多场合都经常使用'生命'一词，它们的内容并没有局限于生物学的狭隘含义。比如，当我们说到民族的生命、国家的生命、社会的生命，或者人的生理生命、心理生命、政治生命、职业生命、文化生命等等之时，这里使用的生命随着对象的差别各有自己的不同含义。应当认为，这些不同用法都是合理的，没有必要去强求一律，为什么对人的生命就不能有一种属于'人'而高于动物的内涵?"③

虽然如此，《悟觉》还是保持着人们所习惯的一个共识："'生命'，通常是指具有自组织能力并高度有序的有机体说的。"④而且，"生命都是以个体形态存在的，每一生命个体都表现为独立的生存实体"。⑤因此，问题的实质恐怕就在于，既要对习惯含义上的"生命"概念有所保留，又要突破、超出、拓展此种习惯含义。

---

① 原文如此，当为"柳暗花明"。

② 高清海：《"人"的哲学悟觉》，《高清海哲学文存》续编第3卷，黑龙江教育出版社2004年版，第21页。

③ 同上书，第22页。

④ 同上书，第28页。

⑤ 同上书，第45页。

众所周知，上述“民族的生命”、“国家的生命”、“社会的生命”、“心理生命”、“政治生命”、“职业生命”、“文化生命”等，相对于生物学的“生命”，显然都是隐喻（metaphor）。metaphor 的意思就是“挪用”，把词语及其含义从此（习惯的）挪用到彼（陌生的、待定的）。metaphor 并没有“隐”的意思，其前缀 meta - 的意思与 metaphysics 的前缀的意思相近，都是“跨越”、“超出”之类的意思；词根 phor 所对应的希腊语是“转移”、“传送”之类的意思。在“民族的生命”、“国家的生命”、“社会的生命”等隐喻中，所发生的是那种习惯上的或标准的“生命”概念向“民族”、“国家”或“社会”等议题的跨越性“转移”，从而在某种意义上建构了这些议题，造成了非如此则不能达成的特定理解。家里的一只宠物猫有生命，这是显然的，而文化有生命，则不是同样显然的，“文化生命”这一短语（且不说由此带来的推论）本身就代表关于文化的某种特定理解，甚至意味着一套学说，例如斯宾格勒或汤因比的名作。而通常意义上的“文化”并不必有生命，例如文化是“人类在社会历史发展中所创造的物质财富和精神财富的总和”。[①] 当然，“文化”完全可以有生命，这并不像说“圆的方”那样逻辑上是荒谬的。原则上，石头也可以有生命，它也是某种特定的理解（例如在叔本华的哲学中）。其实，哲理的创造性往往创造性的隐喻相表里。

《悟觉》要自觉地突破生命的生物学理解，把“生命”概念带向更深广的领域，并特别指出：“突破，在这里就意味着超越。‘超越’，在汉语中指超出、超过、解脱、拓展、提升、升华之义。超越用在人身上，就是指人的生命具有‘两重化自身’并进而超出自我的性质和能力。”[②] 从隐喻的角度看，这种“突破”必定是要把“生命”概念“挪用”到别处。值得重视的是，《悟觉》还为此在脚注中联系‘形而上学’的一种语文解释以表明突破并超越狭隘的生物学“生命”概念的深意：“性质的‘否定’含义。这里的否定不意味着抛弃、消灭、打倒原有的，而是‘超越’这一概念，具有对原有存在或在保留原有基础上的进一步发挥、发展和创造。这是‘超越’概念所特有的意义。超越就是人的‘形而上学’本性。‘形而上学’（metaphysics）一词，按希腊文 meta 是超越的意思，形而上

① 《现代汉语词典》，商务印书馆 2006 年版。

② 高清海：《“人”的哲学悟觉》，《高清海哲学文存》续编第 3 卷，黑龙江教育出版社 2004 年版，第 22 页。

学本身就是一种超越性的活动。‘超越’对自然性来说，不一定非要走出自然界、远离自然物，内化于自然的深层本性、从有形自然进入深层无形自然，也属于超越。”① 从《悟觉》的这种理解出发，可以说，话语上的“隐喻”与形而上学活动正有同样的“超越性”。如果说形而上学活动表明人的超越性追求，那么在话语层面这就表现为自觉或不自觉的隐喻运用。

十分重要的是，话语层面的跨越性传送有时是平淡无奇的，例如说姑娘是朵花儿，隐喻将平常的事物联系起来，可显机敏，但不神奇，因为不这样隐喻，人们也可以对“姑娘”形成理解。然而，有些跨越性传送则是既神奇且有真理意味的，这特别表现在哲学上，例如柏拉图的“相”、道家的“道”②、亚里士多德所诠释的“本原”③，以及黑格尔的“精神”(原义即“生命”)，追根溯源，它们都是隐喻。这种隐喻，不仅提供了形上对象的性质，而且建构了对象本身。所谓建构对象本身，意思是说例如没有“相”，就谈不上柏拉图哲学，所谓提供性质，意思是说例如柏拉图的“相”，无论如何阐释，都离不开作为隐喻之来源的“观看”。

循着这种眼光看，可以试问，类哲学既然要求超越并提升作为个体有机体的生命，那么“生命”概念将被“挪用”到哪里？或者更深刻地说，由于“生命”概念之隐喻化，什么超越性的对象将被建构起来，它又会因此具有什么样的突出特点呢？

二　作为隐喻的“宇宙生命”

类哲学郑重提出的超越通常生命的生命称为“宇宙生命”。暂且不论“宇宙”概念本就是隐喻，既然显见“民族的生命”、“国家的生命”、“社会的生命”、“心理生命”、“政治生命”、“职业生命”、“文化生命”等皆为隐喻，“宇宙生命”就更是隐喻了。

---

① 高清海：《“人”的哲学悟觉》，《高清海哲学文存》续编第3卷，黑龙江教育出版社2004年版，第22页。

② 关于作为隐喻的“相”和“道”，参阅拙文《从“道”的隐喻看“相”的隐喻》(《现代哲学》2010年第4期)。

③ 关于隐喻性的“本原”，参阅拙文《本原隐喻》(《江海学刊》2007年第2—3期)。

隐喻性的“宇宙生命”蕴藏了类哲学的诸多高标特立之处，包含下述六点。

第一，“宇宙生命”概念升华了《德意志意识形态》关于人之超越动物的著名观点：“更进一步说，‘自己生产自己所需要的生活资料’这种生命活动不仅使生命自身两重化，同时也使外部世界两重化；也就是说，由于人的出现，进一步也改变了物质的自然秩序。在这里人的生命活动的意义，就是要通过自身的生命活动打通生命与无生命的区界，如通常所说，通过人的生命活动‘激活并唤醒沉睡的自然’，使潜藏于物质深层的能量价值得以实现，并使世界逐步走向‘活化’。在这一意义上我们甚至可以说人也就是宇宙生命的化身，人身上的生命也就是‘宇宙生命’的人格性表征。”[①] 在“接着说”的意义上，“宇宙生命”概念是类哲学对马克思恩格斯思想的进一步发挥，而“宇宙生命”概念是马克思恩格斯所没有的。马克思恩格斯的兴趣主要是实践的，他们致力于人类的解放，并未形成系统完整的哲学理论。[②] 任何伟大的哲学理论，必定要做系统的哲学思考，不仅需要终极关怀，也需要终极概念。类哲学是一种系统而且自觉的哲学理论，其“宇宙生命”概念看来就是这样一种终极概念。

第二，“宇宙生命”概念点明了“类生命”的终极意义：“类生命的意义就在于，借助在它指导下的种生命活动能够沟通生命界与无生命界，使无生命世界潜在的能量得以活化，从而发挥出它们自身难以实现的价值性。这就是人的类生命肩负的天职、‘超生命的生命’具有的巨大意义。按照这种理解，我们可以说人的‘类生命’也就是人格化的‘宇宙生命’化身。”[③] 类哲学曾深入辨析“种生命”与“类生命”，这是一项必备的学理工作，因此人们习惯上的印象往往是“类生命”似乎是类哲学的核心概念。但从这里看，“类生命”却是“宇宙生命”的化身。

第三，“宇宙生命”概念为个人的生命意义提供了坐标系：“人从自然中来，最后还要回到自然中去，但这不是简单地回归自然，而是带着人

---

① 高清海：《“人”的哲学悟觉》，《高清海哲学文存》续编第3卷，黑龙江教育出版社2004年版，第31页。

② 这大概与学界通常的理解不同，详参拙文《马克思与哲学》，《江海学刊》2011年第1期。

③ 高清海：《“人”的哲学悟觉》，《高清海哲学文存》续编第3卷，黑龙江教育出版社2004年版，第37页。

生的创造成果‘荣归故里’。这个成果就是，经过‘人’的创造性的生存活动，实现了自然的潜在能量价值，使自然自身也获得‘解放’。个人的有限生命汇入了永恒的宇宙生命，这就是‘自我实现’的真正意义，人活一生的真正价值也就表现在这里。”[①] 类哲学高度重视个人和个性，众所周知，这个方面是特别具有时代性和启发性的。不过在类哲学的系统内，个人及其个性并不是终极的，而是都需要汇入永恒的宇宙生命，这才是真正的自我实现。

第四，“宇宙生命”概念也为当代的生态问题提供了最宏阔的背景：“人们逐渐觉悟到，自然并非外在于人的异类存在，人也并非高于自然的宇宙主宰，人与自然本属宇宙大生命的一体存在，爱护自然就是自我爱护，尊重自然也就是自我尊重。”[②] 类哲学也曾阐发人的人天一体本性，从这里看，所谓一体，不是别的，正是一体的宇宙生命。分析起来，所谓一体之“体”（體），就是身体，即活的有机体，生命的原型首先就是这个活“體”。由此“挪用”（隐喻）开去，“宇宙生命”就是一个超大的生命体，或者说“超生命的生命”，其中特别以人的生命为中介。

这里，对“宇宙”概念不妨略做探讨。按汉语的渊源，这两个字都从“宀”（房屋），表示的是房屋的部件，“宇”是屋檐，“宙”是栋梁。[③]“宇”字推而广之，表示四方上下，以隐喻空间。而表示时间则较为困难，不得不借助于空间性的事物，这就是隐喻的“宙”，所谓古往今来，正如《庄子·庚桑楚》所言：“有实而无乎处者，宇也。有长而无乎本剽者，宙也。”“宙”为栋梁，有长度又有本末，但表示时间的隐喻的“宙”，就只是延长而无本末（头尾）了。[④] 不难看出，隐喻之以此喻彼，其所建构总是局部的（partial），而非此与彼全然的（complete）同一。隐喻里面明显存在取舍，从作为栋梁的“宙”到作为时间的“宙”，延长性

---

① 高清海：《“人”的哲学悟觉》，《高清海哲学文存》续编第3卷，黑龙江教育出版社2004年版，第58页。

② 同上书，第95页。

③ 参考《说文解字》及《汉语大字典》。典型的说法如《周易·系辞下》：“上古穴居而野处，后世圣人易之以宫室，上栋下宇，以待风雨。”又如《淮南子·览冥训》：“凤凰之翔至德也，雷霆不作，风雨不兴，川谷不澹，草木不摇，而燕雀佼之，以为不能与之争于宇宙之间。”这是“宇宙”的本义，而其隐喻义也可见于《淮南子》，关于道，“原道训”说：“横四维而含阴阳，纮宇宙而章三光。”高诱对这里的“宇宙”是这样解释的：“四方上下曰宇，古往今来曰宙，以喻天地。”（引自张双棣《淮南子校释》，北京大学出版社1997年版，第7页。）

④ 参考《庄子今注今译》，陈鼓应注译，商务印书馆2007年版。

“挪用”过去了，栋梁自然具有的头尾却没有“挪用”过去。一方面，隐喻保持着所用词语的同一；另一方面，所含内容和所指对象则不同一，其间经由取舍而成的张力性关联往往就是哲理的创造性契机。

“宇宙”乃是源于房屋的隐喻。房屋为人所建造和居住，而按类哲学的理论，人可以说是以“宇宙”为“家”的，而且是通过人自身的超越性生命活动达成的，这样的超越性生命也便是一个超大的生命，即“宇宙生命”。

第五，总起来看，“宇宙生命”概念与人遥相呼应，而且内在相关：“因为人按其本性属于世界性的存在，人作为宇宙精华的最高结晶，本身就是一个微缩的宇宙，而且人在发展中最后还要化归宇宙，通过人的生命活动使宇宙生命趋于完善并达到自觉。”[①] 在这里，所谓微缩的宇宙，不免令人想到久有传统的与“大宇宙”相对应的“小宇宙”。在这个意义上，类哲学除了明言的康德、费希特、黑格尔、费尔巴哈、马克思的西方渊源外，还有未曾明言的更为古老的精神传统，不乏目的论色彩，如果联系下面的第六点，这种色彩会更明显。当然，这是对古老传统的翻新，因为其内容已经为上述德国思想以及中国的天人合一思想所再度充实。

第六，此外，与“宇宙生命”概念相协调，“自然”也不再是某种僵死的环境或对象，而是也具有生机甚至生命了，典型的表述是：“自然生成人本来就是为了实现自身本性固有的内在合理形态。人只有通过自己的智慧生命与自然本性达到本质统一，进而使自然走向‘自觉’，人才能够完成自己的历史使命，实现人的最终生命价值。在这里，走出自然，回归自然，本是同一过程的两个方面。”[②] 其他还有“自然创造生命总是连带它所依赖的环境一同创造的”[③]，“大自然对人特殊恩遇，已把一部分主宰权力下放给了人自己，让人类自己支配自己的行为、自己管理自己的生活”[④]，“人的创造本性归根结底表现的还是大自然的本性，不能理解人的创造本性，也就不能理解大自然的创造本性，这二者是一致的”。[⑤] 生命

① 高清海：《“人”的哲学悟觉》，《高清海哲学文存》续编第3卷，黑龙江教育出版社2004年版，第6页。

② 同上书，第15页。

③ 同上书，第29页。

④ 同上书，第85页。

⑤ 同上书，第186页。

总有某种主动性甚至主体性，既然有人与自然一体化的“宇宙生命”，那么辩证地看，固然人是主动的主体，但自然也不是纯粹被动的，它也有某种主体性，甚至更高级的主体性，或者说像“理性的狡计”那样的超级主体性。这也是基于“宇宙生命”隐喻的可能的推论。隐喻不仅用以称名和建构，它所传输的内容也预置了推论的可能性，这对于哲学理论来说可能是尤其重要的。

三　生命隐喻对于类哲学的意义

类哲学的“宇宙生命”由通常的“生命”隐喻而成，通过上述讨论，大致可以说，“宇宙生命”乃是类哲学的拱顶石。

就自然的必要性来说，没有自然的生命，人的生命就不可能，人的双重生命就不可能，类生命就不可能，宇宙生命更不可能。这是一个必要性的序列。而就意义的目的性来说，没有宇宙生命，类生命就没有意义，人的生命就没有意义，自然的生命也没有意义。这是一个目的性的序列。《悟觉》的常识感在于：“‘生命’，通常是指具有自组织能力并高度有序的有机体说的。”由此出发，隐喻而成“宇宙生命”。宇宙生命不提供生命的日常饮食，提供的是生命的终极意义。就此而言，类哲学虽说要在学术上厘清关于“类”的棘手问题，[①] 但最宝贵的洞见却在于“宇宙生命”的隐喻。

按上述第一个序列，人们自然可以考虑：在衣食尚且堪忧的时候，畅想人的双重生命，有“意义”吗？其实这话问的有用吗？不得不与天奋斗，不得不与人奋斗，实在无暇他顾。再则，个人未获保障，人格未能独立，思虑类生命，不是太奢侈吗？设想宇宙生命，岂不太过天真太过浪漫？这当然是有道理的。问题在于这类道理不能独尊于天下，尤其不足以取消第二个序列的道理。

按第二个序列，仅求温饱，不过是保持了一阵子皮囊，而皮囊不久是

① 回想当年跟从老师求学的时候，时常听到周围不少对于类哲学之“类”的学术质疑，高老师大概也为此踌躇很久，现今《悟觉》书中尚可辨出一些回响。这一学术问题在《悟觉》中看来已经处理得不错了，至少掰清了与费尔巴哈的“类”的关系。然而哲学之要紧处，还在于洞见。

要死亡的，因此没有意义。设法保持好皮囊从而保持了独立的个性或人格，这也不过是个小生命、小我而已，风流总被雨打风吹去。按《悟觉》，鲁迅不仅是有个性而已，爱因斯坦不仅是有个性而已，“他们的‘生命’已经同化于人类大我，与人类世界结为一体，永远‘活’在人们中间”,① 如此才有大意义。这且不够，人天合一，汇入宇宙生命，才是人之为人的真意义。套用亚里士多德的用语，“宇宙生命”才是终极的“目的因”。就此而言，类哲学是一种讲求生命意义的哲学。当然，这第二个序列的道理也不能喝着西北风讲，喝着西北风讲大道理其实也不是生活的实情，按类哲学的理解，人类历史的发展和成就在不断为印证第二序列的道理准备现实的条件。在这个意义上，类哲学并非又一种浪漫主义。

类哲学的顶点是宇宙生命，而“宇宙生命”乃是一个隐喻。以此为例，或许可以说，隐喻造就了重大的哲学洞见。超越，被《悟觉》悬为人的形上本性和追求，它是实践的，也是观念或思维方式的，而在话语形态上，它是隐喻的。

① 高清海：《“人”的哲学悟觉》，《高清海哲学文存》续编第3卷，黑龙江教育出版社2004年版，第58页。

论类哲学的超越性

张　伟*

20 世纪末和 21 世纪初展开的以高清海先生为代表的类哲学讨论充分体现了马克思哲学在当代中国的发展。类哲学是人走向类化的过程中自我认识、自我理解、自我反思和自我创造的理论体系，是人的自我意识达到了自觉形态的以人为核心内容的理论形态。类哲学作为一种新的哲学观念，必然会对传统的哲学理论问题以新的阐释，并从中显示出类哲学自身的超越性。类哲学的创立不仅对于发展马克思的哲学理论，改变两极对立的思维模式，而且对于解决社会的现实问题和促进社会的和谐发展都有着巨大的理论价值和现实意义。

一

我们生活在生命的世界中，即现象学所认为的与科学研究直接关联的客观世界不同的经验世界。在这个世界中，人首先是一种存在，与存在相一致的是人的生命。人的生命就是夏天的绿色。它那青春的律动、永恒的神秘和它那深沉而宁静、和谐而静谧，让人感到永不枯竭的宇宙的动力。

高清海先生提出了人的“双重生命”的理论是在人类思想史上的关于人的生命学说的重要贡献。人的生命由“第一生命”（原生生命、生成生命）和“第二生命”（实践生命、精神生命）的不同层面构成。人的双重生命决定了人生活在两个世界之中，这就是肉体的世界和精神的世界。肉体追求物欲否定灵魂；灵魂追求精神否定物欲。在人的生命中，“原生生命”作为非文化的存在，体现为人的本能。如果说人类由自然的人向

* 鲁迅美术学院文化传播与管理系教授。

文化的人转化是一个伟大变革的话，那么，“原生生命”就是这一革命的驱动力。当自然的人变为文化的人以后，“原生生命”又不断地受到属于文化的“精神生命”的制约。“生成生命”是一个动态系统，它作为“精神生命”和“原生生命”斗争的信息传递过程和领域，与它们共同构成张力系统。“生成生命”有随时还原为“原生生命”的趋势，但它永远指向未来。“生成生命”与“原生生命”的区别在于后者是纯动物性的、本能的和自在的而前者则是被文化生命压抑回去的内容，它在生命中不是被排斥而是被整合和被超越了。人虽然来自于动物但又不能归之于动物，他总要把自己看成高于动物的存在，总要去超越自身去追求永恒的精神。换言之，人的生命是流动的永远处于不断变化之中，它时时要外在现实力量去实现自身，得到确证。那么，文化便是人的生命的外化形式。当然，这并不等于说人的生命就等同于文化。诺贝尔奖获得者卢里亚在他那本获得美国国家图书奖的《生命——一项未完成的实验》一书中认为人的生命“从集体而言，建立在语言基础的意识产生了文化和它的进化；从个体而言，意识使人产生了不同于其他动物的行为特性”。因此，我们把人生成为人的生命特性称之为“第二生命”或者“文化生命”。

“第二生命”是超越自然的存在，是超越种生命的生命。它的超越性来自何处？在古希腊时期，柏拉图把现时世界的一切存在都归为“理念”的外化，人的生命也只能来自外在于人的“理念”的显现。在柏拉图那里“精神则来自源于更高的世界，但在生命中只有短暂的体现。精神中居住着由更高世界带来的规律：追求真理。人类以为唯一的烦恼不是自由地滑入永恒的圆圈，而是被编入生命的组织”。柏拉图居住在理性的彼岸，对此岸的生命缺乏足够的热情。亚里士多德在《论灵魂》中提出了“生命第一”的原理。他把事物分为材料和构成事物的形式等因素，纯材料并不是现实的产物，它需要一定的形式，那么，生命就变成了是纯物资转化为形式并使其完备的力量。尽管亚里士多德把生命看成使纯粹的潜在之物构成现实的力量，但是，这种力量依然是外在于人的“第一推动力”。

到了古典哲学时期，人们认识到人的生命本性不应在人本身以外去寻找，因为人是以自身为根据的存在。康德认为生命的终极目的是道德的使命，此前的关于生命的哲学没有将生命作为本体的存在方式。康德认为人作为超越自己的东西，作为凌驾于感觉世界之上的存在就是道德化的人格。人格“即超脱了整个自然的机械作用的自由和独立性，而这种自由和独立性同时还被看作是存在者委身于特殊的、即由他自己的理性所给予的纯粹实践法则的能力，于是，属于感觉世界的个人在同时属于理智世界的情况下，委身于他自己的人格。这样，人，由于属于两重世界的和至上的天职相关联时，必定只以尊敬来注视自己的存在，必定以至上的敬重来注视这种天职的法则”。人格使得人的生命得以提升，“人格无限地提升我作为理智存在者的价值，在这个人格里面道德法则向我展现了一种独立于动物性，甚至独立于整个感性世界的生命；它至少可以从由这个法则赋予我的此在的合目的性的决定里面推得，这个决定不受此生的条件和界限的限制，而趋于无限。”人格不是物，不是实体。按现象学的说法“人格的本质就在于它只生存于意向性行为的实施过程中，所以人格在本质上不是对象。任何心理客观化，也就是说，任何把行为把捉为某种心理的东西的做法，都等于非人格化。无论如何，人格都是作为意向性行为实施者被给予的，而意向性行为则通过某种意义的统一的联系在一起。所以，心理存在同人格存在毫不相干。行为被实施，人格是行为的实施者”。生命是人格的定在。人对真善美的追求就是对自由自主的人格的追求。只有发展到独立人格的时候，人才能达到独立的精神生活。

到了黑格尔这里，生命便由灵魂和身体构成，这种构成不是一般地单纯联系在一起，而是两者的有机统一。生命在否定中发展：“凡是始终是肯定的东西，就会始终都没有生命。生命是向否定以及否定的痛苦前进的，只有消除痛苦和矛盾，生命才变成对它本身是肯定的。”按黑格尔的说法人的生命不仅具有自在的规定性，而且还具有自为的规定性。自在为潜在，自为为实在。凡是潜在的都能发展为实在的，那就由自在变为自为了。由自在到自为是自因在起作用，自因是自身产生作用并分离出他物的原因。因为自在的事物必然要成为人的对象，也就是这种对象要进入人的意识之中，从而成为为人而存在的对象。人由于有了对象，便获得了意识，因而也就获得了自由。从这个意义上说，人的生命是自在自为的存在。

“第二生命”的创生，使人形成了与动物不同的生命存在，这种存在就是类存在。类作为自觉的范畴是从黑格尔开始的。“理念是类，与理念对立的是具体事物。”从黑格尔的观点来看，他首先把类看成是“绝对者”、“理念”，也就是说把类看成绝对的存在，在精神世界里抽象化了。

“类概念的形成是由于我们把特殊的存在或特性从它们的时间、地点等等具体情况分离开。”“类表达了某种在对象内的东西；但类并不创造对象。”但同时，他又把类看成是“共相”：“理念并不是在表象中实物化、孤立化了的东西，而乃是类。理念我们通常称之为共相。美、真、善本身是类。如果单就我们的理智来看，类只是表现给我们的外在特征，是为了方便起见而综合出来的，——类乃是相同特性、许多个别事物经过我们的反思而做出的综合——：像这样，我们所得到的只是在纯全外在形式中的共相。”其次，他认为类本身是自己的生成。“它是这样的东西，它的生成（发展）即是他自己的潜在性的实现，它所变成的东西，即是它原先就已经是的东西。”类“自己产生自己”；但是，他把类看成是与物同一的存在。他说：“我们有时把它翻译成类、种。无疑地理念也是类、种，不过这只是为思想所把握、为思想而存在的。”“动物是类。动物是有生命的，它属于有生命的这一类，有生命就是它的实质的、真的、实在的东西；夺去了动物的生命，动物就不存在了。”在这里，他没有也不可能从人的角度去界定类，因为他没有把“种”和“类”加以区别。“在生物里面，类是在互相对立的两性的矛盾中实现它自己，而它的本质却是那普遍的类。作为个体，它们就寻求自我保存、吃、喝等等；但它们由此带来的却是类。个体消灭了，只有类才是永远被产生出来”；最后，他认为对类的认识必须通过反思才能达到。“个体生灭无常，而类则是其中持续存在的东西，而且重现在每一个体中，类的存在只有反思才能认识。”类不是个体，它作为普遍者存在于特殊事物之中。因此，对普遍者的认识不能单凭感觉和观察的能力，而应该通过反思把呈现在意识中的内容加以改变，才能达到对其真正的把握。

费尔巴哈批判了黑格尔的类概念的中把类当作“理念”和“普遍”的理性化的倾向，把类和人的本性联系了起来。他承认了类是抽象和思想，但是他的关于人的本性关于类的概念不是从人的实践和感性上去理解，而是将其还原为自然的存在，这一点受到了马克思的批判。马克思所规定的类既不同于黑格尔的类，也不同于费尔巴哈的类。黑格尔把类当作超现实的理性实体，显示了理性主义的特色；费尔巴哈从自然层面理解类，把类当成了一种外在于人的自然的存在物。

马克思在《1844 年经济学哲学手稿》中指出：“人是类的存在物。这不仅是说，人无论在实践上还是在理论上都把类——既把自己本身的类也把其他物的类——当作自己的对象；而且是说（这只是同一件事情的另一种说法），人把自己本身当作现有的、活生生的类来对待，当作普遍的因而也是自由的存在物来对待。”类是人与他物相联系的内在规定性，类也是人与他物相区别的外在具体性，同时，类在某种意义上也是自身同一性，类一旦形成就时时处在内在统一的一体性的关系之中。正是类本性的外在具体性，使人和自然相区别；也正是类本性的内在规定性又使人与自然达到了统一。正是类本性使人成为人与他物相区别，又与他物相联系的存在。类不仅是本体的存在，也是价值的存在。人通过自己的活动，把自己的生命活动变成意志和意识的对象，从而进入自由的存在，这种存在就是价值的存在。类是人的完成了的本体的统一的存在状态，是自由个性的全面实现。虽然个性是类本体承担者，但个性同类具有自觉的关系，个性只有自觉地与类形成关联时，才能实现其自身的力量，完成自我的实现。从这个意义上说，种总是倾向于自我保存；类则倾向于自我实现。因为，类是一种普遍的存在，类存在的普遍性不是种的普遍性，它要超越一切种的普遍性，以达到和实现类的统一性。“种生命”追求物质的占有，“类生命”追求生命意义的生成。从这个意义上说，类生命是一个突破自身、超越他物又超越自身的本体存在。这可以通过人与自然、社会和人自身的关系得到说明。

二

人类生命存在的状态就是人与自然、人与人以及人与自身完成了的否定性的统一，也就是说整个人类发展史是人的类生命在与自然、社会和自我的否定性的存在中形成的过程。

人通过实践活动，改变了生存方式，也就改变了人与自然的关系。原来生命为自然的组成部分，现在反过来人可以改造自然，使自然成为人生命的组成部分，成为人的“无机身体”。我们可以通过人与自然的关系对人的生命展开进一步讨论。其实，人与自然关系的问题是从人类诞生之日起就和人类纠缠在一起的问题。不仅因为自然是人类的历史起点和人的生成现实规定，而且自然也是对人的对象性肯定的生命和精神家园。因此，只有从人与自然的关系出发才能对人的生命达到历史和逻辑的把握，才能把人的类生命历史地返归人自身，人不至于再迷失自我，在人类的生活中，完成人与自然的否定性的统一。

首先，人与自然的关系是人的生命生成的历史展开。我们称之为自然的事物正是由于人的存在它才成为“一”事物，没有人的存在它就什么也不是。按中国道家哲学的说法自然界是一种自在的存在，这种存在只能处于“道”的阶段上，对它自身来说只能表现为“一”的存在。如老子所说：“一生二，二生三，三生万物。”（《道德经》）在自然界生成的所有事物中，人是较为特殊的事物。应当承认人是自然界的一部分。人首先是一种自然的存在，人本来就来自自然界，他们经历了千辛万苦，才从自然界中分离了出来。即使这样，人的肉体也无法改变自然的本性，人的生老病死也无法摆脱自然规律的制约。但是，又不能把人的存在完全等同于自然界，人的有意识的生命活动即精神与自然界形成了根本性质的区别，也正是人的精神活动创造了人自身，使其成为具有关系的存在物。关系是为人而存在的，没有人就没有关系不关系的问题。换句话说，只有当人达到一种自为的存在的时候，才能与对象建立一种关系。如马克思在《手稿》中说：“在这种自然的、类的关系中，人同自然界的关系直接地包含着人与人之间的关系，而人与人之间的关系直接地就是人同自然界的关系，就是他自己的自然的规定。因此，这种关系以一种感性的形式、一种显而易见的事实，表明属人的本质在何种程度上对人说来成了自然界，或者，自然界在何种程度上成了人的属人的本质。”① 人与人的关系就是人与自然的关系；反之，人与自然的关系是人与人关系的体现。这表明这种关系是通过社会的中介来完成的。社会是以人的存在为前提的，没有人就没有人的社会的存在。同样道理，正因为有人的存在，有了人类社会的存在，才有自然界的存在。因为没有人的存在，没有人类社会的存在，自然界对人说来就等于无。人与自然界的关系是以人的需要为前提的，正是人的需要，人才同自然界形成了对应的关系，不仅整个自然界的存在，也包括人的存在都成为人的需要的对象。人的存在和人的需要使人能够相互依存，构成了社会的存在物。这种存在不仅是人的群体联系的社会形式的存在，而且也是通过他人的活动来表现和确证自身的社会内容的存在；而且，这种内容和形式相统一的社会存在本身就证明人是同自然相对立的社

① 马克思：《1844 年经济学哲学手稿》，人民出版社 1979 年版，第 72 页。

会的存在，进一步说人的社会存在是一种自觉的存在，即人能够在意识中意识到人是一种社会的存在物，进而进入到人的类意识之中“自然界的属人的本质只有对社会的人来说都是才是存在着的；因为只有在社会中，自然界才对人说来是人与人间联系的纽带，才对别人就来是他的存在，才是属人的现实的生命要素；只有在社会中，自然界才表现为他自己的属人的存在的基础。只有在社会中，人的自然的存在才成为人的属人的存在，而自然界对人说来才成为人。因此，社会是人同自然界的完成了的、本质的统一，是自然界的真正复活，是人的实现了的自然主义和自然界的实现了的人本主义”。

其次，人与自然的关系是人的生命生成的逻辑起点。前面我们论述了人与自然关系的历史生成的过程，接下来我们要对人与自然的关系进行逻辑的分析。

人与自然的分离表明人与自然的对立开始形成。自然界让人从中分离出去不能不说这是自然界的悲哀，人从自然界中分离出去后就像孙悟空大闹天宫一样，把自然界搅得天翻地覆，当然这是后话。当人刚从自然界中分离出来时，他们还较弱小，还没有能力对自然发号施令，也就是说，还不具备认识自然和掌握自然的能力。他们与自然处于相“对立”的状态，也就是说，人还处于一种自在的状态中，还没有与自然建立“关系”。按黑格尔的说法对立与关系是两个不同的范畴：对立是一个东西被规定为与另一个东西完全相反；关系是独立于对方而又与对方相关联。在对立中其一的发生，正是另一的消灭，正如运动产生而静止消灭；运动消失而静止产生一样。在关系中则相反，双方是互为条件的。另外，在关系中有中介的存在，如在较大和较小之间有相等；而在对立中则缺少中介的存在，只能在理论上将纯粹对立的中介理解为统一，但是，一旦实现了统一，对立也就没有了。从这个意义上说人与自然处于对立状态说明人还没有进入自为的存在，还不能称其为严格意义上的人，因为还处于不自由的状态之中，还没有作为关系的存在物而存在。

人与动物不同的是人用自己的手段改造了自然，创造了人所需要的一切，与自然建立了“关系”，实现了人与自然的本质的统一。人作为伟大生物的伟大之处就在于他能够超越自然的限制和突破自身的规定性，向着目的性的方向生成。凡是不受目的规定的就表现为必然性，本质上是自然的。亚里士多德的自然理念里有两个规定：必然性和目的性。必然性是根据自然的原因来考察，这样自然事物就被认为受外界规定。就目的性来说，有外在目的和内在目的。外在目的论把目的放在自然事物之外去考察；内在目的论是把目的规定为自然事物本身的内在决定性。自然的必然性是自然的内在目的性的外在条件。在黑格尔看来，自然事物在自然中能够自己保持自己，不能保持自己的物种就消失了。自然事物从自身出发，产生自身并实现自身。被产生出来的自身就是根据，就是目的。自然生成时，目的就是它的本性，或者说实现了的目的就是它的本性。自然是合乎目的保持自己并能产生自己的东西。康德强调人为自然立法，自然界的最高立法必须在我们心中即在我们的理智中。但他们都没有看到目的性生成的一个极为重要的环节人的实践本性，或者说正是人的实践本性使人摆脱了“种”的限制，完成了向“类”的生成。人的出现是对生命的一种解放，也就是说生命在自然的绝对控制下被解放了出来。因此，人的生命是支配自然生命的生命，是自为的生命和类的生命。

人与社会的关系就是人与人的关系。社会就是建立在人的依赖性和人的独立性相协调的自由人的联合体。在这里“每个人的自由发展是一切人自由发展的条件”。一方面人是社会历史的人，个人离开社会将无法存在；另一方面，社会是人创造的社会，社会的存在与发展都应该满足人的需要，一旦社会的存在与人的需要不相适应，社会就要进行变革。在人与人的关系上将依赖性和独立性相协调，将之转变成为两者相统一的人类性。社会的发展主要是人的发展。马克思在《政治经济学批判（1857—1858年草稿）》中说，“依赖关系（起初完全是自然发生的），是最初的社会形态，在这种形态下，人的生产能力只是在狭窄的范围内和孤立的地点上发展着。以物的依赖性为基础的人的独立性，是第二大形态，在这种形态下，才形成普遍的社会物质变换，全面的关系，多方面的需求以及全面的能力体系。建立在个人全面发展和他们共同的社会生产能力成为他们的社会财富这一基础上的自由个性，是第三个阶段。”人生成的过程的依据是马克思讲的三种历史形态。“人的依赖关系形态”、“以物的依赖性为基础的人的独立形态”和以人的全面发展为基础的“自由人格”的联合形态，与此相对应的是族群本位、个体本位和类本位。生民之初人是弱小的，他们要取得与自然相抗衡的力量就需要联合起来，通过类的方式获得生存的权利。这就是族群本位的阶段。但是，正如高清海先生指出的那样：“群体形态的两重性决定它的作用必然是双重化的。一方面它把人的个体生命聚合起来，使人有可能在能力十分脆弱的状态下去发挥类的力量；另一方面这种种群的形式又把人的力量分割开来并封闭起来，极大地限制和束缚了类本性和类力量的发挥。人类依靠自然纽带结成共同体，反过来也就不能不受到自然性质的限制。”这样，群体本位就会让位于个体本位。个体本位的凸显是群体对于个体双重化作用的结果。群体一方面联合个体形成合力，与敌对力量抗衡；另一方面群体又限制了个体的发展，于是个体本位出现了。个体本位的出现对于人的生命来说是一种解放。人虽然从人的依附关系中解脱了出来，却被另一种“物的依赖性”所束缚，人的类特性被完全异化了。

人类的进一步发展，必将从个体本位向类本位进发，这就是马克思所说的“自由个性”的联合形态。“经过这一切过程，人的类本质已经充分地展开和实现，在这样的基础上自觉形成的关系，当然就有可能使每一个人都全面地占有人的本质，并发挥人所具有的全面的本质，实现人和人的最高本质的统一，这也就是以类为主体和本位的人的自由、自觉和自为的存在状态。……在这里人人都是人格化的人，也都是人的人格代表，每一个人既是独立的人，也是普遍的人，即都是小我和大我的统一体；人与人之间不再有‘人’的分别，而是只有个性的不同，也就是说他们在人格上是完全平等的，个性上是充分自由的。”进入类本位以后，人类打通人与自然、人与社会、人与人的界限，达到天人合一的境界。

人要全面占有自己的类本性。人只有在全面实现了人与自然、人与社会的和谐统一中才能够完成人与自身的统一。人和动物不同，人具有双重的生命，这就是“类生命”和“种生命”。高清海先生指出：“人要成为人必须经历两次双重的生成过程。这就是‘自为’本性的特质。所以人作为人不但要为自己创造对象世界，还要不断去追求和创造自己的自我本质。”通过人对于自身的超越，人逐渐形成宇宙生命的人格生命即“超物之物”。对于“超物之物”的本体阐释是哲学的真正使命。人只有扬弃群体本位和个体本位以后才能获得自由。突破小我，开放自我，走进大我。进入大我的天地，充实自我的内容。这时的每一个人都具有个性的自由和人格的平等，只有在这种状态下的人才是完整的人。

这时，在整个世界中，人的类生命即“第二生命”创生了。尽管“第一生命”是宝贵的，因为只有通过“第一生命”才能创造“第二生命”。“第一生命”是“第二生命”的基础。这也就是说“第二生命”

（无论是实践生命还是精神生命）只有在“第一生命”充分迸发的基础上才会有真实性而言，但是，就人的双重生命来说“第二生命”比之“第一生命”更重要。因为“第二生命”超越了“第一生命”。它是一种意义的存在、价值的存在和超越了有限的存在。从类哲学的意义上去认识生命不能将它等同于生物所具有的活动能力，而是使人的生活充满活力的开放系统，是使人的生活具有意义和赋予价值的类存在。

三

类的特性是自由自觉的活动，由类建构起来的类哲学就是具有超越性质的哲学，或者说类哲学作为代表当代主体水平的理论，显示出巨大的历史超越性。因为类是具有超越性的概念，可以和任何对象建立关系，是消融在普遍关系中的一种存在。

首先，类哲学超越种的理论。第一，种是自然自在的规定，其生命是前定的；类是自由自为的规定，其生命是靠自己创造的。类来自于种并包含着种、超越于种。高清海先生指出：“人有动物而来，在人身上仍然保有种的规定，人作为族类而有的特性和特征同动物种的规定不能没有很多相似的地方，这就使人很容易把人的类本质和动物的种规定混同起来，常常用物种的理解方式去认识类的本质。实际上，这是根本不同甚至恰好相反的两种规定。在某种意义上可以说，人从动物家族走出来更够把自己变成为人，首先就在于它脱出了动物种的限制，也就是以类本质否定并超越了种本性的限制。”第二，种的发展没有历史性，类的发展具有历史性。建立在种基础上的理论从人的自然属性上认识人，这种理论没有把类和种加以区别，实际上也就是没有把人和动物加以区别。种的存在永远与自身相同一，类的存在是自觉状态，即人进入人与人、人与自然、人与人自身的否定性的相统一的状态。第三，种把本能作为存在的基础，类总要追求本能以外的东西，总要追求高尚的东西，向精神世界生成。在这一点上就显示出类哲学的超越性。因为，人把生命变为意志，把生命活动作为意志对象。

其次，类哲学超越形式逻辑的思维方式。第一，形式逻辑将事物的性质和规定都看作是前定的，事物的活动是前定本质的展开。形式逻辑不能解决人的问题，人的存在的逻辑前提是人是否定性的存在，否定自然、否定物种，达到自由自觉的存在。这里不在于把人看作什么，关键是看人的逻辑。第二，形式逻辑的认识方法是通过概念、判断、推理和分析与综合的方式，抽取出共同特征形成对人的规定性的总和，其结果是以物的方式理解人。这是思维方式的误用。第三，以往的哲学是以种说明类，关键是不能用物的逻辑来说明人，要用人的逻辑来说明人，要以人的方式理解人，以类哲学的思维理解哲学。因为人与动物不同，人是自己创造性活动的产物。突破种的限制就要超越形式逻辑的思维方式，也就必然进入类存在的领域，将人当作超逻辑的存在。

最后，类哲学是对实践哲学的超越。实践哲学相对于物质本体理论来说是一种历史的进步，把见物不见人的理论发展为主客体统一的理论。在这里，人不仅能够认识和反映对象，而且能实现自身的目的性，从而实现主体与客体的统一，其结果直接导致了主体地位的提升。但是，实践哲学不是哲学发展的终极目标。第一，实践不是本体。实践哲学只能是人的活动方式和关系，而类则是人的本体的规定性。所以，实践活动是由类本性决定的。类哲学恰恰是从实践哲学发展而来并超越实践哲学的理论。第二，它们都主张对物加以扬弃，但实践哲学强调的是人与自然的对立所达到的统一，类哲学则强调人与自然的否定性的统一。第三，虽然它们都表现出对人的关注，但实践哲学从种的角度看人。因为把实践看作是与理论相对应的认识论范畴就是属于物的思维方式。类哲学则从类的角度看人，从类的角度把握人，把人作为人的存在、发展和完善的本体理论。

类哲学是人的生命的本体论哲学。在当代哲学的研究中，本体论被现象学注入了主体的意义——主体意识的存在，这被称为本体论的复兴。这种本体论是以人的存在为前提的，类哲学以生命本体的一元论取消了主客二分的二元论，以生命自身的超越性在主体与客体之间建起一座桥梁。

类哲学是一种新的哲学境界的哲学，代表了未来哲学发展的新方向。类哲学的理论特别是对人的自身解放的理论的意义怎样估计也不会过高，或者说，类哲学就是对抗物的哲学，是人的自身解放的哲学。如果我们不是从这个出发点去看类哲学，而仅仅把类哲学当作一种一般意义的理论学说，甚至把它看成是历史上类学说的理论翻版，就没有看到类哲学内蕴的巨大的历史张力，也就不能真正地理解类哲学。

高清海类哲学理论研究内在精神理路

焦明甲*

高清海先生的类哲学理论精辟深刻，自诞生以来就深深吸引哲学以及法学、政治学、经济学、教育学乃至文艺理论等各界学人密切关注。他逝世后的短短几年，学术界不仅出现颇有影响的类美学、类伦理学等哲学研究著作，而且，其类思想正在被引进政治学、法学、教育学、文学理论等广大人文社会学学科，影响日益广大。为了更深入系统地了解高清海先生的类哲学理论，下面，我们就来简单考察一下其类哲学理论的内在精神理路。

一　人学哲学理论的深入研究与“类哲学”理论的提出

经过80年代末期与90年代初期对马克思哲学所实现的现代变革——“实践观点思维方式”的系统深入反思，到了90年代晚期，高清海先生认识到，人是哲学的奥秘，哲学的秘密在于人，要重新理解哲学必须重新理解“人”。同时，认识到“实践观点也就是从人的现实活动和特有存在方式去理解人的本性的思维方式……如果说人是世界奥秘所在，那么实践以及它所创造的存在方式就是人的奥秘所在。只有在这里才有可能解开人和世界的谜。”“只有把实践的观点引申到对人的理解，根本变革了对人的传统观念，也就是从抽象的人转到具体的人、从虚幻的人转到现实的人，才能真正做到以人为中心问题，并从人的观点出发去理解哲学，这样理解的哲学才能既符合哲学发展的现实，同时又说通哲学发展的历史，以

* 长春大学人文学院教授。

及传统哲学向现代哲学的必然转变。这是哲学观的进一步升华。”其后，便在马克思现代实践观基础上，展开了深入的人学哲学研究。欲通过马克思实践论促进人的现实化，将“人”从传统的“非现实化”历史之境，拉至“现实化”的阳光下，然后，通过现实化的“人的观点”，促进哲学观念的现代转变，将哲学从传统本体论与近代认识论理解模式思维框架中解放出来。这样一来，人的现实化过程，即以现代实践观点理解人的过程也就变成哲学的现代转变过程，在这一过程中，哲学观就会得到进一步的升华。《哲学的憧憬》可以看作是这种认识的开始，也可以看作是这种观念的首次尝试。从其出版后的诸多好评来看，这种尝试是成功的。在自觉的人学哲学观念的指导下，即在“人”的出发点成为他自觉的观点之后，《哲学的憧憬》无论对哲学的本性还是对其发展历史的把握均显得非常前卫与现代，令人耳目一新。正是在这种正确认识之下，也是在这种成功的尝试之下，高清海先生把自己的哲学视线转移到了对人的研究，即他的哲学研究从此比较全面地进入了系统人学哲学的研究阶段。

今天看来，对马克思哲学的实践论观点的本质理解——实践观点思维方式的提出是类哲学理论提出的直接前提，如果没有对马克思哲学实践论观点的深入现代理解——实践观点思维方式的概括，不可能有以实践观点思维方式为基础的对传统哲学观点的改革活动，更不会出现对马克思实践观点思维方式变革实质的深层的理论反思，也就不会有“人是哲学的奥秘”观点的提出，没有“人是哲学的奥秘”观点的提出，也就不会有以人为对象、以人性为主要内容的深入人学哲学研究的发生，也就不会有关于“人与哲学”形态的历史考察，更不会有关于“人与哲学”将来状态的类哲学理论观点的诞生。

《哲学的憧憬》写作阶段高清海先生提出“人是哲学的奥秘，哲学的秘密在于人”的观点。20 世纪 90 年代上半期，为深化对马克思哲学实践论观点理论内涵的现代理解，他开始了以人为哲学对象、在重新认识人的基础上重新理解哲学的人学哲学研究。在以马克思实践观点为基础进行人学哲学研究过程中，他认识到，“人的发展在经历了群体本位、个体本位之后，也必然会走向作为自觉类存在的最高形态的人。”“个体本位发展到极端，就会引向类本位。”人“在充分实现了个体本位、个人主体的社会里，走向类化已不再是仅仅属于理论理想的问题，而是成为今日生活的某种现实的客观需求”。正是这些引发他关于“未来的人”与“未来的哲学”状态的“从‘种’哲学到‘类’哲学”的理论遐想，提出了类哲学的观点，开始自觉把“人”置于哲学的核心地位，从人的形态变化考察哲学形态的变化。关于未来哲学状态的类哲学就是在“重新理解哲学必须先重新理解人”的观念支配下，即在对人进行深入的现代实践论分析基础上——对“人与哲学”形态进行历史考察基础上提出来的。

“哲学的秘密在于人”的观点，最初比较充分地体现在《哲学的憧憬》之中，后来，为了把它全面贯彻于哲学的历史发展，高清海先生提出全面理解人的哲学观念，即“重新理解哲学必须先重新理解人”的观点。理解哲学的性质，推动哲学观念的变革是他一贯的哲学理论追求。在发现“哲学的秘密在于人”之后，他感觉到，要“重新理解哲学必须先重新理解人”。这一观念确立以后，他的哲学研究很快发生了变化。这一观点的提出，即人性观点的确立，直接导致了以人性为基石的人学哲学研究的全面深入开展。正是在对哲学的人学理解过程中，考察了人的历史形态，依据马克思对人的历史发展三阶段理论，提出了未来的人的类存在理论。

在高清海先生看来，马克思实践论哲学变革的并不是简单的思维方式，“‘实践’观点所变化的，直接的是对人与自然关系的观点，更深层的应该是根本改变对‘人’本性的基本看法。必须把人提到哲学的中心地位，并且从人的生存活动、存在本性把人理解为活生生的、现实的、在历史中生成的人”，进而，他根据对马克思哲学实践观点思维方式变革理论实质的分析，发现未来的人应该是类存在性质的人，未来的哲学也应该是反映人的类存在性质的类哲学理论，发现了“人的未来”与“哲学的未来”的崭新形态——类形态。这样一来，关于人与哲学未来形态的研究——“类哲学理论”就纳入了他的思想视野。其后不久，以“人的本性”的实践基点历史变革与“哲学的本性”现代的人性基点历史变革为主要内容，即以“人性逻辑”为精神实质，以“类思维”为主要思维原则，以人的现代人性——“类性”为辩证法原则，以人性革命为现实目标的类哲学理论研究就全面展开了。

如果说对马克思实践论本质的概括与反思引发了“人是哲学的奥秘”的人学哲学观点的提出，“人是哲学的奥秘”观点的提出引发了“哲学的秘密在于人”的人学哲学理论的深入研究，那么，类哲学理论的提出就可以看作在马克思哲学所实现的实践论转向基础上、以“人”为哲学中心概念而进行的人学哲学研究的直接结果。

二　类哲学理论深入研究与建设中国当代哲学理论号召提出

高清海先生在90年代初开始自觉地以人的观点审视哲学问题，1993年出版《哲学的憧憬》一书，发表《哲学的秘密在于人——我的哲学观》、《人是哲学的奥秘——我对哲学如是说》等文章，明确提出“哲学的秘密在于人”、“人是哲学的奥秘”等观点，其后不久为了进一步促进中国当代马克思主义哲学的现代转变，逐步确立起由重新认识哲学转变为重新认识人，然后再重新理解哲学的观念，并于20世纪90年代上半期，开始了以马克思实践论为基础的系统的人学哲学研究，正是在这个过程中，预见到了人的未来与哲学未来的根本状态，写作了《“类哲学”引论》，提出了类哲学观点。这一观点的提出已经超越了一般意义上的马克思实践论哲学观点，成为一种符合时代发展的新颖的哲学观点。追本溯源，这一观点的提出源于对马克思实践观点的不断深入理解，源于对马克思哲学实践论本质——实践观点思维方式的现代把握与时代发展。但是，这一观点的现实确立与具体贯彻于全部哲学发展的历史，进而再次升华哲学观的工作则是从20世纪90年代下半期的类哲学理论研究全面展开开始。《“人”的哲学悟觉》一书的出版，可以看作是这一任务的具体完成与这一目标的切实实现。

回看这一任务的完成与目标的实现过程，期间包括对人的本性艰难的哲学探索与现实阐释，包括对哲学本性艰辛的创新认识，更包括对哲学发展历史等这样繁重任务的时代进步观念重估，即将“类哲学观”贯彻于全部哲学及其发展的历史，及其哲学历史上出现的一些重大哲学问题，过程是艰难艰辛的，成果是丰富丰厚的。类哲学观的确立，及其对哲学发展历史与问题的崭新观点解读，让我们看到一个崭新的哲学面目，悦人的哲学景观。他的类哲学理论研究，为当代中国哲学界提供了丰富的理论与思想财富，更新与升华了时代哲学观念。如今，高清海先生的类哲学理论思想不仅成为中华民族，也成为世界人类的巨大思想财富，应该看作新时期中国哲学研究的一个楷模、一座理论丰碑。

20世纪90年代初期他写作了《中国现代哲学观念变革研究》、《哲学的生命在于创新》等文章，立足哲学的现代变革，审视中国当代马克思主义哲学的发展，在对马克思哲学变革实质——实践观点思维方式的深刻理论反思过程中，出版了《哲学的憧憬》，发表了《人是哲学的奥秘——我对哲学如是说》、《哲学的秘密在于人——我的哲学观》、《主体呼唤的历史根据和时代内涵》等文章，逐渐确立起人学哲学观点，并将这一观点引申到社会发展理论的研究之中，发表了《市场经济、个人主体与现代哲学》、《解放个人是发展市场经济的根本》、《从人的生成发展看市场经济》、《人与社会发展》等文章；同时，并没有忘记对哲学的人学性质的关注，发表了《价值与人——论价值作为哲学概念的本质》、《人与哲学》、《哲学需要更新自身思维方式》、《哲学思维方式的历史性转变——论马克思哲学变革的实质》、《人学研究与哲学》等文章，深入地开展了人学哲学理论研究。正是在这种深入的马克思哲学实质研究与反思中，在系统深入的人学哲学理论研究过程中，酝酿发表了《人的未来与哲学未来——“类哲学”引论》，提出了类哲学理论观点，走上深入研究人的类本性与哲学人性本质的类哲学理论研究道路。

类哲学观点提出之后，高清海先生发表《人的天人一体本性——转变对“人”的传统观念》、《转变认识“人”的通常观念和方法》、《从抽象虚幻之人走向现实具体的人》、《“人”只能按照人的方式去把握——再论人与哲学的关系问题》、《寻找人的精神家园——我走过的哲学历程》等文章，进一步深入研究了人与哲学的关系，特别是人的独特的“类性”本质，明确提出要改变传统思考方式，开始了系统深入的类哲学理论研究工作。1997之后他写作发表《面向世界走向未来》、《人的类生命、类本性与“类哲学”》、《人类正在走向自觉的“类存在”》、《“类哲学”与人的现代化》、《“种意识”到“类意识”的思维转换——“类哲学”思想论纲》、《重新认识人》、《人的双重生命观：种生命与类生命》、《形而上学与人的本性》、《重提德国古典哲学的人性理论》、《思想解放与人的解放》、《力求哲学范式的及早转换——对世纪之交哲学发展的主张》、《哲学思维方式的历史性转变——论马克思〈提纲〉和〈形态〉所实现的哲学》、《文化传统的当代意义》、《为人类文化发展开创未来》、《从马克思走向未来、开创未来》、《马克思主义哲学的两种理论形态》、《探索新的哲学思维模式》、《马克思哲学观的变革及其当代意义》、《我们如何走进马克思》、《重新评价唯物论、唯心论的对立》、《找回传统，不能失去民族自我》、《中西哲学思维的不同特质》等文章，出版发行《人的类生命与类哲学——走向未来的当代哲学精神》、《人就是“人”》、《“人”的哲学悟觉》等著作。这些文章与著作自觉地以马克思实践论思想蕴涵为基础，通过对人与自然、人与他人、人与“类”等关系的分析中实现了对人性崭新的时代理解，破除了关于人性的物性传统观念，确立起现代的人的“类性”本质观念；通过对哲学历史发展、哲学思维传统等内容的进步人性观点分析，进一步确立起了哲学的“人性”本质观念，指出哲学的人性革命特质，破除了哲学理论中长期以来一直存在的落后物性逻辑的哲学观念，超越了物性思维逻辑传统，树立起区别于传统物性哲学逻辑理念的现代人性哲学逻辑理念，为中国当代哲学理论建设提供了新的思想基础。“中华民族的未来需要有自己的哲学理论”的号召就是在这一思想基点上提出的。

结　语

20世纪50年代初期，高清海先生以辩证唯物主义为视角对马克思主义哲学进行了比较深入的解读，并从此走上了马克思主义哲学研究的思想道路。改革开放初期，也就是我国在政治思想上拨乱反正的重要历史时期，他对传统的以阶级斗争为纲的马克思主义哲学教科书体系进行了以主体实践理性为本、主客统一的认识论改革，并在此基础上，于80年代中后期对马克思哲学实质进行了实践观点思维方式理解。伴随我国逐渐在社会主义商品经济模式基础上转变为社会主义市场经济社会，他顺应历史发展潮流，在对马克思主义哲学实质“实践观点思维方式”理解基础上，于90年代初期提出“哲学的秘密在于人”的观点，随后进行了较为深入的人学哲学研究，并于90年代中期提出“类哲学”观点。90年代后期以及2000年前后，高清海先生把精力主要投注到对类哲学理论的完善上，在这一过程中，于病危期间，让弟子贺来教授代笔，立场鲜明地提出被称为“高清海哲学遗嘱”（孙利天语）的“中华民族的未来应该有自己的哲学理论”的观点，将“类哲学”理论研究物化为一个崭新的理论观念。

如今，高先生已经离开我们十年了，但是，我们应该珍惜重视高清海先生的哲学遗产，尤其是应该重视发掘其类哲学理论本真精神意蕴，以便在此基础上更好地建设中国当代哲学理论。